中国人身保险产品
竞争力评估报告
2018

周县华　廖朴◎著

经济管理出版社
ECONOMY & MANAGEMENT PUBLISHING HOUSE

图书在版编目（CIP）数据

中国人身保险产品竞争力评估报告（2018）/周县华，廖朴著 . —北京：经济管理出版社，2018. 12
ISBN 978 - 7 - 5096 - 6145 - 1

Ⅰ. ①中…　Ⅱ. ①周…　②廖…　Ⅲ. ①人身保险—竞争力—评估—研究报告—中国—2018
Ⅳ. ①F842. 62

中国版本图书馆 CIP 数据核字（2018）第 258015 号

组稿编辑：田乃馨
责任编辑：宋　娜　田乃馨
责任印制：司东翔
责任校对：张晓燕

出版发行：经济管理出版社
　　　　　（北京市海淀区北蜂窝 8 号中雅大厦 A 座 11 层　100038）
网　　　址：www. E - mp. com. cn
电　　话：（010）51915602
印　　刷：北京玺诚印务有限公司
经　　销：新华书店
开　　本：720mm×1000mm/16
印　　张：17. 75
字　　数：329 千字
版　　次：2018 年 12 月第 1 版　　2018 年 12 月第 1 次印刷
书　　号：ISBN 978 - 7 - 5096 - 6145 - 1
定　　价：168. 00 元

前　言

　　生老病死是自然规律，符合预期的生老病死已经被规划至家庭收入分配策略之中，但是预期以外的生老病死却给人们日常生活带来巨大冲击。人身保险作为防范未预期生老病死的主要工具，已经成为人们日常生活的必需品。没有保险保障的生活，谈不上美好生活！人们对保险产品的广泛接受，极大地促进了保险业的发展。以人身保险业为例，过去 6 年（2012～2017 年），寿险保费收入年均增速 22%，健康险保费收入年均增速 47%；全国人身保险保险密度从 2012 年的752.0 元增加至 1924.1 元，年均增速 26%，人身保险保险深度从 2012 年的1.88%上升至 3.23%，每年上升 0.23 个百分点。虽然我国保险业取得了巨大成就，但与欧美发达国家相比，我国人均保险持有量仍远远不足。我国人寿保险业保费规模约为美国的 53%，人均保费仅为美国的 12%。研究和解决保险问题，提高人们保障程度，促进保险业快速发展，是我辈保险人的主要任务。

　　人身保险林林总总、不一而足，甚至以次充好、鱼目混珠，如何从中挑选出最好的人身保险产品，成为人们关注的热点问题。截至 2017 年 12 月 31 日，我国拥有人身保险公司 85 家，但是市场上在售的产品却数以万计。以人寿保险中最简单的终身寿险为例，我国市场上有 1112 款终身寿险，其中在售的终身寿险428 款，平均每家公司 5 款。作为最简单的人身保险产品，市场在售产品如此之多，非但不能满足人们对于终身寿险的需求，还将给保险消费者带来混淆。此外，在保险产品上附加投资功能，曾作为一种巨大创新被广泛传播。诚然，具有投资属性的人身保险产品在一定程度上同时满足了人们的保障—收益双重需求，但是进一步加大了保险产品的选择难度，并且使保险公司忽略了保险保障的本质。

　　本书从理性角度和学术层面讨论人身保险产品的挑选问题，对我国传统型人身保险产品竞争力进行评估。在本书中，我们将呈现五类传统型人身保险产品的竞争力评估逻辑、精算模型和结果。

　　第一章简要分析 2017 年中国人身保险市场状况，包括 2017 年中国寿险市场整体回顾、传统型寿险产品市场状况分析、各寿险公司畅销产品特征分析、寿险产品发展趋势展望等内容。

第二章陈述人身保险竞争力评价方法和模型。本书针对长期人身保险产品和短期人身保险产品分别建立竞争力评价模型。长期人身保险方面，从条款中的定量部分、条款中的定性部分和公司评价三方面建立竞争力评价模型；短期人身保险方面，基于不同产品条款的相对优劣以及费率建立竞争力评价模型。

第三章至第七章依照第二章的框架，进一步融入更多产品类别特征，更细致地分别讨论人寿保险、两全保险、年金保险、疾病保险、医疗保险的竞争力评价逻辑、模型和结果。

本书既可作为研究人身保险产品设计的精算资料，又可成为挑选人身保险产品的参考依据，也可充当研究生和高年级本科生有关人身保险实务课程的教学用书。

周县华、廖朴
2018 年 10 月

目 录

第一章 2017 年中国人身保险市场分析

第一节 2017 年中国寿险市场整体回顾

2017 年对于中国寿险行业来说是不寻常的一年，在监管逐渐趋严，"该管的都管起来"的背景下，人寿保险市场依旧保持了较快的增长，人们的保险需求、保险行业的从业人员均大幅增长。根据德国安联集团研究部门发布《全球保险市场调研报告》，2017 年中国已取代日本，成为亚洲最大的寿险市场。在此我们就对 2017 年中国寿险市场的各项数据进行回顾，看一看 2017 年中国寿险行业给出的"成绩单"。

一、业务统计概况

2017 年，中国人身险公司原保险保费收入为人民币 26746.35 亿元，与 2016 年相比同比增长 20.29%。随着保监会强监管、治乱象，虽然原保险保费收入增速放缓，同比下降 16.22 个百分点，但是保险行业回归本源，寿险和健康险为全社会提供风险保障 31.73 万亿元和 536.80 万亿元，分别同比增长 59.79% 和 23.87%。尽管行业回归保障令"开门红"时期保费收入承受压力，但是人身险公司业务结构持续优化，2017 年新单期交业务同比增长 35.71%，占新单业务的 37.59%，提升 6.94 个百分点，行业总体发展发展稳中向好，行业加快回归本源，产品保障功能凸显，服务能力明显提升，如图 1-1 所示。

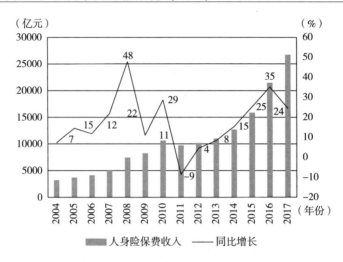

图 1-1 2004~2017 年中国人身险保费收入及同比增速

二、产品结构改变

2017 年，人身险市场的产品结构发生了较大变化。普通寿险业务成为主要增长点，投资连结险、万能险增长放缓。其中，普通寿险业务增长幅度最大，同比增长 23.77%，分红寿险业务同比增长 22.14%，投资连结险业务同比增长 1.49%，万能险业务同比增长 4.75%，健康险业务同比增长 8.58%，人身意外险业务同比增长 50.19%（见图 1-2）。

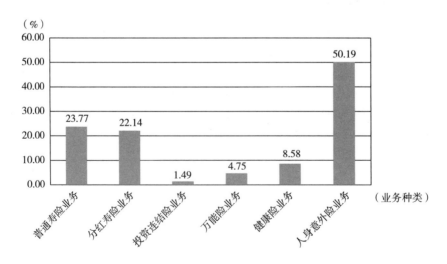

图 1-2 2017 年中国人身险市场各项业务同比增长百分比

这一变化的形成，究其主要原因，应该是自 2016 年以来，监管对于保险业的引导逐步加强，监管政策持续趋严，"保险姓保"的发展方向得到进一步强化。随着《中国保监会关于强化人身保险产品监管工作的通知》《中国保监会关于进一步完善人身保险精算制度有关事项的通知》《中国保监会关于规范人身保险公司产品开发设计行为的通知》三个文件的逐步落实，人寿保险市场从产品设计上提高了保险产品的保障额度，建立了保险产品的问责制度，推动了保险产品回归保险本源的进程。

三、寿险企业发展概况

在严监管的大背景下，我国各寿险公司业务均受到了不同程度的冲击。其中，上市寿险公司由于长期聚焦保障类业务、期交业务和营销员渠道建设，受冲击最小。如图 1 - 3 所示，2017 年中国平安、中国太保、中国太平原保费收入增速分别为 34%、27%、21%，均超过行业平均增速。此外，上市寿险公司的市场集中度出现回升，由第一季度的 48% 逐步回升至年末的 53%，与 2016 年末持平，终止了自 2014 年以来加速下滑的趋势。受冲击最大的人身险公司中，富德生命人寿 2017 年保费同比缩水 23%，市场份额排名由 2016 年末的第 8 位下降至 2017 年的第 10 位；长城和渤海人寿保费分别缩水 28% 和 33%，排名由第 36 位、第 37 位下滑至第 45 位、第 49 位。而泰康人寿排名由 2016 年的第 10 位大幅提升至 2017 的第 5 位，如表 1 - 1 所示。长远而言，强监管有利于人身险公司健康竞争、行业稳定发展。

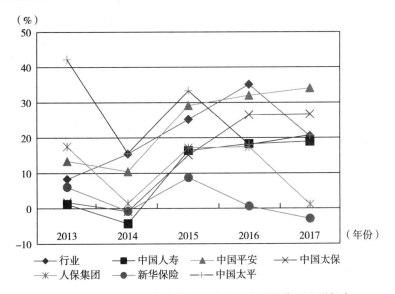

图 1 - 3 2013 ~ 2017 年中国主要人身险公司保费同比增长率

表1-1　2017年中国人寿保险业务保费收入前十公司排名及保费份额

公司名称	排名	份额（%）
中国人寿	1	19.7
中国平安	2	13.8
安邦人寿	3	7.60
中国太保	4	6.80
泰康人寿	5	4.50
中国太平	6	4.40
新华保险	7	4.20
人保集团	8	4.10
华夏人寿	9	3.30
富德生命人寿	10	3.10

四、2017年寿险行业存在的风险

2017年，人寿保险市场在高速发展的同时，也存在着诸多风险。首先，人身险业务转型面临诸多挑战，部分公司主要在售产品停售，多数中小公司缺乏开发保障型产品的经验数据及精算能力，产品开发压力较大。银邮渠道集中给付型产品停售，保障型产品销售能力不足，保费增速大幅下滑；个险渠道建设成本高、周期长，中小公司较难补齐渠道短板。负债久期拉长、长久期资产较少，行业整体市场风险和保险风险最低资本要求提高，同时民营资本流入大幅减少，人身险公司偿付能力指标普遍下滑。伴随着产品切换，公司面临的风险也逐渐向长期化、复杂化风险转变，对公司风险管理、投资、运营等多方面提出更高要求。其次，部分公司出现较大的流动性压力。虽然行业2017年现金流整体较为充裕，但个体分化明显，局部流动性风险隐患显现。部分人身险公司在业务结构调整期保费流入下降，同时退保金大幅增长，满期给付总量仍处于高位，现金流出压力持续上升。部分公司过去高度依赖中短存续期业务，资产负债错配严重，现金流面临严峻考验。此外，部分过去经营非寿险投资型产品的公司业务存量余额较大，流动性风险较大。最后，由于寿险公司对于资产负债的匹配要求较高，在2017年利率市场波动加剧，债券市场主体评级下调与违约事件增加，风险企业性质、违约券种范围不断扩大的情况下，寿险公司所面临的利率风险及信用风险极大。此外，瑞士再保险集团首席经济学家安仁礼还认为，持续的低利率环境加

上严格的"偿二代"监管框架将会影响寿险公司的盈利水平，也会影响它们提供具有吸引力的长期寿险产品的能力。

五、小结

总体而言，2017 年中国寿险市场表现良好，保费增长速度依旧处于高位，产品结构出现明显变化，保险市场逐步回归保障本源，有效降低了可能出现的经营风险。但同样不可忽视的是，由于利率低迷、竞争加剧和监管变化，人身险公司盈利水平将继续承压，未来寿险市场的发展如何，可能更多取决于人寿保险公司在面对这些变化是否能所作出合理积极的应对。

第二节　2017 年中国传统型寿险产品市场状况回顾

2017 年是保险业全面从严监管的一年，中国保险监督管理委员会坚持"保险姓保、监管姓监"，多头并进，大力推动保险业回归保障本源。尤其是保监会（2018 年后称为银保会）于 2017 年 5 月发布《中国保监会关于规范人身保险产品开发设计行为的通知》，明确叫停诸多主流产品类型，包括快速返还的万能、两全保险，以及以附加险形式存在的万能险、投资连结险，令险企一度陷入"无险可卖"的困境。在这样的背景下，作为保险保障功能最重要一环的传统型寿险，无疑成为了 2017 年保险市场的焦点。下文将对 2017 年中国传统型寿险产品市场的基本情况进行回顾，分析传统型寿险在 2017 年的表现。

一、传统型寿险发展概况

2017 年，人身险业务增速有所回调。在这样的大背景下，传统型寿险比重的上升显得尤为迅速，实现原保险保费收入 12936.48 亿元，占人身险公司全部业务的 49.68%，同比上升 23 个百分点。此外，意外险实现原保险保费收入 901.32 亿元，同比增长 20.19%。健康险业务实现原保险保费收入 4389.46 亿元，同比增长 8.58%，增速下降 59.12 个百分点。这里健康险保费增速的快速回落主要与中短存续期健康险及万能型健康险有关，和传统型寿险并无关联。通过对历年的数据分析我们可以发现尽管传统型寿险增速与以往相比有所回落，但是在严监管的大背景下其依然成为了 2017 年保险业增长的主要动力。图 1-4 为 2004~2017 年中国人身险保费收入及同比增速，图 1-5 为 2013~2017 年中国传统型寿险保费收入及同比增速。

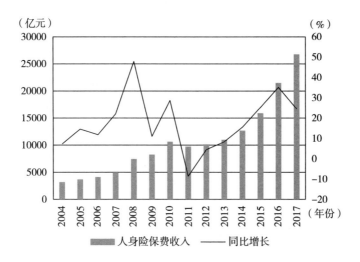

图1-4　2004~2017年中国人身险保费收入及同比增速

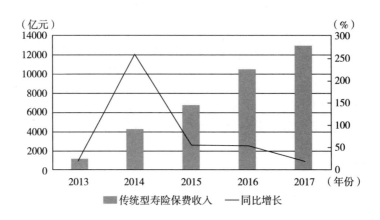

图1-5　2013~2017年中国传统型寿险保费收入及同比增速

二、传统型寿险与新型人寿保险的发展对比状况

从市场份额占比来看，传统寿险业务占比最高，达到47.20％，与新型人身保险呈二分态势，而在新型人身保险中，分红险、万能险和其他险分别占比31.05％、19.95％和1.8％（见图1-6）。

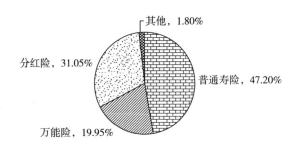

图 1-6 2017 年中国人身险市场各项业务市场份额占比

三、2017 年传统型寿险公司概况

如表 1-2 所示，截至 2017 年年末，我国共有人身险公司 85 家，其中中资人身险公司 57 家，外资人身险公司 28 家。从保费收入来看，2017 年排名前五位的人身险公司分别是中国人寿、中国平安险、安邦人寿、中国太保、泰康人寿。与 2016 年相比，华夏人寿跻身榜单前十，而和谐健康则由第六位跌出榜单前十，这可能与不同保险公司应对严监管外部环境的策略有关。同时，市场占有率排名前十的人身险公司市场份额占比 71.32%，较 2016 年同比下降 0.97%，市场集中度有所下降。表 1-2 为 2017 年中国人寿保险业务保费收入前十公司排名及各项数据情况。

表 1-2 2017 年中国人寿保险业务保费收入前十公司排名及各项数据情况

公司名称	排名	市场份额（%）	份额变动（%）	同比增速（%）
中国人寿	1	19.7	0	19
中国平安	2	13.8	1	34
安邦人寿	3	7.60	2	66
中国太保	4	6.80	0	27
泰康人寿	5	4.50	0	28
中国太平	6	4.40	0	21
新华保险	7	4.20	-1	-3
人保集团	8	4.10	-1	1
华夏人寿	9	3.30	1	91
富德生命人寿	10	3.10	-2	-21

四、总结

随着监管对于"保险姓保"这一理念的逐渐贯彻，传统型寿险迎来了其最好的发展时期。2017年寿险业共开发报备2300多个产品，比2016年增加30%，其中以保障型寿险为主。当前人身险产品的创新主要体现在两个方面：一是对消费者的身体条件进行细分，以产品的精细化作为卖点；二是针对特定人群开发专属产品，为不同消费者提供更多选择。这种传统型寿险的发展环境更真实地体现了保险的风险保障属性，受到了消费者的广泛欢迎。但我们也应该注意到，传统型寿险所面临的激烈竞争及可能出现的各类外在风险，也对人身险公司的整体盈利水平造成了压力，今后传统型寿险的发展速度是否还能保持在一个较高水平，对监管部门和保险公司都是一个很大的考验。

附表　2017年原保险收入排名前十保险公司主要
传统型寿险产品状况

单位：千元

保险公司	传统型寿险产品	保费收入	新单标准保费收入
国寿股份	国寿鑫丰新两全保险（A款）	59636000.00	5964000.00
	国寿鑫福赢家年金保险	40588000.00	19770000.00
	国寿鑫福年年年金保险	28015000.00	0.00
	国寿鑫如意年金保险（白金版）	25166000.00	0.00
平安人寿	平安福终身寿险	17797370.00	10630.00
安邦人寿	—	—	—
太保寿险	幸福相伴（尊享型）两全保险	7460120.00	52460150.00
泰康人寿	泰康盈泰A款年金保险	15311200.00	1531120.00
太平人寿	太平稳得赢B款两全保险	14416848.00	1441684.80
新华人寿	惠鑫宝二代年金保险	6764000.00	0.00
人保寿险	人保寿险百万身价惠民两全保险	11073218.50	2681151.50
华夏人寿	华夏财富宝养老年金保险（C款）	22557203.00	3929718.80
	华夏财富一号年金保险（F款）	16494293.00	1649409.30
	华夏富贵竹年金保险	12074481.60	2388615.00
	华夏一号两全保险（A款尊享版）	6128211.00	612821.20
	华夏如意来年金保险	4412022.00	3813347.70
富德生命人寿	生命财富宝一号年金保险	1518630.00	15186300.00
	生命如意宝一号年金保险	14810060.00	872340.00
	富德生命固鑫B款年金保险	9734990.00	783890.00
	富德生命盈A款年金保险	4277100.00	427710.00
	富德生命固鑫C款年金保险	3888020.00	224950.00

第三节　2017 年各寿险公司畅销产品特征分析

2017 年，人身保险公司原保险保费收入总额为 26039.5 亿元，其中，保户投资款新增交费 5892.36 亿元，投资连结险独立账户新增交费 470.42 亿元。2017年，人身保险公司原保险保费收入前二十企业分别是国寿股份、平安人寿、安邦人寿、太保寿险、泰康人寿、太平人寿、新华人寿、人保寿险、华夏人寿、富德生命人寿、阳光人寿、天安人寿、国华人寿、中邮人寿、工银安盛、和谐健康、前海人寿、建信人寿、百年人寿和恒大人寿。国寿股份位居榜首，平安人寿和安邦人寿排名第二和第三。由于安邦人寿、泰康人寿、和谐健康的数据缺失，余下17 家寿险公司的保险产品保费收入达 22369.3 亿元，占 2017 年原保险保费收入总额的 85.9%，前 31 款产品保费收入超过百亿元，其中年金保险保费收入居多，保障型产品仍为各大险企主要转型方向。

一、畅销产品概况

从统计数据来看，17 家寿险公司保费排名前五的 85 款保险产品中，有 57 款为年金保险、20 款为两全保险、5 款为终身寿险、3 款为重大疾病保险。在保监会提出"保险姓保"期间，保险业务回归保障成为一大趋势，其中发展长期的、期缴类的保险产品成为绝大多数保险公司的发展方向。在严监管背景下，快返还理财险和万能险产品跌下神坛，各大保险公司开始主推年金类保险产品，但各寿险公司畅销的产品仍然各有特征。具体的畅销产品分类及保费占比如表 1-3 所示。

表 1-3　17 家寿险公司畅销产品分类统计概况

保险类别	数量	数量比重（%）	保费收入（万元）	保费占比（%）
年金	57	67.06	30710634.40	99.904
两全	20	23.53	20301.30	0.066
终身寿险	5	5.88	5940.04	0.019
重疾	3	3.53	3254.19	0.011

从表 1-3 中数据可以看出，在分析的 17 家寿险公司 2017 年度畅销寿险产品中，年金保险保费收入占据了这 85 款热销保险保费总收入的 99.904%，可以

说是保费的主要来源。虽然两全保险数量占比达到了 23.53%，但是保费收入占比只占到了 0.066%，是远远不足以和年金保险相提并论的。

在 17 家寿险公司保费排名前五的 85 款保险产品中，有 26 款产品是分红型寿险产品，其中有 15 款是年金保险产品、10 款两全型保险产品和 1 款终身寿险产品。但是值得注意的是，虽然分红型年金保险产品数量占据了年金保险产品数量的 26.32%，保费收入达到 83550.57 万元，但只占据了年金保险保费总收入的 0.2721%，并没有在畅销年金保险中体现出分红型产品的优势。投资连结型和万能型寿险产品在畅销产品中只有寥寥几款，这也正反映出了保险回归保障的这一大趋势。

在保险业人身险公司方面，从寿险业务结构看（见图 1 - 7），2017 年，传统型寿险业务规模保费占比 47.2%，较 2016 年底上升 11.1 个百分点；万能险保户储金及投资款 6363 亿元，同比下降 50.29%，占规模保费比例为 19.95%，占比提升 16.9 个百分点；分红险占比 31.05%，上升 7.3 个百分点。

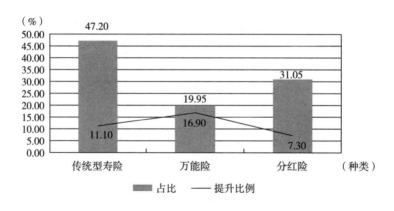

图 1 - 7　2017 年寿险业务结构

监管层政策的倾向使逐渐萎缩的传统型保险产品市场出现"爆发式"增长，在传统型寿险业务规模保费增长的势头中，什么类型的产品更受到市场的欢迎？下文将重点分析热销传统型寿险产品的特点。

二、畅销传统型年金保险的特征

年金保险作为目前保险市场上最火爆的产品，在寿险产品市场上占据着绝对领导地位，是寿险公司保险费收入的主要来源。年金保险是为了防止被保险人因寿命过长，可能丧失收入或过早耗尽积蓄，准备的财务支持。本质上并不是真正意义上的保险，而是人们借助保险公司而进行的一项投资。表 1 - 4 中几款产品是几家保险公司畅销年金保险产品。

表 1-4　畅销传统型年金保险特征概况

保险公司	产品名称	期限	核心条款
国寿股份	国寿鑫如意年金保险（白金版）	直至 80 岁满期	返还稳定，即交即领生存金，逐年递增养老年金，80 周岁满期返还保费；资金灵活增值运用：金账户内资金复利增值，双账户 90% 借款比例。国寿鑫如意年金保险（白金版），该产品不仅具有即交即领、收益确定、满期返还所交保费的特点。还增加了年金递增功能
太平人寿	太平卓越臻享终身年金保险	直至终身	3 年交费期，犹豫期过后即可领取首笔保险金，每年领取保险金，65 岁领取祝寿金
新华人寿	华福享一生终生年金保险	直至终身	每年领取基本保额的 20%，直至终身；身故给付金额高于所交保费；自带投保人意外身故或全残豁免保费；保单生效即可贷款，盘活资金
华夏人寿	华夏如意来年金保险	直至终身	保单生效后每年领取年金，身故和全残也有保障，投保人身故或全残可豁免保费

从表 1-4 中可以看出，这几款产品全都是长期性保险产品，这也正是年金保险存在的意义。而在条款中，更加注重了收益稳定性这一重要因素，因为年金保险的第一要务是保值，这也是年金保险最大的特点。除此之外，条款还注重了当被保险人无力支付保费时的保障情况，采取豁免保费的条款来保障被保险人。如华夏如意来年金保险，保单生效后每年领取年金，身故和全残也有保障，投保人身故或全残可豁免保费。

三、畅销传统型两全保险的特征

两全保险具有给付性与返还性，被保险人在保障期限内不管是身故还是存活至保障期满，都可以获得保险公司给付的保险金。因此，很多颇有资产的人会将两全保险作为一种养老或者是传递财富的手段。表 1-5 中是几款畅销的传统型两全保险。

表 1-5　畅销传统型两全保险概况　　　　　　　　　　　单位：千元

保险公司	产品名称	保费收入	新单标准保费收入
国寿股份	国寿鑫丰新两全保险（A 款）	59636000.00	5964000.00
太保寿险	幸福相伴（尊享型）两全保险	7460120.00	—
华夏人寿	华夏一号两全保险（A 款尊享版）	6128211.00	6128211.00
太平人寿	太平稳得赢 B 款两全保险	14416848.00	1441684.80

对于这几款产品，从保险期限上看：国寿鑫丰新两全保险（A款）的保险期间为5年，太平稳得赢B款两全保险和华夏一号两全保险（A款尊享版）为短期两全保障产品，幸福相伴（尊享型）两全保险提供中长期养老保障。综上分析，这几款产品并没有把保险期限放长，而是提供中短期保障，回归到两全保险为特定类人群在发展阶段提供相应的寿险保障。而在保额上则提供了较大的数额，比如国寿鑫丰新两全保险（A款）的保险期间为5年，满期一次性领取基本保额，身价最高为3倍基本保额，华夏一号两全保险（A款尊享版）也提供了较大保额，使身故保障达到一定高度。

四、畅销传统型终身保险的特征

终身保险保障了人生的各个阶段；从财务规划角度来讲，终身寿险也是很好的强制储蓄工具之一和很好的资产保全与传承方式，可以得到永久性的保障，而且都有退费的权利，若投保人中途退保，可以得到一定数额的退保金（现金价值）。表1-6中是几款畅销的传统型终身保险。

表1-6　畅销传统型终身保险概况　　　　　　　　单位：千元

保险公司	产品名称	保费收入	新单标准保费收入
平安人寿	平安福终身寿险	17797370.00	10630.00
工银安盛	工银安盛人寿鑫如意终身寿险	5359350.00	2480.00
工银安盛	工银安盛人寿鑫如意六号终身寿险	1914300.00	833630.00

中国平安是保险行业具有极大优势的保险公司，其所提供的寿险产品在消费者中也自然有很好的信任保障，产品占据市场份额大自然不足为奇。下面我们重点分析一下工银安盛的两款终身寿险产品，工银安盛人寿鑫如意终身寿险，采用了3.5%的预定利率定价，极具价格优势。这也为其成为畅销品提供了价格支持，同时其为客户提供终身3%复利递增的身故及全残保障，实现身价的不断递增。独具创新的高额现金价值减额取现与身故保险金分期领取功能，可满足客户灵活的财富管理与资产传承需求，从容地应对子女教育、婚嫁、创业、养老等不同人生阶段的需求。可以看出对于终身寿险产品，由于其期限长、保费高，更多的消费者会更加注重其是否划算，在性价比考量上会更加精细。值得注意的一点是，工银安盛这两款保险产品均提供了全残保障。传统的寿险赔付依据是人是否身故，对于极端情况，比如虽然人没有身故，但是失去了生活自理能力的情况，这两款也是赔付的，解决了客户很多的后顾之忧。

五、畅销重大疾病保险的特征

在17家寿险公司85款畅销产品中只有5款重疾险，以下3款是传统型产品。从保障期限来看，这三款重疾险保障期限均属于长期保障，如表1－7所示。

表1－7　畅销传统型重疾险产品

保险公司	产品名称	保险期限	保障范围
新华人寿	新华健康无忧 C 款重大疾病保险	长期	疾病观察期：180 天。 60 种重疾和 15 种轻症疾病，身故最多可领取 1.1 倍已交保费
人保寿险	人保寿险无忧人生重大疾病保险	长期	疾病观察期：180 天。 70 种重疾和 30 种轻症保障，确诊轻症可豁免保费
人保寿险	人保寿险无忧一生重大疾病保险	长期	疾病观察期：180 天。 54 种重疾和 15 种特定疾病，确诊重疾和身故都可领取基本保额，针对特定疾病可额外领取基本保额 20% 的保险金

与市面上大多数重疾险保险不同的是这三款保险都有 180 天的疾病观察期，而市面上大多数只有 90 天的观察期。对于被保险人来说，如果短期内出险将面临无情拒赔，出险无息退还保费，但这并没有影响到这三款产品成为畅销品。也就是说对于观察期的设定，大多数保险购买者可以接受较长的等待期，可以看出购买重疾险的被保险人想要的是长时间的保障范围，对于短期内并没有重疾保障的需求。

从保障范围上来看，新华健康无忧 C 款重大疾病保险提供 60 种重疾和 15 种轻症疾病；人保寿险无忧人生重大疾病保险属于长期重大疾病保障产品，提供 70 种重疾和 30 种轻症保障；人保寿险无忧一生重大疾病保险长期保障至终身，提供多种交费方式供选择，保障 54 种重疾和 15 种特定疾病。虽然从保障疾病数量上来说三种产品有一定差异，但是对于一些市面上保险产品所保障基本重疾，这三款产品都具有很好的覆盖，这一点也表明，消费者对于重疾保险的保障需求，并不是保障范围越广，就越受欢迎。

第四节　中国寿险产品发展趋势展望

2017 年，寿险产品的发展风云变幻，注定对未来寿险市场的结构影响深远。中国保险业内的大事件引发了全行业的连锁反应，不仅形成了监管大年的行业里程碑，同时也引导全行业走向回归保险保障本源的趋势。此外，科技创新也驱动保险行业成功转型，引发了行业变革的浪潮。

展望未来寿险产品的发展前景，在"保险姓保"主旋律的倡导之下，商业寿险产品销售将迎来全新的改变。消费者对寿险产品的保障需求将更具有针对性，不仅体现在消费者是否购买商业保险的保险意愿上，还体现在其更加注重配置适合自身特点及经济承受能力的保险产品、兼顾保障和资产配置多方面的需求。因此，未来保险业必将对寿险保险公司产品设计及销售能力提出越来越高的要求，同时也为第三方经纪与代理人、网销渠道提供了快速增长的空间。因此，面对新变化，迎接新挑战，把握新时代，寻求新突破，未来中国寿险业正在从"新"出发。

一、寿险产品深化整顿，加快回归

对于未来寿险市场而言，"回归个险、回归期缴、回归保障"大势将更为明显。过去一年，保监会提出"强监管、治乱象、补短板、防风险"的工作方针，"1+4"系列文件为重塑监管做了全面的铺垫，金融业加强监管和保险业趋严监管在2018年持续以及深化。相比银行渠道，个险渠道在保障型业务展业方面具有诸多优势，各大险企已经将个险渠道发展列为重中之重，这种趋势也在2018年延续。

"监管姓监"、"保险姓保"是保险行业拨乱反正、正本清源的重要方针。当前全行业仍有延续限制中短期理财产品，鼓励发展长期型、保障型业务的趋势，监管层也在持续加强针对法人机构和市场主体的监管力度。与此同时，万能险的规模将持续缩水，续期保费拉动作用更加明显，产品结构变化有助凸显保险的核心功能。以"回归个险、回归期缴、回归保障"为特征的转型潮流在2018年更加明显，监管规范和主动转型合力推动寿险市场驶上回归本源的主车道。

二、寿险新单业务突破，高位增长

在2017年，寿险业保费收入实现了高速增长，2017年寿险保费收入2.146万亿元，同比增长26%。而续期保费滚动增长的根源主要是新单业务的强劲增长带来的保费快速增长，通过产品销售与人力服务两大红利相结合，催生寿险业新单保费快速增长。

一方面，产品费率市场化正加速寿险产品的创新优化，提升了产品竞争力。多元化的产品设计推进寿险产品参与到更多领域的市场竞争中，尤其是资产管理和健康医疗的两大领域中，引导寿险业连续取得市场深度与广度上的重大突破。另一方面，保险代理人资格考试取消，导致寿险代理服务的快速发展。2018年寿险代理人数量仍然保持快速增长的趋势，代理人数量快速增长不仅将带来大量新增客户与新单保费，同时也将促使行业主管和绩优人力迅速提升。在产品、人力的叠加驱动之下，我们认为，新单业务有望继续保持增长趋势。

三、寿险产品加快变革，"三差"均衡

产品变革是当前保险业市场化改革三大重点之一，也是推进最坚决的领域，特别是寿险产品创新呈加快趋势，以产品创新为先导，在销售、服务、商业模式、体制机制等方面的创新都取得了积极进展。费率市场化是我国保险业放开监管的重要方向，也是"偿二代"的重要导向之一。因此，需要采取有力措施来改善产品与业务结构，使其对保险公司达到监管要求更有利。如大力推广新单价值更高的产品、将定价基准与保险市场价格挂钩等。

从国际经验来看，各国的寿险市场在保险产品市场化的变革之后，均呈现出费率下降、保险深度显著提高的情况。未来产品精算将越来越重要，特别在低利率周期，追求"三差"的均衡贡献是重要的战略方向，高现价产品在 2018 年更多扮演短期策略的角色。回归保险本源、坚守保障主业符合寿险业发展规律，也是行业可持续发展的关键。而从产品端来实现寿险行业的供给侧改革，不仅需要限制短期寿险产品的业务规模，同时也要随市场利率环境而相应降低投连险种的约定利率和结算利率，从而在改善负债端期限结构的同时，还要提高产品风险保障水平与业务持久度。

四、寿险业务增长承压，结构优化

在过去的数年内，中国保险市场实现跨越式发展，市场规模保持两位数的同比增长，并连续超越德国、法国、英国、日本，目前已跃居世界第二。而新政策、新产品、新销售逻辑皆需要不断磨合，已经习惯了高增长的中国寿险业，在未来将面临较大的增长压力。从 2018 年初的保费收入情况来看，寿险公司非常看重的"开门红"正遭遇正增长的严峻挑战：一方面，2017 年保监"134 号文件"带来主力产品大切换，新政策需要新的销售模式，新产品需要新的销售逻辑，市场和销售队伍还在适应和磨合；另一方面，欧美加息带来中国被动式加息，导致寿险年金产品市场竞争力有所减弱。

在业务增长承压的同时，业务结构特别是产品结构将实现持续优化，个险渠道高价值业务平稳增长，健康险有望实现高速增长；银保渠道的期缴业务将持续提升，电销、经代渠道更加突出销售保障险、健康险。结构优化不仅是转型价值、回归保障的体现，也有助于寿险市场健康、持续发展。从目前情况看，价值转型成效明显，四大上市寿险公司新单价值中个险业务占比持续提升，期缴占比提升，保障型产品销售强劲。2018 年，价值经营进一步成为寿险业行业、监管、

市场的共识。

五、寿险经营变革分化，竞争加剧

新变化催生新格局，2018 年是中国寿险业竞争加剧与模式分化的分水岭。从经营模式看，中大型险企相对更加从容，集团化、协同化、综合化已成为新的竞争优势。因此，"客户经营与策略变革＋队伍建设变革"势在必行。当前我国寿险业正处在初级阶段向转型阶段的过渡期，以产品和销售为导向的粗放发展动能正在逐渐衰减，加快经营转型，构建以客户为中心的"客户、产品、队伍"寿险业"金三角"，围绕客户需求优化产品和服务，提升队伍专业化，转变业务模式，打造健康稳定增长的新动能。客户经营变革，构建平台化、系统化的"O2O"客户经营体系，为客户提供全生命周期的产品和服务。

产品策略变革，产品线更加丰富多元的同时，形成风险保障产品、健康保障产品、财富保障产品三大主线，在洞见客户需求的基础上，碎片化、定制化、组合化将是产品策略的新场景；队伍建设变革，继续争取人力增长的红利的同时，加强培训和留存更加紧迫，提升专业能力和收入，传统营销队伍必将逐步转向专业化、职业化的顾问式行销队伍。

六、寿险服务科技驱动，转型升级

科技发展日新月异，深度影响着人们生活的方方面面，也深刻影响着保险业发展，数字化已成为全球寿险业的共同愿景。中国互联网巨头蜂拥抢滩保险业，冲击传统寿险市场的同时，倒逼传统寿险公司加快数字化变革。移动互联、大数据、云计算、人工智能等新技术为中国寿险业提升短板提供机遇，同时助推行业转型升级，通过新技术应用推动寿险产品、服务、运营、管理等改革创新，改善客户体验不佳、经营效率低下的寿险行业痛点。

科学技术的发展重塑了当前我国的寿险市场环境，对推动寿险产品的价值转变带来了极为利好的变革机遇。"互联网＋大数据"的技术模式使寿险行业更加坚持以客户为中心的服务理念，通过互联网的技术支持和大数据的深入调研使保险公司从产品开发、市场营销与客户服务等环节展开全方位的创新转变，促使全行业形成协同发展、转型升级的良好生态。

2018 年，中国寿险产品的发展正处在一个新的起点上。监管整顿仍然保持，但回归保险保障本源的大趋势不会改变；保险增长承受压力，但结构优化的大趋势不会改变；产品竞争加剧，但模式分化的大趋势不会改变。与此同时，我们仍然坚信："三差"均衡、经营变革正成为寿险产品发展最为重要的内生动力。

第二章　人身保险产品性价比评估的理论方法

本章主要对我国人身保险市场上保险产品的性价比进行评估。由于责任不同，不同种类人身保险产品的交叉对比意义不大，因此本书在第三章至第七章中分别对每一类人身保险的性价比进行评估。但在此之前，本书首先对寿险产品性价比评估的理论方法进行概括介绍。

第一节　人身保险产品性价比评估概述

一、人身保险产品性价比评估缘由

风险无处不在，人身保险产品已经成为人们日常生活的必需品。生老病死是自然规律，符合预期的生老病死已经被规划至家庭收入分配策略之中，但是未预期的生老病死却给人们日常生活带来巨大冲击。人身保险作为防范未预期生老病死的主要工具，已经被广大群众日益接受。过去 5 年（2012～2017 年），寿险业保费收入年均增速 21.6%，健康险保费收入年均增速 47.1%。没有保险保障的生活，已经谈不上美好生活！

但是人身保险林林总总、不一而足，甚至以次充好、鱼目混珠，如何从中挑选出最好的人身保险产品，成为人们关注的热点问题。截至 2017 年 12 月 31 日，我国拥有人身保险公司 85 家，但是市场上在售的产品却数以万计。以人寿保险中的终身寿险为例，市场上有 1112 款终身寿险，其中在售的终身寿险 428 款，平均每家公司 5 款。① 作为最简单的人身保险产品，市场在售产品如此之多，非

---

① 资料来源：中国保险行业协会人身险产品信息库，数据截止到 2017 年 6 月 29 日。

但不能满足人们对于终身寿险的需求，还将给保险消费者带来混淆。此外，在保险产品上附加投资功能，曾作为一种巨大创新被广泛传播。诚然，具有投资属性的人身保险产品在一定程度上同时满足了人们的保障—收益双重需求，但是一方面进一步加大了保险产品的选择难度，另一方面使保险公司忽略保险保障的本质。以428款在售的终身寿险为例，传统型终身寿险152款，新型（分红型、万能型、投资连结型）终身寿险276款，新型产品数量是传统型产品数量的2倍左右。

本章开人身保险产品性价比评估的先河，介绍人身保险产品性价比评估方法、模型和步骤，并对我国人身保险产品进行评价比评估。鉴于保险的主要功能是保障而非投资，因此本报告主要介绍传统型人身保险产品的性价比评估。

二、人身保险产品性价比评估的重点难点

1. 人身保险产品优劣标准的选择

保险消费者在选择保险产品时会出现以下三种情况：第一，选择同类产品中最便宜的，也就是哪款产品便宜就选择哪款；第二，选择同类产品中保障最多最全的，以达到所有风险完全保障；第三，选择大公司产品，无论大公司产品优劣。这些做法在现实中均有出现，不能称其为错误，只能说各个保险消费者对于人身保险产品优劣标准的选择不一致。

本书要对人身保险产品进行评估，就必须选择最广泛被人们所接受的标准。综合各类人群的偏好，本书选择以"性价比"作为评估标准。"性"是指性能，即人身保险产品的保障范围和程度，以及附加功能；"价"是指价格，即人身保险产品的市场销售和购买价格。本书将选择统一的口径，对每一类人身险产品的性能进行量化评价，然后结合其价格，计算性价比比率，并标准化。

选择"性价比"的合理性在于，既考虑了人身保险产品的保障，又考虑了人身保险产品的价格，保障越多、价格越低的产品的得分将越高，符合保险消费者的一般认知。

2. 人身保险产品性能的量化评估

人身保险产品的性能（保障范围、程度以及附加功能）均在产品条款中载明。但产品条款短则五六页，长则七八十页，并且具有很强的专业性，如何将产品条款解读、量化，是一个复杂问题。

本书针对产品条款制定了固定的拆解和量化模式。将产品条款拆分为可量化条款和不可量化条款。可量化条款主要是条款中的保险责任部分，保险公司精算部门依据该部分进行费率厘定；不可量化条款主要是除保险责任以外的那些条款。针对可量化条款，本书制定统一的精算假设，建立与保险公司精算部相同的定价模型并编写程序，对保险产品保险责任对应的费率进行厘定；对于非量化条款，本书采用相对的打分机制进行量化评估。

在量化过程中，有一些难点也需要克服，包括：①某些产品定价模型的建立，比如多重给付型重疾保险的定价模型；②统一的精算假设的制定；③非量化条款相对评分的合理性。

3. 人身保险产品市场费率表的收集

按照本书的评价体系，最终需要将计算的理论费率与市场费率进行比较，以计算性价比指标。但是除互联网渠道产品外，其他产品的费率都是非公开数据。如何收集和下载产品的市场费率是产品性价比评估的"最后一公里"。

本书采用多种方式收集费率：第一，与保险公司建立合作，以服务换费率；第二，依托"保险师"等 APP 进行逐一下载，整理部分费率；第三，网络渠道下载，获取一些产品的费率表。

在本书撰写过程中，产品费率表始终是最大的一个瓶颈，在很大程度上限制了报告中的产品数量，这将是一个有待持续解决的问题。

三、人身保险产品性价比评估的基本原则

1. 同类相比原则

本书将人身保险产品划分为五大类，分别是人寿保险、两全保险、年金保险、重疾保险和医疗保险，然后对每一类中的保险产品进行比较。虽然最终形式允许，但是由于不同产品种类的保险责任迥异，对比结果无任何意义，因此本书不对不同种类产品进行交叉对比。

2. 一致性原则

对每一类保险产品的对比，本书遵循一致性原则，包括：①拆分规则一致，即量化条款和非量化条款的拆分是相同的；②精算模型一致，即同一类保险产品的模型基本相同；③精算假设一致，即量化条款进行费率厘定所使用事故发生率、折现率等完全相同；④赋分规则一致，即对非量化条款的赋分规则完全一致。

3. 客观原则

本书在进行产品评估时，保证评价的客观性。进一步地，本书不考虑保险消费者对保险产品的需求偏好，仅仅基于保险知识、精算原理和概率统计理论将保险产品进行标准化处理。也就是说，本书仅评估"该保险产品是什么样"，而不回答"该保险产品是否适合你"这个问题。

4. 最大量化原则

量化分析人身保险产品是本书的特色之一。本书在产品评价时遵循最大量化原则，即"凡是可以量化分析的条款，本书一律量化处理"。更具体地，量化条款采用精算费率厘定方式进行量化处理；非量化条款采用排序、评级然后赋分的方式进行量化处理。而对于那些带有感情色彩的偏好，例如保险公司声誉，本书暂且不予考虑。

5. 最大诚信假设原则

本书仅针对保险产品的条款和费率进行产品评估，不考虑产品停售、违约、拒赔、销售误导等因素对保险产品性价比的影响。即本书假设保险公司都是最大诚信的，会按照保险产品条款中的约定忠实履行保险责任义务，一旦被保险人出险，也会按照保险条款履行赔付责任。

四、本书人身保险产品性价比评估的创新之处

据本书编写组所了解的，本书属于国内首份专门进行人身保险产品性价比评估的研究报告，因此研究主题与内容对行业发展均有重要贡献。此外，与零散的产品评估文章相比，本书具有以下创新之处：

1. 专注于量化评估

保险行业内（一般是保险服务平台）也定期或不定期发表文章，对某款或多款保险产品进行性价比测评，但测评形式大多是条款对比形式，即将多款产品的责任列表进行对比，然后定性讨论产品优劣。这种方式虽然对产品进行了详细说明，为保险消费者选择保险产品提供了一些帮助，但是条款不易理解且分析存在主观判断，因此影响了产品评估的科学性和可靠性。

2. 依靠专业精算团队开展量化条款评估

保险责任部分（量化条款）是保险条款最核心的部分，也是保险产品价格的最主要的影响因素。因此，量化条款精算模型的准确性和科学性决定了保险产品评估的合理性和可靠性。本书依托国内精算专业唯一的教育部人文社科重点研究基地——中国精算研究院的精算团队，开展保险产品费率厘定，保证了量化条款评估的准确性和可靠性。

3. 非量化条款的打分评估是本书的一大特色

保险行业中也有文章基于量化打分对保险产品进行评估，但这些文章仅仅关注保险责任部分的量化评估，而不关注保险责任以外部分的评价。虽然保险责任以外部分不如保险责任条款对保险产品价格的影响那么大，但是仍然有显著影响。本书依托由精算师、保险公司高管和高校教授组成的专家团队，制定评分规则，然后对非量化条款进行量化打分。

第二节　传统型长期人身保险产品
性价比评估计分规则

本书专注对传统型人身保险产品进行性价比评估。根据基本精算原理，长期险和短期险的定价方法迥异，因此本书在本章第二节首先介绍传统型长期人身保险产品性价比的评估逻辑，后续章节（第三章至第六章）的人寿保险、两全保险、年金保险和重疾保险均适用该方法；在本章第三节介绍传统型医疗保险产品性价比评估逻辑，第七章的医疗保险适用该方法。

计分规则

（一）评估指标

为了对传统型人身保险产品进行性价比评估，需要对保险条款的各项规定进行综合考量。任何可能影响产品性价比评估结果的因素都应纳入考量范围。但是，并不是所有保险条款都能进行量化评估的，诸如宽限期、年金转换权益等保险条款，这些保险条款在量化上存在困难或者说完全不可量化。根据保险条款的可量化性，我们将所有的保险条款分为量化条款和非量化条款。而非量化条款内容较多且条款间差异明显，很难有一个统一的评估标准。所以，我们又根据条款内容性质的不同将非量化条款细分为非量化投保条款、非量化责任条款以及非量化其他条款。在传统型人身保险产品的性价比评估中，我们首先对每款产品的量化条款和非量化条款分别进行评估，然后再综合考量这两部分的评估情况得出产品性价比评估的最终结果。

（二）评估思路

下面简单介绍一下量化条款和非量化条款两个评估指标所包含的内容及性价比评估的评估思路。

1. 量化条款

传统型人身保险产品的量化条款包括保险责任，主要是保险责任中的可量化部分和市场保费。保险产品的市场保费等于其纯保费（理论保费）加上附加费用。对于保险消费者来说，在无其他限制条件的情况下，为了获得相同的保险保障，更倾向于选择保费较低的产品，也即附加费用较低的产品。所以在对产品量化条款进行评估时，附加费用率是关键因素。考虑到不同的传统型人身保险产品在投保范围、保险期间、缴费方式等上的差异，在对产品进行综合评估时，我们选取每款产品的平均附加费用率作为衡量指标。其中：

$$附加费用率 = \frac{市场费率 - 理论费率}{理论费率}$$

$$平均附加费用率 = \frac{平均市场费率 - 平均理论费率}{平均理论费率}$$

对于每一款传统型人身保险产品，我们先根据保险条款有关规定计算出可保范围内不同性别、不同投保年龄、不同缴费方式以及不同保险期间的各种组合下的对应于同一保险金额的理论保费及附加费用率。为了获得产品的综合评估结果，我们还需将计算出的理论费率和收集到的市场费率分别进行平均，得到平均理论费率和平均市场费率，再按照上面的公式得该产品的平均附加费用率。最后根据得到的附加费用率和平均附加费用率按照一定办法给出量化条款的评估结果。

2. 非量化条款

由于难以将所有的非量化条款按照统一的标准进行评估，我们先按照非量化条款内容、性质的不同分为非量化投保条款、非量化责任条款以及非量化其他条款，然后按照相应的评估办法分别进行评估，最后将三部分的评估结果按照一定权重进行加权平均得出非量化条款的评估结果。

3. 总产品条款

同非量化条款评估一样，我们通过对量化条款评估结果和非量化评估结果按照一定的权重进行加权平均可以得出传统型人寿保险产品性价比评估的最终结果。

（三）计分规则

前面我们只是给出了传统型人身保险产品性价比评估的评估思路，要得出最后的评估结果，还需要对具体评分规则进行设计。

1. 量化条款

在对传统型人身保险产品的量化条款部分进行评估时，我们选取的评估指标是（平均）附加费用率。通过介绍量化条款的评估思路，我们选择每款产品的平均附加费用率为计算综合排名的评估指标，各年龄、性别、保险期间、缴费方式组合下的附加费用率作为个性排名的评估指标。

一款传统型人身保险产品的（平均）附加费用率越高，说明投保人所支付的市场保费中用于支付附加费用的比例越高，相应地用于纯粹的保险保障功能的支付比例越低，这对于一个以保险保障功能为主要功能的保险产品来说意味着其性价比越低。据此，量化条款的得分应该是附加费用率的一个减函数。同时根据以往的经验，该得分与附加费用率不应是简单的线性关系。所以，在综合考虑各方面因素之后，我们选取了指数函数来表示传统型人身保险产品性价比评估中产品量化条款得分与产品附加费用率的关系。我们设定量化条款得分满分为100分，为了使得分在0~100分范围内，将函数形式表示为：

得分 $= 100 \times \exp(a_1(-1-x))$

其中，x为保险产品的平均附加费用率，a_1为参数。在此基础上，我们将平均附加费用率为0（平均市场费率＝平均理论费率）的产品的量化条款得分设定为90分。由此，可得参数a_1的值。

图2-1给出了这一计分规则的图形表示，其中X为传统型人寿保险产品的平均附加费用率，Y为该保险产品的量化条款得分。图中标明的点表示的是平均附加费用率为0的传统型人寿保险产品。

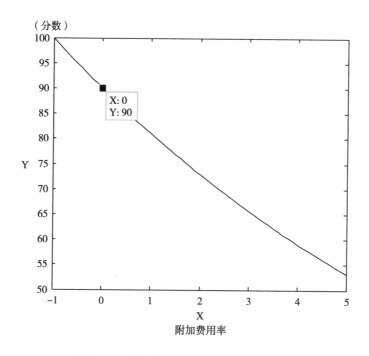

图2-1 附加费用率与量化条款得分关系

2. 非量化条款得分计分规则

（1）非量化投保条款。非量化投保条款虽然会对保险产品的性价比产生影响，但它涉及的内容少，并且对性价比产生的影响要小于非量化责任条款以及非量化其他条款。综合以上因素，我们所设计的规则是：非量化投保条款得分在总的非量化条款得分中所占比重为20%。

在我们所选取的传统型人身保险产品中，所涉及的非量化投保条款只有犹豫期这一项，所以这部分的计分仅依据犹豫期的长短来评判。犹豫期越长，给予投保人的选择权越大，投保人可以有更长的时间来考虑是否需要退保，理应得分越高；反之，犹豫期越短，给予投保人的选择权就越小，得分应该越低。非量化投保条款得分的具体计分规则如表 2 - 1 所示，我们可以看到，随着犹豫期时间的减少，非量化投保条款的得分也呈下降趋势，两者呈同方向变动，符合直观上的认识。

表 2 - 1　犹豫期计分规则

犹豫期	得分
20 天（含）以上	100 分
15（含）~20 天（不含）	$100 - a_2$ 分
10（含）~15 天（不含）	$100 - 2a_2$ 分
5（含）~10 天（不含）	$100 - 3a_2$ 分
0（含）~5 天（不含）	$100 - 4a_2$ 分
未载明	$100 - 4a_2$ 分

（2）非量化责任条款。非量化责任条款与保险产品的性价比直接相关，所涉及的内容比较多，所以我们所设计的规则是非量化责任条款得分在总的非量化条款得分中所占的比重为 40%。在我们所选取的传统型人身保险产品中，所涉及的非量化责任条款有等待期、除外责任、强制投保附加险、保费豁免条款这四项，所以需要对这四项内容分别进行计分。

保险产品设置等待期的目的是在一定程度上降低逆选择问题，即投保人明知道将发生保险事故，而马上投保以获得保险金的行为。这里需要注意的是，我们对传统型两全保险进行性价比评估是从投保人以及被保险人的角度出发，因为在等待期内发生的事故是不能获得保险赔偿的，所以等待期越长，对于投保人及被保险人越不利；反之，等待期越短越有利。因此，我们对等待期的计分规则以 180 天（大多数两全保险产品的等待期为 180 天）为界限，大于 180 天计 $-a_3$ 分，等于 180 天计 0 分，小于 180 天计 a_3 分，未载明计 $-a_3$ 分。其实有关等待期的规定也可以纳入可量化条款中进行纯保费定价，但因为两全保险涉及的责任种类较多，在定价时考虑等待期会使编程较为烦琐，所以为简化，我们将等待期直接纳入非量化条款中考虑。

一般保险产品的保险条款中都会明确列示除外责任，即该保单不予承保的责任。明确列示除外责任能够帮助投保人更清楚地了解该保险的承保范围，防止日后发生保险事故时产生不必要的纠纷。因此，只要保险条款中明确列示了除外责任，我们就计入 a_4 分。

正如第一节所述，在我们所选取的人身保险产品中，有一些产品在销售时与其他附加险产品捆绑，即投保人必须同时投保该两全保险以及所要求的附加险，保险公司才会为被保险人提供保障。强制投保附加险被视为一个减分项，因为这种规定在一定程度上限制了投保人的选择权，变相增加了购买保险的成本。所以，若该款保险有此项规定，我们就计入 $-a_5$ 分。

保费豁免条款实质上是对投保人的一个优待条件，即在保险合同规定的缴费期内，投保人或被保险人达到某些特定的情况（如身故、残疾等），保险公司同意投保人可以不再缴纳后续的保费，但保险合同仍然有效。保费豁免条款能够保护被保险人的利益，所以是一个加分项，若该款保险有此项规定，我们就计入 a_6 分。

非量化责任条款得分的具体计分规则如表 2 - 2 所示，与以上文字陈述的规则一致。

表 2 - 2　非量化责任条款计分规则

非量化责任条款		得分
等待期	大于 180 天	$-a_3$ 分
	等于 180 天	0 分
	小于 180 天	a_3 分
	未载明	$-a_3$ 分
除外责任		a_4 分
强制附加险		$-a_5$ 分
保费豁免		a_6 分

（3）非量化其他条款。在非量化条款中，除去非量化投保条款和非量化责任条款以外的条款为非量化其他条款。非量化其他条款一般是一些对投保人和被保险人有利的优待条款，所以我们所设计的规则是非量化其他条款得分在总的非量化条款得分中所占的比重为40%。

在我们所选取的传统型人身保险产品中，涉及的非量化其他条款有宽限期、保单贷款、减保、减额交清、保费自动垫交、转换年金权益这六种，其他诸如保单转换权、自动续保等规定，虽然在我们选取的现有产品中未涉及，但也是非量化其他条款的组成部分。我们对非量化其他条款的计分以 a_7 分为基准，每增加一条有效的非量化其他条款，则加 a_8 分，所以该部分的得分与其他条款的有效条数密切相关。

（4）非量化条款得分。综上所述，我们按照 20%、40%、40% 的比例，将非量化投保条款得分、非量化责任条款得分、非量化其他条款得分加总，就可以得到最终的非量化条款得分。具体的计算公式为：

非量化条款得分＝非量化投保条款得分×20％＋非量化责任条款得分×40％
＋非量其他条款得分×40％

3. 产品条款得分

在计算产品条款得分时，我们将量化条款得分和非量化条款得分的权重设置为90％和10％，即：

产品条款得分＝量化条款得分×90％＋非量化条款得分×10％

可得产品条款得分，即产品性价比评估的最终结果。

第三节　医疗保险产品性价比评估逻辑

医疗保险不同于其他人身保险产品，因此本书采用不同于第二节的评估方法。具体内容如下：

一、基本逻辑

医疗保险是保险市场中异质化程度最高、最难比较的产品。综合考虑各方面因素，本书医疗保险产品性价比评估模型的逻辑如下：

第一步：采集信息。根据公开产品信息，收集医疗保险产品6大类、28小类、149个子类的产品信息数据，建立畅销医疗保险产品完整数据库。

第二步：遴选影响性能的核心条款。本书组建专家团队（共13位），被要求对149个子类条款逐一举手表决，7人及7人以上赞成的子类条款入选核心条款。最终，从149个子类中遴选出影响产品性能的34个核心条款。

第三步：计算所有医疗保险产品的34个核心条款性能得分。逐一对比医疗保险产品的34个核心条款，按照优劣进行排序。对于可量化的核心条款，按照数量关系确立得分，最高5分，后续根据量化关系递减；对于不可量化的核心条款，按照优劣顺序确立6个等级，最高5分，最低0分（以最高保额对应的条款为标准）。

第四步：运用偏好次序表决法，估计核心条款权重。首先，13位专家被要求独立对34个核心条款进行排序，对认为最重要的条款赋值34分，对认为最不重要的条款赋值1分；然后计算34个核心条款各自的总得分；再除以总分7735分，得到34个核心条款权重。

第五步：计算所有医疗保险产品总性能得分。根据第三步每款产品 34 个核心条款得分和第四步估计的权重，计算所有医疗保险产品总性能得分。

第六步：计算医疗保险产品的加权价格。基于最高保额对应的按年龄、价格信息，根据人口年龄结构，计算医疗保险产品的加权价格。

第七步：计算医疗保险产品的性价比总得分。以性能得分为分子，以加权价格为分母，计算医疗保险产品性价比得分；排序即得到医疗保险产品性价比排名。

二、具体操作

第一步：拆解条款，将收集到的医疗保险条款拆解出前文的描述信息。

第二步：挑选重要信息，并赋予分值，挑选的 34 条信息如表 2 - 3 所示。

表 2 - 3　评分细则

编号	项目名称
1	年度保额
2	终身保额
3	重疾保额
4	犹豫期
5	等待期
6	是否限社保用药
7	有社保用社保报销比例
8	有社保未用社保报销比例
9	无社保报销比例
10	少于二级及以上医院普通部
11	二级及以上医院普通部
12	二级及以上公立医院含特需
13	多于二级及以上医院普通部
14	私立医院
15	是否包含进口药物
16	免赔额
17	恶性肿瘤医疗费用免赔额
18	床位费限额
19	最高给付天数限制
20	合同期满延长天数
21	门诊医疗费用限额

续表

编号	项目名称
22	门诊手术医疗费用
23	住院前后门急诊覆盖天数
24	恶性肿瘤住院医疗费用
25	恶性肿瘤住院最高给付天数限制
26	恶性肿瘤治疗合同期满延长天数
27	恶性肿瘤特殊门诊医疗费用
28	恶性肿瘤特殊门诊医疗费用说明
29	恶性肿瘤门诊手术医疗费用
30	恶性肿瘤门诊手术医疗费用说明
31	恶性肿瘤住院前后急诊医疗费用
32	恶性肿瘤住院前后急诊覆盖天数
33	恶性肿瘤住院前后急诊医疗费用说明
34	增值服务

第三步：将信息转为数值，为方便对信息排序，故将获取的信息转为能够进行排序的数值。数值替换规则如表2-4所示：

表2-4 数值替换说明

编号	项目名称	数值替换说明
1	年度保额	空：0
2	终身保额	空：0；无限额：999999999
3	重疾保额	空：0
4	犹豫期	空：0
5	等待期	数据齐全
6	是否限社保用药	否：1；空：0
7	有社保用社保报销比例	空：0；-：0；
8	有社保未用社保报销比例	有数值的：1；空：0
9	无社保报销比例	有数值的：1；空：0
10	少于二级及以上医院普通部	空：0
11	二级及以上医院普通部	空：0
12	二级及以上公立医院含特需	空：0
13	多于二级及以上医院普通部	空：0

编号	项目名称	数值替换说明
14	私立医院	空：0
15	是否包含进口药物	是：1；空：0
16	免赔额	数据齐全
17	恶性肿瘤医疗费用免赔额	万：替换为0000（例：4万替换为40000）
18	床位费限额	空：999999999
19	最高给付天数限制	无：999999999；空：999999999
20	合同期满延长天数	空：0
21	门诊医疗费用限额	空：999999999
22	门诊手术医疗费用	有：1；无：0
23	住院前后门急诊覆盖天数	空：0
24	恶性肿瘤住院医疗费用	空：0
25	恶性肿瘤住院最高给付天数限制	空：999999999；无：999999999
26	恶性肿瘤治疗合同期满延长天数	空：0
27	恶性肿瘤特殊门诊医疗费用	空：0
28	恶性肿瘤特殊门诊医疗费用说明	文字说明全部置0
29	恶性肿瘤门诊手术医疗费用	空：0
30	恶性肿瘤门诊手术医疗费用说明	有
31	恶性肿瘤住院前后急诊医疗费用	有：1；空：0
32	恶性肿瘤住院前后急诊覆盖天数	空：999999999
33	恶性肿瘤住院前后急诊医疗费用说明	空：0
34	增值服务	无：0；有：1

第四步：对数值进行排序，数值替换后，将每个字段名称中数值从小到大排名，数值越大排名越靠后，正常来说数值越大排名越靠前，但针对免赔额、等待期这两类字段则相反。如果数值相同，则并列排名。如对等待期内数值进行排名，数值分别为 30、30、30、60、60、90，则得到的排名依次为 1、1、1、2、2、3。

第五步：根据排序计算得分，排序得分最高分数为 5，最低排名数即为最高排序得分数，具体的得分计算根据下述公式得出：

$$数值得分 = \frac{（此数值排名 - 1）\times 5}{最低排名 - 1}$$

如等待期中，数值为 30 的得分为：$（1 - 1）\times 5 \div （3 - 1）= 0$，数值为 60 的得分

为：$(2-1) \times 5 \div (3-1) = 2.5$，数值为 90 的得分为：$(3-1) \times 5 \div (3-1) = 5$。

第六步：得分汇总，将各项的数值得分进行加总得到总得分。

第七步：最终得分计算，将汇总的得分除以该产品按年龄千元保额各年龄统一简单加权费率，得到最终数值得分，然后对最终的数值得分进行标准化，最终数值得分最高者记为最高标准分数 95 分，最低者记为标准分数 60 分，其他产品得分根据以下公式计算：

标准得分 = 95 −（最高得分 − 该产品得分）÷（最高得分 − 最低得分）×（95 − 60）

第八步：得出性价比排名。

第三章　传统型人寿保险产品性价比评估分析

　　传统型人寿保险是寿险的一种基础类型，是指投保人按照合同约定向保险人缴纳保险费，若被保险人在合同约定的期间内身故或全残，保险人按照合同约定的金额和方式承担一次性保险给付责任的保险。传统型人寿保险产品的保险责任相对简单，属保障型产品，是家庭对冲因被保险人身故或全残所带来财务风险的有效工具。

　　传统型人寿保险包括传统型定期寿险和传统型终身寿险两种，二者的区别主要体现在保险期间上。定期寿险的保险期间为固定年限或保至被保险人固定年龄，而终身寿险的保险期间则为被保险人的整个生存期间。定期寿险具有保费低、保障程度高的特点，这一特性也使其在欧美保险市场很受欢迎。而终身寿险由于其保险期间的长期性具有一定储蓄性。

　　传统型人寿保险产品目前在我国还属于小众产品，发展比较受限。2017 年，保监会发布的《中国保监会关于规范人身保险公司产品开发设计行为的通知》（保监人身险〔2017〕134 号）中提到，"保险公司开发的定期寿险产品、终身寿险产品，应重点服务于消费者身故风险的保障规划，并不断提高此类产品的风险保障水平；支持并鼓励保险公司在定期寿险产品、终身寿险产品费率厘定时，区分被保险人健康状况、吸烟状况等情况，进行差异化定价，提高产品的科学定价水平"[1]。这为我国传统型人寿保险产品的发展提供了思路与机遇，使其在降低保费、提高风险保障水平和差异化定价方面实现了一定突破。2017 年，保险公司报备的个人定期寿险为 101 个，占所有报备产品的 4.4%，占人寿保险产品的 19.4%，保险公司报备的个人终身寿险产品 135 个[2]。相信随着人们经济条件的改善及风险意识的提高，传统型人寿保险这类保障型寿险产品在我国将得到更充分的发展。

---

[1] 《中国保监会关于规范人身保险公司产品开发设计行为的通知》（保监人身险〔2017〕134 号）。

[2] 《2018 年中国人身保险产品研究报告（消费者版）》。

第一节 传统型人寿保险产品的收集

我们主要通过中国保险行业协会官网和各寿险公司官网两大渠道收集整理了来自中国人寿、平安人寿、太平人寿、人保寿险、泰康人寿、天安人寿、弘康人寿、君龙人寿、同方全球、华夏人寿、华贵人寿、横琴人寿、中英人寿、中意人寿、中美联泰、前海人寿、北大方正、合众人寿、利安人寿、新华保险、中德安联、中华人寿、陆家嘴国泰、信诚人寿、建信人寿、渤海人寿、百年人寿、长生人寿、瑞泰人寿、上海人寿、复星保德信、中荷人寿共 32 家寿险公司的总计 62 款在售的传统型人寿保险产品。官方网站的权威性为我们收集到的产品信息的准确性和有效性提供了保障。

在我们收集到的 62 款传统型人寿保险产品中有 30 款位传统型定期寿险产品，收集于 25 家不同的寿险公司；另外 32 款为传统型终身寿险产品，收集于 17 家不同的寿险公司。由此可以看出，所收集的 62 款传统型人寿保险产品在公司分布上，定期型产品相对分散，而终身性产品相对集中，大公司产品居多，其中平安人寿就有 7 款，中国人寿有 4 款，人保寿险、太平人寿、泰康人寿各 2 款。

表 3 - 1、表 3 - 2 列出了我们收集到的 62 款传统型人寿保险产品及其所属公司。

表 3 - 1　传统型人寿保险（定期）产品一览

所属公司	产品名称
合众人寿保险股份有限公司	合众人寿——爱家无忧定期寿险
利安人寿保险股份有限公司	利安人寿——爱无限（B 款）定期寿险
泰康人寿保险股份有限公司	泰康人寿——爱相随定期寿险 泰康人寿——蒲公英定期寿险 泰康人寿——吉祥相伴定期寿险
新华人寿保险股份有限公司	新华保险——i 守护定期寿险 新华保险——定期寿险（A 款）
中德安联人寿保险有限公司	中德安联——安创未来定期寿险
中华联合人寿保险股份有限公司	中华人寿——爱无忧定期寿险
弘康人寿保险股份有限公司	弘康人寿——大白定期寿险
陆家嘴国泰人寿	陆家嘴国泰——顺意 100 定期寿险

续表

所属公司	产品名称
中国平安人寿保险股份有限公司	平安人寿——幸福定期寿险（A）
中国人寿保险股份有限公司	中国人寿——国寿祥福定期寿险 中国人寿——国寿祥悦定期寿险
信诚人寿保险有限公司	信诚人寿——祯爱优选定期寿险（信诚人寿唐僧保）
中英人寿保险有限公司	中英人寿——智之选定期寿险
建信人寿保险股份有限公司	建信人寿——锦 e 卫定期寿险
渤海人寿保险股份有限公司	渤海人寿——优选定期寿险
华夏人寿保险股份有限公司	华夏人寿——优选一号定期寿险 华夏人寿——爱相随定期寿险
百年人寿保险股份有限公司	百年人寿——祥顺定期寿险
华贵人寿保险股份有限公司	华贵人寿——守护 e 家定期寿险（华贵人寿擎天柱）
长生人寿保险有限公司	长生人寿——吉象福定期寿险
横琴人寿保险有限公司	横琴人寿——优爱宝定期寿险
瑞泰人寿保险有限公司	瑞泰人寿——瑞和定期寿险
上海人寿保险股份有限公司	上海人寿——小蘑菇定期寿险
复星保德信人寿保险有限公司	复星保德信——星安定期寿险
中荷人寿保险有限公司	中荷人寿——房贷宝定期寿险
合众人寿保险股份有限公司	合众人寿——珍爱幸福定期寿险
中国人民人寿保险股份有限公司	人保寿险——精心优选定期寿险

表 3－2 传统型人寿保险（终身）产品一览

所属公司	产品名称
弘康人寿保险股份有限公司	弘康人寿——弘利相传终身寿险
太平人寿保险有限公司	太平人寿——卓越逸生终身寿险 太平人寿——福利健康 C 款终身寿险
泰康人寿保险股份有限公司	泰康人寿——尊享世家终身寿险 泰康人寿——祥佑金生终身寿险
中国平安人寿保险股份有限公司	平安人寿——金鑫盛终身寿险 平安人寿——平安福终身寿险（2016 至尊版） 平安人寿——平安福终身寿险（2017） 平安人寿——少儿平安福终身寿险（2017） 平安人寿——传世臻宝终身寿险 平安人寿——平安福（至尊 18）终身寿险 平安人寿——平安福（2018）终身寿险

续表

所属公司	产品名称
中国人寿保险股份有限公司	中国人寿——国寿乐鑫宝终身寿险 中国人寿——少儿国寿福终身寿险 中国人寿——国寿福终身寿险 中国人寿——国寿祥瑞终身寿险
君龙人寿保险有限公司	君龙人寿——君康一生终身寿险
同方全球人寿保险有限公司	同方全球——传世荣耀终身寿险
华夏人寿保险股份有限公司	华夏人寿——传家宝终身寿险（B）款
中国人民人寿保险股份有限公司	人保寿险——逸生终身寿险 人保寿险——人保福终身寿险
华贵人寿保险股份有限公司	华贵人寿——守护e家终身寿险
横琴人寿保险股份有限公司	横琴人寿——优爱宝终身寿险
中英人寿保险股份有限公司	中英人寿——永相随终身寿险 中英人寿——爱永恒终身寿险
中意人寿保险有限公司	中意人寿——一生终身寿险（2016升级版）
中美联泰大都会人寿保险有限公司	中美联泰——花样年华终身寿险（G款） 中美联泰——花样年华终身寿险（H款） 中美联泰——花样年华终身寿险（I款）
天安人寿保险股份有限公司	天安人寿——托福一生终身寿险
北大方正人寿保险股份有限公司	北大方正——百年康顺终身寿险
前海人寿保险股份有限公司	前海人寿——福寿保终身寿险

一、投保范围

我们这里说的投保范围指的是可以投保该人寿保险的年龄范围。不同的投保年龄所对应的风险是不同的，也就意味着为了获得相同的保险保障他们所需支付的保险费是不同的。对于以被保险人的死亡为给付条件的传统型人寿保险，相同的保险保障，投保年龄越大对应的风险越大。所以，选取的投保范围即为选取对应的风险人群。

我们所收集的62款传统型人寿保险产品中最高的投保年龄为75周岁，如泰康人寿的尊享世家终身寿险；最低的为0周岁，如弘康人寿的弘利相传终身寿险。其中，有两款终身寿险是专门为未成年人设计的，分别为中国人寿的少儿国寿福终身寿险和平安人寿的少儿平安福终身寿险（2017），投保范围为出生满28

天~17周岁，有的目标群体仅为成年人，也有的为二者的综合，即未成年人和未成年人都可投保。根据我们所收集的产品信息来看，一般终身寿险的投保范围比定期寿险的要广一些，可投保年龄上限也要高一些。

表3-3、表3-4列出了我们收集到的62款传统型人寿保险产品对应的投保范围的具体信息。

表3-3　传统型人寿保险（定期）产品投保范围一览

投保范围	产品名称
出生满28天~65周岁	华夏人寿——爱相随定期寿险
出生满30天（含）~60周岁	建信人寿——锦e卫定期寿险
1~65周岁	新华保险——定期寿险（A款）
16~55周岁	中国人寿——国寿祥福定期寿险
16~60周岁	泰康人寿——吉祥相伴定期寿险
18~39周岁	泰康人寿——蒲公英定期寿险
18~50周岁	合众人寿——爱家无忧定期寿险 利安人寿——爱无限（B款）定期寿险 泰康人寿——爱相随定期寿险 信诚人寿——祯爱优选定期寿险（信诚人寿唐僧保） 渤海人寿——优选定期寿险 华贵人寿——守护e家定期寿险（华贵人寿擎天柱） 长生人寿——吉象福定期寿险 上海人寿——小蘑菇定期寿险 复星保德信——星安定期寿险
18~55周岁	中华人寿——爱无忧定期寿险 华夏人寿——优选一号定期寿险 瑞泰人寿——瑞和定期寿险 合众人寿——珍爱幸福定期寿险 人保寿险——精心优选定期寿险
18~60周岁	新华保险——i守护定期寿险 陆家嘴国泰——顺意100定期寿险 平安人寿——幸福定期寿险（A） 中国人寿——国寿祥悦定期寿险 中英人寿——智之选定期寿险 横琴人寿——优爱宝定期寿险 中荷人寿——房贷宝定期寿险
18~65周岁	中德安联——安创未来定期寿险 百年人寿——祥顺定期寿险
20~50周岁	弘康人寿——大白定期寿险

表3-4　传统型人寿保险（终身）产品投保范围一览

投保范围	产品名称
出生满28日～17周岁	中国人寿——少儿国寿福终身寿险 平安人寿——少儿平安福终身寿险（2017）
出生满28日～50周岁	中意人寿——一生保终身寿险（2016升级版）
0～55周岁	弘康人寿——弘利相传终身寿险 君龙人寿——君康一生终身寿险
出生满28日～60周岁	平安人寿——金鑫盛终身寿险 人保寿险——逸生终身寿险 中英人寿——永相随终身寿险 中国人寿——国寿祥瑞终身寿险 前海人寿——福寿保终身寿险
出生满30日～60周岁	中美联泰——花样年华终身寿险（G款） 中美联泰——花样年华终身寿险（H款） 中美联泰——花样年华终身寿险（I款）
出生满28日～65周岁	太平人寿——福利健康C款终身寿险 泰康人寿——祥佑金生终身寿险 横琴人寿——优爱宝终身寿险 人保寿险——人保福终身寿险
出生满28日～70周岁	太平人寿——卓越逸生终身寿险 华夏人寿——传家宝终身寿险（B）款 中英人寿——爱永恒终身寿险
0～75周岁	泰康人寿——尊享世家终身寿险
18～55周岁	平安人寿——平安福终身寿险（2016至尊版） 平安人寿——平安福（至尊18）终身寿险 平安人寿——平安福（2018）终身寿险
18～60周岁	中国人寿——国寿乐鑫宝终身寿险 中国人寿——国寿福终身寿险
18～65周岁	平安人寿——平安福终身寿险（2017） 同方全球——传世荣耀终身寿险 北大方正——百年康顺终身寿险
18～67周岁	平安人寿——传世臻宝终身寿险
18～70周岁	天安人寿——托福一生终身寿险
18～75周岁	华贵人寿——守护e家终身寿险

二、保险期间

正如在这一章的最开始提到的,我们收集到的 62 款传统型人寿保险产品中有 32 款为终身寿险,其保险期间为终身,而对于剩下的 30 款定期寿险,保险期间有两种计量方式,一种是保障一定年限,另一种是保至一定年龄。30 款定期寿险产品中有 8 款只能选择保障一定年限,最短的仅为 1 年,有泰康人寿的蒲公英定期寿险和建信人寿的锦 e 卫定期寿险。有 2 款只能选择保至一定年龄,剩下的 20 款既可以选择保障一定年限也可以选择保至一定年龄,年限最多为 30 年,最高可保至 88 周岁。如果设置人类存活的最高年限,则终身寿险可以看作定期寿险的一个特例,即保至该终极年龄的定期寿险。

表 3-5、表 3-6 及表 3-7 分别给出了我们收集到的 30 款传统型定期寿险中这三类定期寿险产品的具体保险期间信息。

表 3-5 传统型定期寿险产品保险期间(保障年限)一览

保险期间	产品名称
1 年	泰康人寿——蒲公英定期寿险 建信人寿——锦 e 卫定期寿险
比交费期多 5 年(交费期间为 5 年、6 年……29 年、30 年)	中荷人寿——房贷宝定期寿险
10 年、15 年、20 年、30 年	平安人寿——幸福定期寿险(A) 新华保险——定期寿险(A 款)
10 年、20 年、30 年	泰康人寿——爱相随定期寿险 泰康人寿——吉祥相伴定期寿险
20 年、30 年	利安人寿——爱无限(B 款)定期寿险

表 3-6 传统型定期寿险产品保险期间(保至年龄)一览

保险期间	产品名称
至 60 周岁	合众人寿——珍爱幸福定期寿险
至 60 周岁、至 70 周岁、至 80 周岁	中国人寿——国寿祥悦定期寿险

表 3-7 传统型定期寿险产品保险期间(综合)一览

保险期间	产品名称
5 年、10 年、15 年、20 年、25 年、至 55 周岁、至 60 周岁、至 65 周岁	中英人寿——智之选定期寿险

保险期间	产品名称
5 年、10 年、15 年、20 年、30 年、至 70 周岁	中德安联——安创未来定期寿险
5 年、10 年、20 年、30 年、至 55 周岁、至 60 周岁	中国人寿——国寿祥福定期寿险
10 年、15 年、20 年、至 50 周岁、至 55 周岁、至 60 周岁、至 65 周岁	百年人寿——祥顺定期寿险
10 年、20 年、30 年、至 50 周岁、至 60 周岁、至 70 周岁	新华保险——i 守护定期寿险
10 年、20 年、30 年、至 55 周岁、至 60 周岁	陆家嘴国泰——顺意 100 定期寿险
10 年、20 年、30 年、至 60 周岁、至 70 周岁	弘康人寿——大白定期寿险 渤海人寿——优选定期寿险 华贵人寿——守护 e 家定期寿险（华贵人寿擎天柱） 人保寿险——精心优选定期寿险
10 年、20 年、30 年、至 60 周岁、至 75 周岁	中华人寿——爱无忧定期寿险 华夏人寿——优选一号定期寿险
10 年、20 年、30 年、至 60 周岁、至 70 周岁、至 80 周岁	长生人寿——吉象福定期寿险
10 年、20 年、30 年、至 60 周岁、至 70 周岁、至 88 周岁	华夏人寿——爱相随定期寿险
20 年、30 年、至 60 周岁、至 65 周岁、至 70 周岁	横琴人寿——优爱宝定期寿险
20 年、30 年、至 60 周岁、至 70 周岁	合众人寿——爱家无忧定期寿险 信诚人寿——祯爱优选定期寿险（信诚人寿唐僧保） 上海人寿——小蘑菇定期寿险
20 年、30 年、至 60 周岁、至 66 周岁、至 70 周岁、至 77 周岁、至 80 周岁、至 88 周岁	瑞泰人寿——瑞和定期寿险
30 年、至 60 周岁、至 65 周岁、至 70 周岁	复星保德信——星安定期寿险

三、缴费方式

和保险期间一样，传统型人寿保险产品的缴费期限的计量方式也有两种：一种是缴费一定年限；另一种是缴至一定年龄。与保险期间不同的是，我们所收集的 62 款传统型人寿保险产品中，只有单纯地缴费一定年限的年限型产品以及既可以选择缴费一定年限也可以选择缴至一定年龄的综合型产品，而没有单纯的缴至一定年龄的产品。其中有 24 款定期寿险产品以及 26 款终身寿险产品为年限型，剩余 6 款定期寿险产品及 6 款终身寿险产品为综合型。在这 62 款产品中缴费期间最短的为 1 年即趸交式，有两款，分别为泰康人寿的蒲公英定期寿险和建信人寿的锦 e 卫定期寿险，由上文可知，那是因为这两款定期寿险的保险期间也只有 1 年。缴费期间最长缴费年限可选择 30 年，最高缴费年龄可选择交至 100 周岁（如横琴人寿的优爱宝终身寿险）。

表 3 - 8、表 3 - 9 列出了我们收集到的 24 款传统型定期寿险产品和 26 款终身寿险产品中年限型产品的缴费方式信息；表 3 - 10、表 3 - 11 则列出了综合型产品的缴费方式信息。

表 3 - 8 传统型人寿保险（定期）产品缴费方式（年限型）一览

缴费方式	产品名称
趸交	泰康人寿——蒲公英定期寿险
	建信人寿——锦 e 卫定期寿险
趸交、3 年交、5 年交、10 年交、20 年交	瑞泰人寿——瑞和定期寿险
趸交、5 年交、10 年交、15 年交、20 年交	合众人寿——爱家无忧定期寿险
趸交、5 年交、10 年交、20 年交	泰康人寿——爱相随定期寿险
	横琴人寿——优爱宝定期寿险
趸交、5 年交、10 年交、15 年交、20 年交、30 年交	新华保险——定期寿险（A 款）
趸交、5 年交、10 年交、20 年交、30 年交	新华保险——i 守护定期寿险
	弘康人寿——大白定期寿险
	中国人寿——国寿祥福定期寿险
	华夏人寿——爱相随定期寿险
	华贵人寿——守护 e 家定期寿险（华贵人寿擎天柱）
	复星保德信——星安定期寿险
趸交、10 年交、20 年交	中国人寿——国寿祥悦定期寿险
趸交、10 年交、20 年交、30 年交	泰康人寿——吉祥相伴定期寿险
	长生人寿——吉象福定期寿险
	上海人寿——小蘑菇定期寿险
5 年交、6 年交……29 年交、30 年交	中荷人寿——房贷宝定期寿险
5 年交、10 年交、15 年交、20 年交、30 年交	中德安联——安创未来定期寿险
	平安人寿——幸福定期寿险（A）
10 年交、20 年交	中华人寿——爱无忧定期寿险
10 年交、20 年交、30 年交	陆家嘴国泰——顺意 100 定期寿险
	信诚人寿——祯爱优选定期寿险（信诚人寿唐僧保）
20 年交、30 年交	利安人寿——爱无限（B 款）定期寿险

表3-9 传统型人寿保险（终身）产品缴费方式（年限型）一览

缴费方式	产品名称
趸交、3年交、5年交、10年交、15年交、20年交	弘康人寿——弘利相传终身寿险 泰康人寿——尊享世家终身寿险 同方全球——传世荣耀终身寿险 华夏人寿——传家宝终身寿险（B）款 中意人寿——一生保终身寿险（2016升级版） 中英人寿——爱永恒终身寿险
趸交、3年交、5年交、10年交、20年交	天安人寿——托福一生终身寿险
趸交、5年交、10年交、15年交、20年交	泰康人寿——祥佑金生终身寿险 中国人寿——少儿国寿福终身寿险 君龙人寿——君康一生终身寿险 中英人寿——永相随终身寿险
趸交、5年交、10年交、15年交、20年交、25年交	北大方正——百年康顺终身寿险
趸交、5年交、10年交、15年交、20年交、30年交	中国人寿——国寿福终身寿险 人保寿险——人保福终身寿险
趸交、5年交、10年交、20年交、30年交	华贵人寿——守护e家终身寿险
趸交、10年交、15年交、20年交、30年交	平安人寿——平安福终身寿险（2017）
趸交、10年交、20年交	中国人寿——国寿祥瑞终身寿险
3年交、5年交、10年交、20年交	中国人寿——国寿乐鑫宝终身寿险 平安人寿——传世臻宝终身寿险
10年交、15年交、20年交	平安人寿——少儿平安福终身寿险（2017） 人保寿险——逸生终身寿险
10年交、15年交、20年交、30年交	平安人寿——金鑫盛终身寿险 平安人寿——平安福（2018）终身寿险
10年交、20年交、30年交	前海人寿——福寿保终身寿险
19年交、29年交	平安人寿——平安福终身寿险（2016至尊版） 平安人寿——平安福（至尊18）终身寿险

表 3 – 10　传统型人寿保险（定期）产品缴费方式（综合型）一览

缴费方式	产品名称
趸交、5 年交、10 年交、15 年交、20 年交、30 年交、交至 60 周岁	合众人寿——珍爱幸福定期寿险
趸交、10 年交、15 年交、20 年交、交至 50 周岁、交至 55 周岁、交至 60 周岁、交至 65 周岁	百年人寿——祥顺定期寿险
趸交、10 年交、20 年交、30 年交、交至 60 周岁、交至 70 周岁	人保寿险——精心优选定期寿险
5 年交、10 年交、15 年交、20 年交、25 年交、交至 55 周岁、交至 60 周岁、交至 65 周岁	中英人寿——智之选定期寿险
10 年交、20 年交、30 年交、交至 60 周岁、交至 70 周岁	渤海人寿——优选定期寿险
10 年交、20 年交、30 年交、交至 60 周岁、交至 75 周岁	华夏人寿——优选一号定期寿险

表 3 – 11　传统型人寿保险（终身）产品缴费方式（综合型）一览

缴费方式	产品名称
趸交、3 年交、5 年交、10 年交、15 年交、20 年交、交至 55 周岁、交至 60 周岁	太平人寿——卓越逸生终身寿险
趸交、10 年交、15 年交、20 年交、交至 55 周岁、交至 60 周岁	太平人寿——福利健康 C 款终身寿险
趸交、10 年交、20 年交、30 年交、交至 100 周岁	横琴人寿——优爱宝终身寿险
5 年交、10 年交、15 年交、20 年交、30 年交、交至 60 周岁	中美联泰——花样年华终身寿险（G 款） 中美联泰——花样年华终身寿险（H 款） 中美联泰——花样年华终身寿险（I 款）

四、保险责任

我们收集到的 62 款传统型人寿保险产品承担的保险责任主要是身故给付，有的还包括全残给付。对于被保险人的身故（全残），保险人的给付责任一般为支付保险合同载明的基本保险金额。有 26 款定期寿险和 14 款终身寿险产品还按照身故（全残）的原因不同，将给付责任细分为疾病身故（全残）给付及意外身故（全残）给付，对于因疾病造成的身故（全残），设有等待期，一般为 180 天，最短的为 90 天，最长的为 1 年。对于被保险人在等待期内因疾病造成的身故（全残），保险人一般支付已交保费或已交保费和保单现金价值较大者，而对于这之外的身故（全残），保险人支付基本保险金额或基本保险金额的一定比例。除此之外，有 13 款终身寿险产品还设置年龄界线（一般为 18 周岁），如泰康人寿的祥佑金生终身寿险，对于被保险人在成年前的身故（全残）和成年后的身故（全残），保险人承担不同的给付责任。一般为被保险人在该年龄界线之前（不包括周岁当日）身故（全残）的，保险人支付已交保费或已交保费和保单现金价值较大者；被保险人在该年龄界线之后身故（全残）的，保险人支付基本保险金额或基本保险金额的一定比例。

五、附加责任

除了上面提到的主要保险责任，在收集到的传统型人寿保险产品的 32 款终身寿险产品中，有些产品还附有一些其他保险责任。其中有 7 款终身寿险产品在销售时会连带附加一些不可随投保人意愿取消带有一定强制性的附加险，一般为重疾险。对于这类保险产品，保险人还应承担所附附加险对应的保险责任。除此之外，中美联泰的 3 款终身寿险产品还设有生命关爱提前给付保险金，平安人寿的 4 款终身寿险产品承担达到运动标准后的身故额外给付，即为了鼓励被保险人强身健体，降低自身身故风险，当被保险人达到一定运动标准后，被保险身故（全残）的，保险人除承担相应的身故（全残）给付责任外，还需额外支付基本保险金额的一定比例。

表 3 - 12 和表 3 - 13 列出了我们收集到的 62 款传统型人寿保险产品中有强制性附加险或附加责任的产品及其附加险和附加责任信息。

表 3 - 12　传统型人寿保险产品附加险一览

产品名称	附加险名称
太平人寿——福利健康 C 款终身寿险	附加福利 C 款重疾保险
中国人寿——少儿国寿福终身寿险	附加少儿国寿福提前给付重大疾病保险（至尊版）
中国人寿——国寿福终身寿险	附加国寿福提前给付重大疾病保险（至尊版）
君龙人寿——君康一生终身寿险	君康一生重大疾病保险
平安人寿——平安福（至尊 18）终身寿险	附加平安福（至尊 18）提前给付重大疾病保险
平安人寿——平安福（2018）终身寿险	平安附加平安福（2018）提前给付重大疾病保险
北大方正——百年康顺终身寿险	附加百年康顺提前给付终身重大疾病保险

表 3 - 13　传统型人寿保险产品附加责任一览

附加责任	产品名称
生命关爱提前给付保险金	中美联泰——花样年华终身寿险（G 款）
	中美联泰——花样年华终身寿险（H 款）
	中美联泰——花样年华终身寿险（I 款）
达到运动标准后的身故额外给付	平安人寿——平安福终身寿险（2016，至尊版）
	平安人寿——平安福终身寿险（2017）
	平安人寿——平安福（至尊 18）终身寿险
	平安人寿——平安福（2018）终身寿险

六、除外责任

这里的除外责任也称责任免除，是指保险人按照合同约定，不承担保险给付责任的情形。除外责任一般在保险合同中以列举的方式，明文列出保险人不承担给付责任的范围，主要包括被保险人和投保人的故意行为（如自伤）、犯罪行为以及一些不可抗力因素等。

通过分析这 62 款传统型人寿保险产品保险条款中规定的除外责任，我们可以将所有出现的除外责任情景汇总如下：

（1）投保人对被保险人的故意杀害、故意伤害。

（2）被保险人故意犯罪或抗拒依法采取的刑事强制措施。

（3）被保险人自本合同成立或复效之日起 2 年内自杀，但被保险人自杀时为无民事行为能力人的除外。

（4）被保险人主动吸食或注射毒品。

（5）被保险人酒后驾驶、无合法有效驾驶证驾驶或驾驶无有效行驶证的机动车。

（6）战争、军事冲突、暴乱或武装叛乱。

（7）核爆炸、核辐射或核污染。

（8）被保险人故意自伤。

（10）被保险人斗殴、酗酒。

（13）被保险人妊娠（含宫外孕）。

（14）被保险人流产、分娩（含剖宫产）。

（16）被保险人药物过敏、医疗事故。

（17）被保险人在本合同最后复效之日起 180 日内因疾病。

（20）被保险人因精神疾患导致的意外。

（21）被保险人行为障碍。

（24）被保险人未遵医嘱，私自使用药物，但按使用说明的规定使用非处方药不在此限。

（25）被保险人从事潜水、滑水、滑雪、滑冰、滑翔翼、热气球、跳伞、攀岩、探险活动、武术比赛、摔跤比赛、柔道、空手道、跆拳道、拳击、特技表演、蹦极、赛马、赛车、各种车辆表演及车辆竞赛等高风险运动。

（37）被保险人所患遗传性疾病，先天性畸形、变形或染色体异常，以及未书面告知的既往症。

（38）食物中毒导致的伤害。

（39）服用、吸食或注射违禁药品，成瘾性吸入有毒气体。

（40）被保险人醉酒。

注：每一条免责情景前面的序号是附录（除外责任具体情形）中所有保险产品除外责任情景汇总的序号，在之后的产品条款评估分析中我们将只写出免责情景的序号，不再重复免责情景的具体内容。

第二节　传统型人寿保险产品性价比评估：方法、假设和步骤

目前，保险市场上传统型人寿保险产品有很多，对于保险消费者来说，如何从琳琅满目的保险产品中选择最优的、最合适的产品是其面临的一大难题，需要考虑的因素很多。保险产品也是一种消费品，所以像其他产品的消费者一样，保险消费者在进行消费选择时应考虑的一大重要因素是保险产品的性价比。那么对人寿保险产品进行性价比评估就显得尤为重要，对保险消费者的保险消费选择具有重要的参考价值。随着保险市场的发展，保险产品也衍生出了新形态，还出现了很多理财型的人寿保险产品，具有投资理财功能，但我们只考虑传统型的人寿保险产品，所以对这一类产品将不作讨论。

人寿保险产品（定期和终身）是以人的寿命为保险标的的保险产品。保险消费者通过购买人寿保险产品来对被保险人身故所带来的风险进行保险保障。所以，人寿保险产品的主要功能是其提供的保险保障功能，但不同的产品可能会有不同的条款设计，如不同的给付办法、是否有捆绑销售的附加险等。对一款传统型人寿保险产品进行性价比评估时，应综合考虑其各项条款，以获得较为全面准确的评估结果。

本节将从传统型人寿保险产品性价比评估时所用到的假设以及具体的评估步骤两个方面对传统型人寿保险产品性价比评估进行介绍。

一、评估模型与假设

（一）评估模型

由上文，传统型人寿保险产品的给付责任为被保险人身故给付，根据身故原因不同又分为疾病身故给付和意外身故给付。其中疾病身故给付受等待期 t（t≤1）限制，被保险人等待期内因疾病身故给付金额 S^i，等待期过后因疾病身故给付金额 S^s；意外身故给付无等待期，给付金额 S^a。被保险人身故给付与已交保费、现金价值和保额相关。

假设 x 岁投保，保费为 P，缴费 n 年，保险期间为 m 年，保额为 SA，其中 n≤m。我们可以根据精算定价原理写出传统型人寿保险产品的定价模型及第 k(k≤m)年年末现金价值计算模型。

1. 定价模型

保费精算现值：

$$P\left[1 + (1+r)^{-1}{}_1p_x + (1+r)^{-2}{}_2p_x + \cdots + (1+r)^{-n+1}{}_{n-1}p_x\right] = P\sum_{i=1}^{n}(1+r)^{-i+1}{}_{i-1}p_x$$

疾病身故给付精算现值：

$$(S^t \cdot {}_tq_x^s + S^s \cdot {}_tp_{x1-t}q_{x+t}^s)(1+r)^{-1} + S^s \cdot p_xq_{x+1}^s(1+r)^{-2} + S^s \cdot {}_2p_xq_{x+2}^s$$
$$(1+r)^{-3} + \cdots + S^s \cdot {}_{m-1}p_xq_{x+m-1}^s(1+r)^{-m}$$

$$= (S^t \cdot {}_tq_x^s + S^s \cdot {}_tp_{x1-t}q_{x+t}^s)(1+r)^{-1} + S^s \cdot \sum_{i=2}^{m}{}_{i-1}p_xq_{x+i-1}^s(1+r)^{-i}$$

意外身故给付精算现值：

$$S^a \cdot q_x^a(1+r)^{-1} + S^a \cdot p_xq_{x+1}^a(1+r)^{-2} + S^a \cdot {}_2p_xq_{x+2}^a(1+r)^{-3} + \cdots +$$
$$S^a \cdot {}_{m-1}p_xq_{x+m-1}^a(1+r)^{-m}$$

$$= S^a \cdot \sum_{i=1}^{m}{}_{i-1}p_xq_{x+i-1}^a(1+r)^{-i}$$

精算等价：

$$P\sum_{i=1}^{n}(1+r)^{-i+1}{}_{i-1}p_x$$

$$= (S^t \cdot {}_tq_x^s + S^s \cdot {}_tp_{x1-t}q_{x+t}^s)(1+r)^{-1} + S^s \cdot \sum_{i=2}^{m}{}_{i-1}p_xq_{x+i-1}^s(1+r)^{-i} +$$

$$S^a \cdot \sum_{i=1}^{m}{}_{i-1}p_xq_{x+i-1}^a(1+r)^{-i}$$

其中 $_jq_i^s$ 和 $_jq_i^a$ 分别为疾病身故发生率和意外身故发生率，而且 $_jq_i^s + _jq_i^a = _jq_i$，下同。$_nq_x^s$ 和 $_nq_x^a$ 分别为 x 岁的人在 n 年内的疾病身故发生率和意外身故发生率，而且 $_nq_x^s + _nq_x^a = _nq_x$，后形同字母含义相同。

2. 第 k 年年末现金价值计算模型

如果 k=1：

$$PV_1 = -P + (S^t \cdot {}_tq_x^s + S^s \cdot {}_tp_{x1-t}q_{x+t}^s)(1+r)^{-1} + S^s\sum_{i=2}^{m}{}_{i-1}p_xq_{x+i-1}^s(1+r)^{-i} +$$

$$S^a\sum_{i=1}^{m}{}_{i-1}p_xq_{x+i-1}^a(1+r)^{-i}$$

如果 1<k<n：

$$PV_k = -P\sum_{i=1}^{n-k}(1+r)^{-i+1}{}_{i-1}p_{x+k} + S^s\sum_{i=1}^{m+1-k}{}_{i-1}p_{x+k}q_{x+k+i-1}^s(1+r)^{-i} +$$

$$S^a \sum_{i=1}^{m+1-k} {}_{i-1}p_{x+k} q^a_{x+k+i-1} (1+r)^{-i}$$

如果 n≤k≤m：

$$PV_k = S^s \sum_{i=1}^{m+1-k} {}_{i-1}p_{x+k} q^s_{x+k+i-1} (1+r)^{-i} + S^a \sum_{i=1}^{m+1-k} {}_{i-1}p_{x+k} q^a_{x+k+i-1} (1+r)^{-i}$$

（二）评估假设

在对传统型人寿保险产品进行性价比评估时，需要一定的假设条件。这些假设条件主要是在量化条款评估中用到。为了计算保险产品的附加费用率，首先要计算出其理论费率。根据精算等价原理，我们需要对用到的利率及发生率条件作出假设。传统型人寿保险产品有定期和终身两种，而终身寿险可以看作定期寿险的一个特例，即保至终极年龄的定期寿险。我们对两种人寿保险产品采用相同的评估假设。

1. 利率假设

寿险产品定价的基本原理是精算等价原理，即保险人给付责任的精算现值要等于保险购买者所交的保费的精算现值。所以，利率假设是计算人寿保险产品保费的关键条件。在我们收集到的 62 款传统型人寿保险产品中，有的人寿保险产品的给付责任除了与已交保费和基本保险金额相关外，还涉及该人寿保险产品的现金价值。所以，我们的利率假设应包括定价利率假设和现金价值计算利率假设两部分。

利率假设的高低会直接影响所计算出的保费的高低，利率太高，所得保费会偏低；利率太低，则会使保费偏高。我们综合寿险行业的情况，选取了一个相对保守的利率假设。我们假设传统型人寿保险产品的定价利率为 2.5%，现金价值计算利率为 3.5%。

表 3 - 14 列出了传统型人寿保险产品的利率假设条件。

表 3 - 14　传统型人寿保险产品的利率假设条件

利率假设	
定价利率	2.5%
现金价值计算利率	3.5%

2. 发生率假设

根据精算等价原理，在计算寿险产品的理论费率时，除了利率假设外还有一个关键假设条件是发生率假设。由本章第一节第四部分的保险责任部分可以知道，传统型人寿保险产品保险人的给付责任包括身故给付和全残给付，其中有些人寿保险产品还依据导致被保险人身故（全残）的原因不同，将身故（全残）

给付分为意外身故（全残）给付和疾病身故（全残）给付。我们假设不对全残进行另外的处理，视同身故。所以，我们用到的发生率为意外死亡率和疾病死亡率以及二者的和即一般死亡率。

在发生率假设部分，我们根据中国寿险业经验生命表（2010～2013 年）中的 CL1 列和 CL2 列给出一般死亡率。根据不同原因导致身故发生的概率，可以得到意外死亡率和疾病死亡率。

具体的一般死亡率、意外死亡率和疾病死亡率假设见本书附表 1。

（三）计算程序

在上一节的保险责任中我们介绍过有的传统型人寿保险产品身故给付不含现金价值，有的身故给付含现金价值，两种类型的计算程序的编写原理有所不同。所以我们针对两类产品分别编写了理论费率的 MATLAB 计算程序，其中，身故给付无现金价值的人寿保险产品的理论费率计算程序为 price1，身故给付含现金价值的人寿保险产品的理论费率计算程序为 price2。

除了这两个定价函数的程序外，我们在计算每款人寿保险产品的理论费率时，还需要写一个输入参数调用函数的程序，这个程序比较简单，因此我们不在这里具体介绍。

1. 身故给付无现金价值的理论费率计算程序

function price = price1（x，NB，NP，SA，sex，male_ accid，female_ accid，male_ sick，female_ sick）

％其中各变量含义为：

％x：投保年龄；

％NB：保险期间（如果是固定多少年就填多少，如果是到多少岁就填年龄 – x。比如保险期间 10 年，NB = 10；保险期间至 88 周岁，NB = 88 – x，保险期间为终身，NB = 106 – x）；

％NP：缴费年限（同保险期间输入一致）；

％SA：保险金额；

％sex：性别；

％male_ accid：男性意外身故或全残发生率；female_ accid：女性意外身故或全残发生率；

％male_ sick：男性疾病身故或全残发生率；female_ sick：女性疾病身故或全残发生率；

％例：x = 30；NB = 20；NP = 20；SA = 1000；sex = 1；

％r：折现率；

%t：等待期（模型默认不超过1年，若超过则需要修改）；

%pay_t：等待期内因疾病身故或全残的给付金额；

%pay_sick：等待期过后因疾病身故或全残的给付金额；

%pay_accid：因意外事故身故或全残的给付金额；

%具体等待期及给付金额根据产品保险责任赋值；

syms p

r = 0.025;%折现率

t = 0.5;%产品疾病身故等待期为180天

pay_t = p;%等待期内因疾病身故或全残的给付已交保费

pay_sick = SA;%等待期过后因疾病身故或全残的给付保险金额

pay_accid = SA;%因意外事故身故或全残的给付保险金额

%相应身故发生概率的赋值，sex为1为男性，否则为女性

```
if sex = = 1
    probability_sick = male_sick;%疾病身故或全残发生的概率
    probability_accid = male_accid;%意外伤害身故或全残发生的概率
else
    probability_sick = female_sick;%疾病身故或全残发生的概率
    probability_accid = female_accid;%意外伤害身故或全残发生的概率
end
```

deathprobability = probability_sick + probability_accid;%每年死亡或全残概率

liveprobability = 1 − deathprobability;%每年生存概率

survivalprobability_x(1) = 1;%x岁的人首年存活的概率为1；

```
for i = 2：NB
    survivalprobability_x(i) = prod(liveprobability(x + 1：x + i − 1));%x岁
```
的个体在第i年初生存的概率

```
    end
```

InsLia_sick(1) = t * pay_t + (1 − t) * pay_sick;%第一年身故或全残的给付

```
for i = 2：NB
    InsLia_sick(i) = pay_sick;%第二年开始，支付保额
    end
```

```
for i = 1: NB
    InsLia_ accid(i) = pay_ accid;%意外伤害身故或全残，无等待期，支付
保额
end
```

```
for i = 1: NP
    PV_ premium_ temp(i) = survivalprobability_ x(i) * p * (1 + r)^(1 -
i);%x 岁个体每年缴费当年的精算现值
end
PV_ premium = sum(PV_ premium_ temp);%x 岁个体缴费的精算现值
```

```
for i = 1: NB
    PV_ InsLia_ sick_ temp(i) = survivalprobability_ x(i) * probability_ sick(x
+ i) * InsLia_ sick(i) * (1 + r)^( - i);
    PV_ InsLia_ accid_ temp(i) = survivalprobability_ x(i) * probability_ accid
(x + i) * InsLia_ accid(i) * (1 + r)^( - i);
end
PV_ InsLia = sum(PV_ InsLia_ sick_ temp) + sum(PV_ InsLia_ accid_
temp);
```

```
f = PV_ premium - PV_ InsLia;
price1 = solve(f);
price = double(price1);
end
```

2. 身故给付含现金价值的理论费率计算程序

```
function price = price2(x, NB, NP, SA, sex, male_ accid, female_ accid,
male_ sick, female_ sick)
```

```
%其中各变量含义为：
%x: 投保年龄；
%NB: 保险期间；
%NP: 缴费年限；
%SA: 保险金额；
%sex: 性别；
```

%male_ accid：男性意外身故或全残发生率；female_ accid：女性意外身故
或全残发生率；

　　%male_ sick：男性疾病身故或全残发生率；female_ sick：女性疾病身故或
全残发生率；

　　%r：折现率；

　　%t：等待期（模型默认不超过 1 年，若超过则需要修改）；

　　%给付责任涉及现金价值与已交保费的比较（即涉及与 p 有关函数值的比较，
直接解方程不可，考虑迭代求解）

　　%先给计算保费相关变量赋值

```
InsLia_ sick = zeros(1, 106);
InsLia_ accid = zeros(1, 106);
PV_ InsLia_ sick_ temp = zeros(1, 106);
PV_ InsLia_ sick_ temp_ cv = zeros(1, 106);
PV_ InsLia_ accid_ temp = zeros(1, 106);
PV_ InsLia_ accid_ temp_ cv = zeros(1, 106);
survivalprobability_ x = zeros(1, 106);
```

```
syms p
r1 = 0.025;%定价利率
r2 = 0.035;%现金价值利率
t = 0.25;%产品疾病身故等待期为 0.25 年；（可根据相应条款要求进行变动）
er = 0.0000001;%迭代的精确度
```

　　% 相应身故发生概率的赋值，sex 为 1 为男性，否则为女性

```
if sex = = 1
    probability_ sick = male_ sick;%疾病身故发生的概率
    probability_ accid = male_ accid;%意外伤害身故身故发生的概率
else
    probability_ sick = female_ sick;%疾病身故发生的概率
    probability_ accid = female_ accid;%意外伤害身故身故发生的概率
end
```

deathprobability = probability_ sick + probability_ accid;% 每年死亡概率

liveprobability = 1 - deathprobability;% 每年生存概率

survivalprobability_ x（1）= 1;% x 岁的人首年存活的概率为1；

for i = 2：NB

　　survivalprobability_ x(i) = prod（liveprobability(x + 1：x + i - 1)）;% x 岁的个体在第 i 年初生存的概率

　　end

for i = 1：NP

　　PV_ premium_ temp(i) = survivalprobability_ x(i) * (1 + r1)^(- i + 1);% 每年的单位现价保费现值

　　PV_ premium_ temp_ cv(i) = survivalprobability_ x(i) * (1 + r2)^(- i + 1);% 每年的单位现价保费现值

　　end

　　p = 1；

　　p_ cal = 0；

　　% 利用多次迭代计算期缴保费、现金价值与身故给付

　　while abs(p_ cal - p) > er

　　　　p_ cal = p；

　　　　% 计算保费和现金价值保费

　　　　PV_ InsLia = sum(PV_ InsLia_ sick_ temp) + sum(PV_ InsLia_ accid_ temp) ;

　　　　CV_ InsLia = sum(PV_ InsLia_ sick_ temp_ cv) + sum(PV_ InsLia_ accid_ temp_ cv) ;

　　　　p = PV_ InsLia/sum(PV_ premium_ temp) ;

　　　　p_ cv = CV_ InsLia/sum(PV_ premium_ temp_ cv) ;

　　　　% 计算现金价值

　　　　for i = 1：NB

　　　　　　CV_ ex = sum(PV_ InsLia_ sick_ temp_ cv(i + 1：NB)) + sum(PV_ InsLia_ accid_ temp_ cv(i + 1：NB)) ;

　　　　　　if i < = NP

　　　　　　　　CV_ x(i) = CV_ ex - p_ cv * sum(PV_ premium_ temp_ cv(i：

```
NP) );
                else CV_ x(i) = CV_ ex;
            end
        end
    %身故给付
    %这里给付责任设有年龄界线，若无可不做相应分类处理
    if x < 18    %一般以18岁为一个分界点，可根据条款内容进行更改设计
    for i = 1：18 - x
            InsLia_ sick(i) = max(min(i, NP) * p, CV_ x(i)); %18岁之前
死亡给付为已交保费与现金价值较大值
            InsLia_ accid(i) = max(a * min(i, NP) * p, CV_ x(i));
    end
    for i = 19 - x：NB
            InsLia_ sick(i) = SA; %18岁之后死亡给付为保额
            InsLia_ accid(i) = SA;
    end
        else
            InsLia_ sick(1) = t * max(p, CV_ x(1)) + (1 - t) * SA; %等待期
内，疾病身故返还已交保费与现金价值较大者；这里近似处理，死亡支付和保额
按等待期的加权值
            for i = 2：NB
                InsLia_ sick(i) = SA; %第二年开始，给付为保额
            end
            for i = 1：NB
                InsLia_ accid(i) = SA; %意外伤害身故，无等待期，支付保额
            end
        end
    %计算未来责任精算现值
    for i = 1：NB
        PV_ InsLia_ sick_ temp(i) = survivalprobability_ x(i) * probability_
sick(x + i) * InsLia_ sick(i) * (1 + r1)^( - i);
        PV_ InsLia_ sick_ temp_ cv(i) = survivalprobability_ x(i) * probability_
sick(x + i) * InsLia_ sick(i) * (1 + r2)^( - i);
        PV_ InsLia_ accid_ temp(i) = survivalprobability_ x(i) * probability_
```

accid(x + i) ∗ InsLia_ accid(i) ∗ (1 + r1)^(− i) ;

　　　　　PV_ InsLia_ accid_ temp_ cv(i) = survivalprobability_ x(i) ∗ probability_ accid(x + i) ∗ InsLia_ accid(i) ∗ (1 + r2)^(− i) ;

　　　end

　　end

　price = p ;

　end

二、评估步骤

根据前面的内容可知，传统型人寿保险产品性价比评估需要分两部分进行，量化条款评估和非量化条款评估。所以，在正式的评估前，我们先进行了条款内容的整理。然后根据每款人寿保险产品的保险责任，在选定的评估假设下，利用MATLAB 计算所有可能的性别、投保年龄、保险期间、缴费方式组合下对应于同一基本保险金额（这里用的是 1000 元）的理论费率及附加费用率，并结合收集到的市场费率计算每款传统型人寿保险产品的平均附加费用率，从而计算每款传统型人寿保险产品的量化条款得分。再计算非量化条款得分，最后加权平均得产品条款得分，也即最终的产品性价比评估结果。

我们以泰康人寿的尊享世家终身寿险为例来进行详细说明。

（一）条款内容整理

条款内容整理是传统型人寿保险产品性价比评估的第一步，也是正式评估前的关键准备工作。在这一部分，我们对每款产品的所有条款进行了筛选和分类处理。选择了其中体现产品基本性质和基本功能的条款，并按照基本信息、量化条款、非量化条款进行分类，其中非量化条款又细分为非量化投保条款、非量化责任条款、非量化其他条款。

基本信息包括每款传统型人寿保险产品的所属公司、责任范围、投保范围、保险期间和缴费方式。可量化条款包括保险责任，非量化投保条款包括犹豫期，非量化责任条款包括保费豁免、附加险和除外责任，其他不可量化但又影响产品性价比评估的条款则进入非量化其他条款，如宽限期、保单贷款、保费自动垫交等条款。

表 3 − 15 列出了泰康人寿——尊享世家终身寿险的条款内容整理结果。

（二）量化条款得分的计算

为了对泰康人寿的尊享世家终身寿险进行量化条款评估，需要知道其附加费用率和平均附加费用率。

表3－15 泰康人寿——尊享世家终身寿险条款内容整理

产品名称	泰康人寿——尊享世家终身寿险	
基本信息		
所属公司	泰康人寿保险股份有限公司	
责任范围	疾病身故给付、意外身故给付	
投保范围	0～75周岁	
保险期间	终身	
缴费方式	趸交、3年交、5年交、10年交、15年交、20年交	
可量化条款		
保险责任	被保险人在等待期（90天）内非因意外伤害身故或18岁之前（不包括18岁当日）身故，支付已交保费和现金价值较大者；被保险人在18岁之后因意外伤害或等待期后非因意外伤害身故支付基本保险金额	
非量化条款		
非量化投保条款	犹豫期（10天）内退保，扣除工本费（不超过10元）后退还已交保费；犹豫期后退保，退还保单现金价值	
非量化责任条款	除外责任：发生第（1）～（7）项导致被保险人身故的，不承担给付保险金的责任。其中，若发生第（1）项，已交足2年以上保险费的，向身故保险金受益人退还保险单的现金价值；若发生上述其他情形，向投保人退还保险单的现金价值	
非量化其他条款	宽限期：60天 保单贷款：80%，6个月 减保 保费自动垫交	

　　首先，我们对收集到的市场费率进行了标准化处理，即转化为每千元保额对应的市场费率。[①] 表3－16展示了泰康人寿——尊享世家终身寿险部分年龄、性别、保险期间、缴费方式组合下的市场费率标准化整理结果。

表3－16 泰康人寿——尊享世家终身寿险标准化市场费率（部分）

年龄	性别	保障期限	缴费期限	市场费率
0	男	终身	趸交	83.80
1	男	终身	趸交	86.70
2	男	终身	趸交	89.80
3	男	终身	趸交	92.90

① 本书所述"费率"均为"每千元保额的保费（元）"。

续表

年龄	性别	保障期限	缴费期限	市场费率
4	男	终身	趸交	96.10
5	男	终身	趸交	99.50
6	男	终身	趸交	103.00
7	男	终身	趸交	106.60
8	男	终身	趸交	110.30
9	男	终身	趸交	114.20
10	男	终身	趸交	118.20
11	男	终身	趸交	122.30
12	男	终身	趸交	126.60
13	男	终身	趸交	131.00
14	男	终身	趸交	135.60
15	男	终身	趸交	140.40
16	男	终身	趸交	145.30
17	男	终身	趸交	150.40
18	男	终身	趸交	155.50
19	男	终身	趸交	160.50
20	男	终身	趸交	165.60
21	男	终身	趸交	170.80
22	男	终身	趸交	176.20

其次，我们按照泰康人寿——尊享世家终身寿险所有可能的年龄、性别、保险期间、缴费方式组合，使用选定的评估假设，计算每一组合对应千元保额下的理论费率。将计算出的理论费率及标准化的市场费率代入附加费用率的计算公式中，我们可以计算出每一组合下的附加费用率，进而我们可以计算出每一组合下的量化条款得分。再将所有市场费率和理论费率进行平均可得平均市场费率（每千元保额）和平均理论费率（每千元保额），代入平均附加费用率公式求得产品的平均附加费用率，进而可以计算产品的综合量化条款得分。

表 3-17 展示了通过 MATLAB 程序计算出的泰康人寿——尊享世家终身寿险的理论费率。表 3-18 和表 3-19 展示了泰康人寿——尊享世家终身寿险的附加费用率和各个组合量化条款得分的计算结果。表 3-20 展示了泰康人寿——尊享世家终身寿的综合量化条款得分。

表 3-17　泰康人寿——尊享世家终身寿险理论费率计算结果（部分）

年龄	性别	保障期限	缴费期限	理论费率
0	男	终身	趸交	156.68
1	男	终身	趸交	160.62
2	男	终身	趸交	164.65
3	男	终身	趸交	168.78
4	男	终身	趸交	173.02
5	男	终身	趸交	177.36
6	男	终身	趸交	181.81
7	男	终身	趸交	186.37
8	男	终身	趸交	191.05
9	男	终身	趸交	195.84
10	男	终身	趸交	200.75
11	男	终身	趸交	205.78
12	男	终身	趸交	210.93
13	男	终身	趸交	216.22
14	男	终身	趸交	221.64
15	男	终身	趸交	227.19
16	男	终身	趸交	232.87
17	男	终身	趸交	238.70
18	男	终身	趸交	244.59
19	男	终身	趸交	250.35
20	男	终身	趸交	256.25
21	男	终身	趸交	262.28
22	男	终身	趸交	268.45

表 3-18　泰康人寿——尊享世家终身寿险附加费用率计算结果

年龄	性别	保障期限	缴费期限	市场费率	理论费率	附加费用率
0	男	终身	趸交	83.80	156.68	-46.51%
1	男	终身	趸交	86.70	160.62	-46.02%
2	男	终身	趸交	89.80	164.65	-45.46%
3	男	终身	趸交	92.90	168.78	-44.96%
4	男	终身	趸交	96.10	173.02	-44.46%

续表

年龄	性别	保障期限	缴费期限	市场费率	理论费率	附加费用率
5	男	终身	趸交	99.50	177.36	−43.90%
6	男	终身	趸交	103.00	181.81	−43.35%
7	男	终身	趸交	106.60	186.37	−42.80%
8	男	终身	趸交	110.30	191.05	−42.27%
9	男	终身	趸交	114.20	195.84	−41.69%
10	男	终身	趸交	118.20	200.75	−41.12%
11	男	终身	趸交	122.30	205.78	−40.57%
12	男	终身	趸交	126.60	210.93	−39.98%
13	男	终身	趸交	131.00	216.22	−39.41%
14	男	终身	趸交	135.60	221.64	−38.82%
15	男	终身	趸交	140.40	227.19	−38.20%
16	男	终身	趸交	145.30	232.87	−37.61%
17	男	终身	趸交	150.40	238.70	−36.99%
18	男	终身	趸交	155.50	244.59	−36.42%
19	男	终身	趸交	160.50	250.35	−35.89%
20	男	终身	趸交	165.60	256.25	−35.38%
21	男	终身	趸交	170.80	262.28	−34.88%
22	男	终身	趸交	176.20	268.45	−34.36%

表3-19 泰康人寿——尊享世家终身寿险各组合量化条款得分计算结果

年龄	性别	保障期限	缴费期限	市场费率	理论费率	附加费用率	量化条款得分
0	男	终身	趸交	83.80	156.68	−46.51%	94.52
1	男	终身	趸交	86.70	160.62	−46.02%	94.47
2	男	终身	趸交	89.80	164.65	−45.46%	94.42
3	男	终身	趸交	92.90	168.78	−44.96%	94.37
4	男	终身	趸交	96.10	173.02	−44.46%	94.32
5	男	终身	趸交	99.50	177.36	−43.90%	94.26
6	男	终身	趸交	103.00	181.81	−43.35%	94.21
7	男	终身	趸交	106.60	186.37	−42.80%	94.15
8	男	终身	趸交	110.30	191.05	−42.27%	94.10
9	男	终身	趸交	114.20	195.84	−41.69%	94.04
10	男	终身	趸交	118.20	200.75	−41.12%	93.98

续表

年龄	性别	保障期限	缴费期限	市场费率	理论费率	附加费用率	量化条款得分
11	男	终身	趸交	122.30	205.78	−40.57%	93.93
12	男	终身	趸交	126.60	210.93	−39.98%	93.87
13	男	终身	趸交	131.00	216.22	−39.41%	93.82
14	男	终身	趸交	135.60	221.64	−38.82%	93.76
15	男	终身	趸交	140.40	227.19	−38.20%	93.70
16	男	终身	趸交	145.30	232.87	−37.61%	93.64
17	男	终身	趸交	150.40	238.70	−36.99%	93.58
18	男	终身	趸交	155.50	244.59	−36.42%	93.52
19	男	终身	趸交	160.50	250.35	−35.89%	93.47
20	男	终身	趸交	165.60	256.25	−35.38%	93.42
21	男	终身	趸交	170.80	262.28	−34.88%	93.37
22	男	终身	趸交	176.20	268.45	−34.36%	93.32

表 3 – 20　泰康人寿——尊享世家终身寿险的综合量化条款得分

平均市场费率（每千元保额）	125.21
平均理论费率（每千元保额）	107.19
平均附加费用率	−14.39%
量化条款得分	91.37

（三）非量化条款得分的计算

非量化投保条款得分仅依据犹豫期条款计算。从表 3 – 15 可知，泰康人寿——尊享世家终身寿险的犹豫期为 10 天，则非量化投保条款得分为 90 分。

非量化责任条款得分与除外责任、附加险和保费豁免有关。从表 3 – 15 可知，泰康人寿——尊享世家终身寿险无附加险和保费豁免条款，则非量化责任条款得分为 90 分。

非量化其他条款得分与有效条款数有关。从表 3 – 15 可知，泰康人寿——尊享世家终身寿险为 4 条，分别为宽限期、保单贷款、减保以及保费自动垫交，则非量化其他条款得分为 92 分。

然后依据 20%、40%、40% 的权重进行加权平均，可得泰康人寿——尊享世家终身寿险的非量化条款得分为 90.8 分。

表 3 – 21 列出了泰康人寿——尊享世家终身寿险的非量化条款得分的计算过程及结果。

表 3 - 21 泰康人寿——尊享世家终身寿险非量化条款得分计算过程及结果

项目	得分
非量化投保条款得分	90
非量化责任条款得分	90
非量化其他条款得分	80 + 3 * 4 = 92
非量化条款得分	90 * 20% + 90 * 40% + 92 * 40% = 90.8

（四）条款得分计算

根据前面得到的量化条款得分（个性和综合）和非量化条款得分，依据 90% 和 10% 的权重进行加权平均，我们可以计算出泰康人寿——尊享世家终身寿险产品条款的个性得分和综合得分，进而可得产品的个性排名（特定组合）和综合排名。

表 3 - 22 展示了泰康人寿——尊享世家终身寿险部分组合的个性得分。表 3 - 23 展示了泰康人寿——尊享世家终身寿险的综合得分计算过程及结果。

表 3 - 22 泰康人寿——尊享世家终身寿险各组合条款个性得分计算结果

年龄	性别	保障期限	缴费期限	量化条款得分	非量化条款得分	个性得分
0	男	终身	趸交	94.52	90.80	94.15
1	男	终身	趸交	94.47	90.80	94.10
2	男	终身	趸交	94.42	90.80	94.05
3	男	终身	趸交	94.37	90.80	94.01
4	男	终身	趸交	94.32	90.80	93.96
5	男	终身	趸交	94.26	90.80	93.91
6	男	终身	趸交	94.21	90.80	93.87
7	男	终身	趸交	94.15	90.80	93.82
8	男	终身	趸交	94.10	90.80	93.77
9	男	终身	趸交	94.04	90.80	93.72
10	男	终身	趸交	93.98	90.80	93.67
11	男	终身	趸交	93.93	90.80	93.62
12	男	终身	趸交	93.87	90.80	93.57
13	男	终身	趸交	93.82	90.80	93.51
14	男	终身	趸交	93.76	90.80	93.46
15	男	终身	趸交	93.70	90.80	93.41
16	男	终身	趸交	93.64	90.80	93.35

续表

年龄	性别	保障期限	缴费期限	量化条款得分	非量化条款得分	个性得分
17	男	终身	趸交	93.58	90.80	93.30
18	男	终身	趸交	93.52	90.80	93.25
19	男	终身	趸交	93.47	90.80	93.20
20	男	终身	趸交	93.42	90.80	93.16
21	男	终身	趸交	93.37	90.80	93.11
22	男	终身	趸交	93.32	90.80	93.07

表3-23　泰康人寿——尊享世家终身寿险的综合得分计算过程及结果

项目	得分
量化条款得分（综合）	91.37
非量化条款得分	90.8
综合得分	91.37 * 90% + 90.8 * 10% = 91.32

第三节　传统型人寿保险产品性价比评估结果与分析

按照上一节评估步骤中介绍的四个步骤，我们分别对收集到的30款传统型定期寿险产品和32款传统型终身寿险产品进行了性价比评估，计算了每一款传统型人寿保险产品条款的个性得分和综合得分。将所有定期寿险产品和终身寿险产品分别按个性得分由高至低排序，得到30款传统型定期寿险产品和32款传统型终身寿险产品的个性排名；将所有定期寿险产品和终身寿险产品分别按综合得分由高至低排序，又得到30款传统型定期寿险产品和32款传统型终身寿险产品的综合排名。

本节将从综合得分和个性得分两方面介绍我们得到的62款传统型人寿保险产品的性价比评估结果及排名状况，并就该评估结果做进一步的分析。

一、综合得分结果分析

（一）综合排名

根据本章第二节介绍的传统型年金保险产品性价比评估方法、评估假设和评估步骤，我们分别计算了30款传统型定期寿险产品和32款传统型终身寿险产品的综合得分。

在 30 款传统型定期寿险产品中性价比综合排名前三的产品是华夏人寿的爱相随定期寿险，产品得分为 93.20 分；长生人寿的吉象福定期寿险，产品得分为 92.13 分以及复星保德信的星安定期寿险，产品得分为 92.06 分。综合排名末三的产品是中英人寿的智之选定期寿险，产品得分为 79.68 分；平安人寿的幸福定期寿险（A），产品得分为 79.35 分；中国人寿的国寿祥福定期寿险，产品得分为 78.40 分。

在 32 款传统型终身寿险产品中性价比综合排名前三的产品是太平人寿的福利健康 C 款终身寿险，产品得分为 92.91 分；弘康人寿的弘利相传终身寿险，产品得分为 92.54 分以及华贵人寿的守护 e 家终身寿险，产品得分为 92.44 分。综合排名末三的产品是中英人寿的永相随终身寿险，产品得分为 88.93 分；中美联泰的花样年华终身寿险（G 款），产品得分为 88.08 分；中国人寿的国寿乐鑫宝终身寿险，产品得分为 87.77 分。

表 3 – 24 和表 3 – 25 给出了 30 款传统型定期寿险产品和 32 款传统型终身寿险产品的性价比综合得分及综合排名。

表 3 – 24　30 款传统型定期寿险产品得分综合排名一览（由高至低）

产品名称	产品得分	综合排名
华夏人寿——爱相随定期寿险	93.20	1
长生人寿——吉象福定期寿险	92.13	2
复星保德信——星安定期寿险	92.06	3
华贵人寿——守护 e 家定期寿险（华贵人寿擎天柱）	91.79	4
渤海人寿——优选定期寿险	91.75	5
瑞泰人寿——瑞和定期寿险	91.64	6
上海人寿——小蘑菇定期寿险	91.49	7
信诚人寿——祯爱优选定期寿险（信诚人寿唐僧保）	91.48	8
横琴人寿——优爱宝定期寿险	91.20	9
弘康人寿——大白定期寿险	91.05	10
中荷人寿——房贷宝定期寿险	90.49	11
中华人寿——爱无忧定期寿险	89.19	12
利安人寿——爱无限（B 款）定期寿险	88.87	13
中德安联——安创未来定期寿险	88.60	14
合众人寿——爱家无忧定期寿险	88.20	15
新华保险——i 守护定期寿险	87.61	16

产品名称	产品得分	综合排名
人保寿险——精心优选定期寿险	87.55	17
泰康人寿——爱相随定期寿险	86.76	18
中国人寿——国寿祥悦定期寿险	86.34	19
陆家嘴国泰——顺意100定期寿险	85.97	20
合众人寿——珍爱幸福定期寿险	85.39	21
华夏人寿——优选一号定期寿险	84.95	22
新华人寿——定期寿险（A款）	84.56	23
百年人寿——祥顺定期寿险	84.48	24
泰康人寿——蒲公英定期寿险	84.47	25
建信人寿——锦e卫定期寿险	84.25	26
泰康人寿——吉祥相伴定期寿险	84.19	27
中英人寿——智之选定期寿险	79.68	28
平安人寿——幸福定期寿险（A）	79.35	29
中国人寿——国寿祥福定期寿险	78.40	30

表3－25　32款传统型终身寿险产品得分综合排名一览（由高至低）

产品名称	产品得分（综合）	综合排名
太平人寿——福利健康C款终身寿险	92.91	1
弘康人寿——弘利相传终身寿险	92.54	2
华贵人寿——守护e家终身寿险	92.44	3
横琴人寿——优爱宝终身寿险	92.31	4
同方全球——传世荣耀终身寿险	92.00	5
君龙人寿——君康一生终身寿险	92.00	6
平安人寿——少儿平安福终身寿险（2017）	91.86	7
平安人寿——平安福终身寿险（2017）	91.75	8
泰康人寿——祥佑金生终身寿险	91.68	9
中意人寿——一生保终身寿险（2016升级版）	91.64	10
泰康人寿——尊享世家终身寿险	91.32	11
华夏人寿——传家宝终身寿险（B）款	91.30	12
中英人寿——爱永恒终身寿险	91.29	13

续表

产品名称	产品得分（综合）	综合排名
北大方正——百年康顺终身寿险	91.24	14
人保寿险——逸生终身寿险	91.15	15
中国人寿——少儿国寿福终身寿险	91.15	16
太平人寿——卓越逸生终身寿险	91.00	17
人保寿险——人保福终身寿险	90.83	18
平安人寿——平安福（至尊18）终身寿险	90.77	19
天安人寿——托福一生终身寿险	90.74	20
前海人寿——福寿保终身寿险	90.71	21
平安人寿——平安福终身寿险（2016，至尊版）	90.53	22
平安人寿——平安福（2018）终身寿险	90.50	23
中国人寿——国寿祥瑞终身寿险	90.45	24
平安人寿——金鑫盛终身寿险	90.23	25
平安人寿——传世臻宝终身寿险	90.03	26
中国人寿——国寿福终身寿险	89.83	27
中美联泰——花样年华终身寿险（I款）	89.49	28
中美联泰——花样年华终身寿险（H款）	89.28	29
中英人寿——永相随终身寿险	88.93	30
中美联泰——花样年华终身寿险（G款）	88.08	31
中国人寿——国寿乐鑫宝终身寿险	87.77	32

从表3-24和表3-25我们可以发现，传统型人寿保险产品的性价比综合排名与寿险公司大小并没有完全的相关性，有些大公司的产品性价比综合排名反而较低，如中国人寿的国寿祥福定期寿险和国寿乐鑫宝终身寿险。同一家寿险公司的产品的性价比综合排名可能相差很大，如华夏人寿的爱相随定期寿险在我们收集到的30款传统型定期寿险产品中性价比综合排名第一，得分为93.20分，而同属于华夏人寿的优选一号定期寿险则在30款产品中综合排名第22，得分为84.95分。

（二）量化条款得分排名

表3-26、表3-27分别展示了30款传统型定期寿险产品和32款传统型终身寿险产品的量化条款综合得分及排名。

表3-26　30款传统型定期寿险产品量化条款得分排名一览（由高至低）

产品名称	量化条款得分	量化条款得分排名	综合排名
华夏人寿——爱相随定期寿险	93.61	1	1
长生人寿——吉象福定期寿险	92.28	2	2
渤海人寿——优选定期寿险	92.25	3	5
复星保德信——星安定期寿险	92.23	4	3
华贵人寿——守护e家定期寿险（华贵人寿擎天柱）	91.95	5	4
瑞泰人寿——瑞和定期寿险	91.91	6	6
上海人寿——小蘑菇定期寿险	91.85	7	7
信诚人寿——祯爱优选定期寿险（信诚人寿唐僧保）	91.55	8	8
横琴人寿——优爱宝定期寿险	91.51	9	9
弘康人寿——大白定期寿险	91.48	10	10
中荷人寿——房贷宝定期寿险	90.74	11	11
利安人寿——爱无限（B款）定期寿险	89.06	12	13
中华人寿——爱无忧定期寿险	88.93	13	12
中德安联——安创未来定期寿险	88.38	14	14
合众人寿——爱家无忧定期寿险	88.31	15	15
人保寿险——精心优选定期寿险	87.59	16	17
新华保险——i守护定期寿险	87.39	17	16
泰康人寿——爱相随定期寿险	86.71	18	18
中国人寿——国寿祥悦定期寿险	85.98	19	19
陆家嘴国泰——顺意100定期寿险	85.44	20	20
合众人寿——珍爱幸福定期寿险	84.92	21	21
华夏人寿——优选一号定期寿险	84.70	22	22
泰康人寿——蒲公英定期寿险	84.39	23	25
新华人寿——定期寿险（A款）	84.14	24	23
百年人寿——祥顺定期寿险	84.05	25	24
建信人寿——锦e卫定期寿险	83.79	26	26
泰康人寿——吉祥相伴定期寿险	83.72	27	27
中英人寿——智之选定期寿险	78.45	28	28
平安人寿——幸福定期寿险（A）	77.99	29	29
中国人寿——国寿祥福定期寿险	77.28	30	30

表 3 - 27 32 款传统型终身寿险量化条款得分排名一览（由高至低）

产品名称	量化条款得分	量化条款得分排名	综合排名
太平人寿——福利健康 C 款终身寿险	93.50	1	1
弘康人寿——弘利相传终身寿险	92.87	2	2
横琴人寿——优爱宝终身寿险	92.74	3	4
君龙人寿——君康一生终身寿险	92.35	4	6
华贵人寿——守护 e 家终身寿险	92.27	5	3
同方全球——传世荣耀终身寿险	92.15	6	5
泰康人寿——祥佑金生终身寿险	91.92	7	9
中意人寿——一生保终身寿险（2016 升级版）	91.74	8	10
平安人寿——少儿平安福终身寿险（2017）	91.62	9	7
中国人寿——少儿国寿福终身寿险	91.54	10	16
平安人寿——平安福终身寿险（2017）	91.50	11	8
华夏人寿——传家宝终身寿险（B）款	91.49	12	12
中英人寿——爱永恒终身寿险	91.48	13	13
北大方正——百年康顺终身寿险	91.38	14	14
泰康人寿——尊享世家终身寿险	91.37	15	11
太平人寿——卓越逸生终身寿险	91.15	16	17
人保寿险——逸生终身寿险	91.08	17	15
前海人寿——福寿保终身寿险	90.97	18	21
天安人寿——托福一生终身寿险	90.87	19	20
人保寿险——人保福终身寿险	90.86	20	18
平安人寿——平安福（至尊18）终身寿险	90.64	21	19
中国人寿——国寿祥瑞终身寿险	90.55	22	24
平安人寿——平安福（2018）终身寿险	90.33	23	23
平安人寿——平安福终身寿险（2016，至尊版）	90.15	24	22
中国人寿——国寿福终身寿险	90.08	25	27
平安人寿——金鑫盛终身寿险	89.81	26	25
平安人寿——传世臻宝终身寿险	89.59	27	26
中美联泰——花样年华终身寿险（I 款）	89.43	28	28
中美联泰——花样年华终身寿险（H 款）	89.20	29	29
中英人寿——永相随终身寿险	88.58	30	30
中美联泰——花样年华终身寿险（G 款）	87.87	31	31
中国人寿——国寿乐鑫宝终身寿险	87.59	32	32

（三）非量化条款得分排名

表3－28、表3－29分别展示了30款传统型定期寿险产品和32款传统型终身寿险产品的非量化条款得分及排名。

表3－28　30款传统型定期寿险产品非量化条款得分排名一览（由高至低）

产品名称	非量化条款得分	非量化条款得分排名	综合排名
中华人寿——爱无忧定期寿险	91.60	1	12
平安人寿——幸福定期寿险（A）	91.60	1	29
长生人寿——吉象福定期寿险	90.80	3	2
信诚人寿——祯爱优选定期寿险（信诚人寿唐僧保）	90.80	3	8
陆家嘴国泰——顺意100定期寿险	90.80	3	20
中英人寿——智之选定期寿险	90.80	3	28
复星保德信——星安定期寿险	90.60	7	3
中德安联——安创未来定期寿险	90.60	7	14
华贵人寿——守护e家定期寿险（华贵人寿擎天柱）	90.40	9	4
华夏人寿——爱相随定期寿险	89.60	10	1
新华保险——i守护定期寿险	89.60	10	16
中国人寿——国寿祥悦定期寿险	89.60	10	19
合众人寿——珍爱幸福定期寿险	89.60	10	21
瑞泰人寿——瑞和定期寿险	89.20	14	6
横琴人寿——优爱宝定期寿险	88.40	15	9
新华人寿——定期寿险（A款）	88.40	15	23
百年人寿——祥顺定期寿险	88.40	15	24
建信人寿——锦e卫定期寿险	88.40	15	26
泰康人寿——吉祥相伴定期寿险	88.40	15	27
中国人寿——国寿祥福定期寿险	88.40	15	30
上海人寿——小蘑菇定期寿险	88.20	21	7
中荷人寿——房贷宝定期寿险	88.20	21	11
渤海人寿——优选定期寿险	87.20	23	5
弘康人寿——大白定期寿险	87.20	23	10
利安人寿——爱无限（B款）定期寿险	87.20	23	13
合众人寿——爱家无忧定期寿险	87.20	23	15
人保寿险——精心优选定期寿险	87.20	23	17
泰康人寿——爱相随定期寿险	87.20	23	18
华夏人寿——优选一号定期寿险	87.20	23	22
泰康人寿——蒲公英定期寿险	85.20	30	25

表3-29　32款传统型终身寿险非量化条款得分排名一览（由高至低）

产品名称	非量化条款得分	非量化条款得分排名	综合排名
华贵人寿——守护e家终身寿险	94.00	1	3
平安人寿——少儿平安福终身寿险（2017）	94.00	1	7
平安人寿——平安福终身寿险（2017）	94.00	1	8
平安人寿——平安福终身寿险（2016至尊版）	94.00	1	22
平安人寿——金鑫盛终身寿险	94.00	1	25
平安人寿——传世臻宝终身寿险	94.00	1	26
平安人寿——平安福（至尊18）终身寿险	92.00	7	19
平安人寿——平安福（2018）终身寿险	92.00	7	23
中英人寿——永相随终身寿险	92.00	7	30
人保寿险——逸生终身寿险	91.80	10	15
中意人寿——一生保终身寿险（2016升级版）	90.80	11	10
泰康人寿——尊享世家终身寿险	90.80	11	11
同方全球——传世荣耀终身寿险	90.60	13	5
人保寿险——人保福终身寿险	90.60	13	18
北大方正——百年康顺终身寿险	90.00	15	14
中美联泰——花样年华终身寿险（I款）	90.00	15	28
中美联泰——花样年华终身寿险（H款）	90.00	15	29
中美联泰——花样年华终身寿险（G款）	90.00	15	31
弘康人寿——弘利相传终身寿险	89.60	19	2
泰康人寿——祥佑金生终身寿险	89.60	19	9
华夏人寿——传家宝终身寿险（B）款	89.60	19	12
中英人寿——爱永恒终身寿险	89.60	19	13
太平人寿——卓越逸生终身寿险	89.60	19	17
天安人寿——托福一生终身寿险	89.60	19	20
中国人寿——国寿祥瑞终身寿险	89.60	19	24
中国人寿——国寿乐鑫宝终身寿险	89.40	26	32
君龙人寿——君康一生终身寿险	88.80	27	6
横琴人寿——优爱宝终身寿险	88.40	28	4
前海人寿——福寿保终身寿险	88.40	28	21
太平人寿——福利健康C款终身寿险	87.60	30	1
中国人寿——少儿国寿福终身寿险	87.60	30	16
中国人寿——国寿福终身寿险	87.60	30	27

（四）第一名与最后一名的差异分析

前面，我们只是简单介绍了所收集的 62 款传统型人寿保险产品性价比评估的综合评估结果。下面我们将结合具体的产品进行产品间的对比并深入分析产品性价比综合得分高低的原因。

我们选取了 30 款传统型定期寿险产品中的华夏人寿的爱相随定期寿险和中国人寿的国寿祥福定期寿险，以及 32 款传统型终身寿险产品中的太平人寿——福利健康 C 款终身寿险和中国人寿—国寿乐鑫宝终身寿险，深入分析其条款信息、量化条款得分及非量化条款得分，进而得到这两款产品的综合得分和综合排名，进行产品性价比对比分析。

表 3 - 30 和表 3 - 31 分别为两款传统型定期寿险产品和两款传统型终身寿险产品的对比分析表。由于二者分析思路一致，我们仅对表 3 - 30 的分析进行详细的介绍，表 3 - 31 的分析类似，这里不再赘述。

表 3 - 30　华夏人寿——爱相随定期寿险和中国人寿——国寿祥福定期寿险对比

	华夏人寿——爱相随定期寿险	中国人寿——国寿祥福定期寿险
基本信息		
所属公司	华夏人寿保险股份有限公司	中国人寿保险股份有限公司
责任范围	疾病身故给付、意外身故给付、全残给付	疾病身故给付、意外身故给付、全残给付
投保范围	出生满 28 天至 65 周岁	16 周岁至 55 周岁
保险期间	10 年、20 年、30 年、至 60 周岁、至 70 周岁、至 88 周岁	5 年、10 年、20 年、30 年、至 55 岁、至 60 周岁
缴费方式	趸交、5 年交、10 年交、20 年交、30 年交	趸交、5 年交、10 年交、20 年交、30 年交
量化条款对比		
保险责任	被保险人在等待期（90 天）内因疾病身故或全残，支付已交保险费；因意外伤害或等待期后因疾病身故或全残，支付基本保险金额	被保险人于合同生效（或复效）之日起 1 年内因疾病身故或全残，支付所交保险费；因意外伤害或于合同生效（或复效）之日起 1 年后因疾病身故或全残，支付保险金额
平均理论费率（每千元保额）	38.13	13.30
平均市场费率（每千元保额）	23.92	32.52

续表

	华夏人寿——爱相随定期寿险	中国人寿——国寿祥福定期寿险
平均附加费用率	-37.28%	144.57%
量化条款得分	93.61	77.28
量化条款得分排名	1	30
非量化条款对比		
非量化投保条款	犹豫期（10 日）内退保，扣除工本费（不超过 10 元）后退还已交保费；犹豫期后退保，退还保单现金价值	犹豫期（10 天）内退保，全额退还已交保费；犹豫期后退保，退还保单现金价值
非量化投保条款得分	90	90
非量化责任条款	除外责任：发生第（1）~（7）项导致被保险人身故或全残的，不承担给付各项保险金的责任。其中，若发生第（1）项，且已交足 2 年保险费，向其他权利人退还本合同的现金价值；若发生上述其他情形，向投保人退还本合同的现金价值	除外责任：发生第（1）~（7）项导致被保险人身故的，不承担给付保险金的责任。其中，若发生第（1）项，向被保险人继承人退还本合同的现金价值；若发生上述其他情形，向投保人退还本合同的现金价值
非量化责任条款得分	90	90
非量化其他条款	宽限期：60 天 保单贷款：80%，6 个月 可选择自动垫交保险费	宽限期：60 天 保单贷款：80%，6 个月
非量化其他条款得分	89	86
非量化条款得分	89.6	88.4
非量化条款得分排名	10	15
产品得分（综合）	93.20	78.40
综合排名	1	30

表 3-31　太平人寿——福利健康 C 款终身寿险和
中国人寿——国寿乐鑫宝终身寿险对比

	太平人寿——福利健康 C 款终身寿险	中国人寿——国寿乐鑫宝终身寿险
基本信息		
所属公司	太平人寿保险有限公司	中国人寿保险股份有限公司
责任范围	疾病身故给付、意外身故给付	疾病身故给付、意外身故给付、疾病全残给付、意外全残给付
投保范围	出生满 28 日至 65 周岁	18 周岁至 60 周岁

续表

	太平人寿——福利健康 C 款终身寿险	中国人寿——国寿乐鑫宝终身寿险
保险期间	终身	终身
缴费方式	趸交、10 年交、15 年交、20 年交、交至 55 周岁、交至 60 周岁	3 年交、5 年交、10 年交、20 年交
可量化条款对比		
保险责任	被保险人在等待期（90 天）内非因意外伤害身故或 18 岁之前（不包括 18 岁当日）身故，支付已交保费；被保险人在 18 岁之后因意外伤害或等待期后非因意外伤害身故支付基本保险金额	被保险人等待期（180 天）内非因意外伤害导致身故或高度残疾支付已交保费；因意外伤害身故或高度残疾或者等待期后非因意外伤害导致身故或高度残疾支付基本保险金额×（1＋20%×被保险人身故时保单经过整年度数），但最高不超过基本保险金额×200%
平均纯保费（每千元保额）	89.91	144.39
平均市场保费（每千元保额）	57.35	181.58
平均附加费用率	−36.21%	25.76%
量化条款得分	93.50	87.59
量化条款得分排名	1	32
非量化条款对比		
非量化投保条款	犹豫期（10 天）内退保，扣除工本费（不超过 10 元）后退还已交保费；犹豫期后退保，退还保单现金价值	犹豫期（15 天）内退保，退还已交保费；犹豫期后退保，退还保单现金价值
非量化投保条款得分	90	95
非量化责任条款	附加险：《附加福利 C 款重疾保险》除外责任：发生第（1）～（7）项导致被保险人身故的，不承担给付保险金的责任。其中，若发生第（1）项，已交足 2 年以上保险费的，向其他权利人退还保单的现金价值；若发生上述其他情形，向投保人退还保险单的现金价值	除外责任：发生第（1）～（3）项导致被保险人身故的，不承担给付身故保险金的责任；发生第（1）～（7）项导致被保险人全残的，不承担给付全残保险金的责任。其中，若发生第（1）项，退还本合同的现金价值，作为被保险人的遗产；若发生上述其他情形，向投保人退还本合同的现金价值
非量化责任条款得分	85	90

续表

	太平人寿——福利健康 C 款终身寿险	中国人寿——国寿乐鑫宝终身寿险
非量化其他条款	宽限期：60 天 保单贷款：80%，6 个月 转换年金权益	宽限期：60 天 保单贷款：90%，6 个月
非量化其他条款得分	89	86
非量化条款得分	87.6	89.4
非量化条款得分排名	30	26
产品得分（综合）	92.91	87.77
综合排名	1	32

1. 基本信息

华夏人寿——爱相随定期寿险和中国人寿——国寿祥福定期寿险分别是 30 款传统型定期寿险产品中性价比综合排名最高和最低的两款产品。从表 3 - 30 可知，这两款产品的可选缴费方式一样，但爱相随定期寿险的投保范围（出生满 28 天至 65 周岁）比国寿祥福定期寿险的投保范围（16 ～ 55 周岁）更广；保险期间也更长，二者的最高可保年限均为 30 年，但爱相随定期寿险最高可保至被保险人 88 周岁，而国寿祥福定期寿险可保至被保险人 60 周岁。所以，相对国寿祥福定期寿险，爱相随定期寿险能够提供给被保险人更充分的保险保障。

2. 量化条款部分

华夏人寿——爱相随定期寿险和中国人寿——国寿祥福定期寿险的保险责任基本一致，只是国寿祥福定期寿险的等待期（1 年，而爱相随定期寿险仅为 90 天）更长，这对被保险人获取给付来说是相对不利的。

由表 3 - 30 可知，国寿祥福定期寿险的平均市场费率（32.52）比爱相随定期寿险的平均市场费率（23.92）高，即购买价更高，但平均理论费率（13.30）却比爱相随定期寿险的平均理论费率（38.13）低，即成本更低，这就使其平均附加费用率远远高于爱相随定期寿险，不仅为正数且高达 144.57%，而爱相随定期寿险的平均附加费率仅为 - 37.28%。因此，计算可得国寿祥福定期寿险的量化条款得分远低于爱相随定期寿险，并且分别为收集的 30 款传统型定期寿险产品中最低和最高得分，二者量化条款得分分别为 77.28 分和 93.61 分。

3. 非量化条款部分

非量化投保条款。华夏人寿——爱相随定期寿险和中国人寿——国寿祥福定期寿险的犹豫期均为 10 天，因此非量化投保条款得分均为 90 分。

非量化责任条款。两款产品的除外责任情形都一样，并且都没有保费豁免条款及附加险条款，因此两款产品的非量化责任条款得分均为基础分 90 分。

非量化其他条款。华夏人寿——爱相随定期寿险的非量化其他条款有宽限期、保单贷款和可选择自动垫交保险费，有效条数为 3。中国人寿——国寿祥福定期寿险非量化其他条款有宽限期和保单贷款，有效条数为 2，比爱相随定期寿险少一条。根据非量化其他条款的评估方法和计分原则我们可以算出华夏人寿——爱相随定期寿险和中国人寿——国寿祥福定期寿险的非量化其他条款得分分别为 89 分和 86 分。

非量化条款得分。将两款产品的上述三项得分按规定的权重分别进行加权平均，我们可以得到华夏人寿——爱相随定期寿险和中国人寿——国寿祥福定期寿险的非量化条款得分分别为 89.6 分和 88.4 分，在 30 款产品中排名分别为第 10 名和第 15 名。

4. 综合得分

将两款产品的量化条款得分和非量化条款得分按规定的权重分别进行加权平均，我们可以得到华夏人寿——爱相随定期寿险的综合得分为 93.20 分，中国人寿——国寿祥福定期寿险的综合得分为 78.40 分。

5. 综合排名

华夏人寿——爱相随定期寿险的综合得分在 30 款传统型定期寿险产品中排名第 1 名，中国人寿——国寿祥福定期寿险的综合得分在 30 款传统型定期寿险产品中排名第 30 名。

二、个性得分结果分析

产品性价比的综合排名体现的是产品整体上的优劣，对于单个的保险消费者来说还需要根据自身的特殊需求进行个性上的排名，选择特定性别、特定投保年龄、特定保险期间以及特定缴费方式下的最优保险产品。将产品特定性别、特定投保年龄、特定保险期间以及特定缴费方式下的附加费用率替代产品的平均附加费用率，按照类似的方法可得产品的个性得分，从而可获得特定性别、特定投保年龄、特定保险期间以及特定缴费方式下传统型人寿保险产品性价比的个性排名，更有针对性地为消费者提供参考。

以 1958 年 1 月 1 日出生的男性为例，其当前年龄为 60 岁，假设他现在想要为自己购买一款保险期间为终身、缴费方式为趸交的传统型人寿保险产品。根据消费者的具体需求，我们对 32 款传统型终身寿险中符合其购买需求的产品进行性价比评估之后可以得到如表 3-32 所示的个性得分和个性排名。

表 3 – 32　传统型终身寿险产品得分个性排名一览表（由高至低）

产品名称	产品得分（个性）	个性排名	综合排名
太平人寿——福利健康 C 款终身寿险	92. 46	1	1
华贵人寿——守护 e 家终身寿险	92. 01	2	3
同方全球——传世荣耀终身寿险	91. 46	3	5
横琴人寿——优爱宝终身寿险	91. 26	4	4
泰康人寿——尊享世家终身寿险	91. 01	5	11
平安人寿——平安福终身寿险（2017）	90. 93	6	8
泰康人寿——祥佑金生终身寿险	90. 64	7	9
北大方正——百年康顺终身寿险	90. 41	8	14
中英人寿——爱永恒终身寿险	90. 27	9	13
华夏人寿——传家宝终身寿险（B）款	90. 27	10	12
天安人寿——托福一生终身寿险	90. 04	11	20
太平人寿——卓越逸生终身寿险	89. 97	12	17
人保寿险——人保福终身寿险	89. 51	13	18
中英人寿——永相随终身寿险	89. 18	14	30
中国人寿——国寿祥瑞终身寿险	88. 94	15	24
中国人寿——国寿福终身寿险	88. 74	16	27

从表 3 – 32 可知，32 款传统型人寿保险产品中满足该特定投保条件的总共有 16 款，其中性价比评估个性排名最高的仍然为太平人寿的福利健康 C 款终身寿险，最低的为中英人寿的永相随终身寿险。结合综合排名可以发现，产品性价比综合排名高的不一定个性排名也高，如综合排名中平安人寿的平安福终身寿险（2017）和泰康人寿的祥佑金生终身寿险排名均高于泰康人寿的尊享世家终身寿险，而个性排名中二者的排名则低于泰康人寿的尊享世家终身寿险。

第四章 传统型两全保险产品性价比评估分析

　　两全保险是人身保险的一种类型，它是将传统定期寿险和生存保险的特点相结合而推出的险种，其特征是若在保险期满前被保险人身故，则保险人向受益人给付身故保险金；若在保险期满时被保险人生存，则保险人给付生存保险金。两全保险的保险金通常是一次性给付，保险费的缴纳则有一次性或分期缴纳等多种方式。正是由于两全保险较为全面的保障责任，其年均衡保险费要高于其他类型的寿险产品，但由于两全保险兼具保障和储蓄的特性，在寿险市场上一直广受欢迎。

　　两全保险的种类很多，目前市场上主要将其分为普通两全保险（保险期间内被保险人身故或保险期满时被保险人生存，则给付保险金）、双倍两全保险（身故保险金是生存保险金的两倍）、养老附加定期保险（身故保险金是生存保险金的若干倍）、联合两全保险（两人或两人以上联合投保，保险期间内任一被保险人身故或保险期满时联合被保险人均生存，则给付保险金）四大类。除此以外，按照缴费方式、保险期间等要素的不同，可以对两全保险进一步细分。考虑到我们是对两全保险产品进行性价比评估，因此我们将两全保险产品分为传统型两全保险和新型两全保险两类。新型两全保险包括分红型两全保险和万能型两全保险等；传统型两全保险则与之相对，不包含投资获利的成分，更侧重于保险的保障职能。

　　与其他保险种类一样，两全保险诞生之初也是只提供单纯的风险保障。但随着人们保险和理财意识的增强，单纯的保障型产品越来越不能满足市场需求。为此，各保险公司纷纷推出新型保险产品，与万能账户结合的分红型两全保险应运而生，成为我国寿险市场上的主流产品。有些两全保险甚至从首年就可得到返还，且年生存金的领取比例一般是10% ~ 30%保额，整个保险市场与保险提供保障的本质渐行渐远。为了规范市场行为，保监会颁布了《关于规范人身保险公司产品开发设计行为的通知》（简称"134 号文"），规定从 2017 年 10 月 1 日起，"分红年金/两全保险 + 万能账户"产品形态并能即期返还的年金险、养老险等产品不再销售。所以，投保人在中短期内从人身保险上快速获利已不可能，同时寿险公司也面临着从"单纯追求规模"向"注重提升质量"转型的压力。自"134 号文"颁布后，多家寿险公司着手准备推出具备长期保障功能的保险。

在这种市场环境与政策指引下，我们选取了市场上具有代表性的 30 款传统型两全保险产品，从拆分保险条款入手，以保险需求者的角度，按照一定的标准对可量化条款和非量化条款进行评分，进而得出最终的性价比评估结果。

第一节　传统型两全产品的收集

我们选取了 14 家人寿保险公司（包括人保寿险、太平洋人寿、太平人寿、泰康人寿、中国人寿、平安人寿、国华人寿、中银三星、华夏人寿、天安人寿、百年人寿、吉祥人寿、中美联泰、信诚人寿）的共计 30 款在售传统型两全保险产品（主要是无分红产品）进行性价比评估，基本涵盖了大中小型不同规模的人寿保险公司以及目前市面上常见的传统型两全保险产品。产品信息均来源于中国保险行业协会官网以及各保险公司官网，这两个收集渠道保证了产品信息的准确性。我们所选取的 30 款传统型两全保险产品及其所属公司如表 4－1 所示。在本节内容中，我们将在分离保险产品要素的基础上，对所选取的保险产品分类别进行一些统计性描述。

表 4－1　传统型两全保险产品一览

所属公司	两全保险产品名称
中国人民人寿保险股份有限公司	人保寿险——百万畅行两全保险
	人保寿险——鑫鼎两全保险（B 款）
中国太平洋人寿保险股份有限公司	太平洋人寿——安行宝两全保险（2.0 增强版）
	太平洋人寿——全顺保两全保险
太平人寿保险有限公司	太平人寿——太平守护天使两全保险
泰康人寿保险股份有限公司	泰康人寿——全能宝贝 A 款两全保险
	泰康人寿——健康人生两全保险
	泰康人寿——全心全意 A 款两全保险
	泰康人寿——泰康全能保 2017 两全保险
	泰康人寿——泰康全能保 A 款两全保险
	泰康人寿——泰康全能保 C 款两全保险
	泰康人寿——万里无忧 B 款两全保险
	泰康人寿——康护一生两全保险
	泰康人寿——悦行无忧两全保险

续表

所属公司	两全保险产品名称
中国人寿保险股份有限公司	中国人寿——国寿百万如意行两全保险 中国人寿——乐行宝（尊享版）两全保险 中国人寿——鑫达两全保险
中国平安人寿保险股份有限公司	平安人寿——安鑫保两全保险 平安人寿——福享安康两全保险 平安人寿——百万任我行两全保险（2017）
国华人寿保险股份有限公司	国华人寿——华宝安行两全保险
中银三星人寿保险有限公司	中银三星——尊享守护两全保险 中银三星——财富无忧两全保险
华夏人寿保险股份有限公司	华夏人寿——护身符两全保险（2014） 华夏人寿——护身符两全保险（2016）
天安人寿保险股份有限公司	天安人寿——安行天下（2017）两全保险
百年人寿保险股份有限公司	百年人寿——百年荣两全保险
吉祥人寿保险股份有限公司	吉祥人寿——祥和人生两全保险
中美联泰大都会人寿保险有限公司	中美联泰——美满一生两全保险
信诚人寿保险有限公司	信诚人寿——金悦行两全保险

一、投保范围

这里的投保范围指的是可以投保该两全保险的年龄范围，即被保险人的年龄范围。不同年龄的被保险人所面临的风险是不同的，这就意味着为了获得相同的保险保障他们所需支付的保险费是不同的。对于以被保险人的生存和死亡为给付条件的传统型两全保险，投保年龄越大的被保险人风险越大，所以在其他条件不变的条件下，投保年龄越大的被保险人需要支付更高的保费。

就投保范围而言，在我们所选取的30款传统型两全保险产品中，一种是专门针对儿童青少年的两全保险，这类保险所要求的被保险人年龄为出生满28天～15周岁或0～17周岁等，在所选取的产品中包含两款，太平人寿的太平守护天使两全保险、泰康人寿的全能宝贝A款两全保险，从保险名称上也可以看出此类保险的目标人群。另一种则是更为普遍常见的针对成年人的两全保险，所要求的被保险人年龄一般为18～55周岁、60周岁、65周岁、70周岁等，此类保险中也有一些产品将投保年龄的起点放宽至0周岁，即从0周岁起至一个中老的年龄段。我们所收集的两全保险产品的投保范围具体如表4－2所示，由此可见，目前市面上的传统型两全保险产品的投保范围基本上涵盖了一个人的整个生命周期，除较高年龄段（如70周岁）以上的老年人以外，其他人均可选择适合自己的两全保险产品投保。

表4-2 两全保险产品投保范围一览

投保范围	两全保险产品名称
出生满28天~15周岁	太平人寿——太平守护天使两全保险
0周岁~17周岁	泰康人寿——全能宝贝A款两全保险
出生满28天~50周岁	平安人寿——福享安康两全保险
出生满28天~55周岁	平安人寿——安鑫保两全保险
出生满30天~55周岁	太平洋人寿——全顺保两全保险
0~60周岁	泰康人寿——全心全意A款两全保险
出生满30天~60周岁	中美联泰——美满一生两全保险
0~65周岁	泰康人寿——健康人生两全保险 中银三星——财富无忧两全保险 百年人寿——百年荣两全保险
出生满28天~65周岁	中国人寿——鑫达两全保险
0~70周岁	人保寿险——鑫鼎两全保险（B款） 泰康人寿——康护一生两全保险
18~50周岁	泰康人寿——万里无忧B款两全保险 中国人寿——乐行宝（尊享版）两全保险 国华人寿——华宝安行两全保险 华夏人寿——护身符两全保险（2014） 华夏人寿——护身符两全保险（2016）
18~55周岁	平安人寿——百万任我行两全保险（2017） 天安人寿——安行天下（2017）两全保险
18~60周岁	人保寿险——百万畅行两全保险 太平洋人寿——安行宝两全保险（2.0增强版） 泰康人寿——泰康全能保2017两全保险 泰康人寿——泰康全能保A款两全保险 泰康人寿——泰康全能保C款两全保险 泰康人寿——悦行无忧两全保险 中国人寿——国寿百万如意行两全保险 中银三星——尊享守护两全保险 信诚人寿——金悦行两全保险
18~65周岁	吉祥人寿——祥和人生两全保险

二、保险期间

这里的保险期间指的是保险合同中约定的保障期间，在这段时间内保险合同有效，若在保险期间内发生了合同约定的保险事故，保险人承担保险责任。我们所选取的 30 款传统型两全保险产品的保险期限可划分为两大类，具体为保障一定的期限和保障到一定的年龄。

第一种类型保障一定的期限，即为普通的定期两全保险，一般以 10 年、20 年、30 年等较长期限为主，但也涉及两款产品（中国人寿的鑫达两全保险、中银三星的财富无忧两全保险）保险期限较短，均为 6 年。此类两全保险产品及其保险期限具体如表 4 - 3 所示。

表 4 - 3　保障一定期限的两全保险产品一览

保险期间	两全保险产品名称
6 年	中国人寿——鑫达两全保险 中银三星——财富无忧两全保险
10 年	人保寿险——鑫鼎两全保险（B 款） 百年人寿——百年荣两全保险
20 年	吉祥人寿——祥和人生两全保险
20 年、30 年	太平洋人寿——安行宝两全保险（2.0 增强版） 中国人寿——国寿百万如意行两全保险 平安人寿——百万任我行两全保险（2017） 中银三星——尊享守护两全保险 信诚人寿——金悦行两全保险
30 年	人保寿险——百万畅行两全保险 太平人寿——太平守护天使两全保险 泰康人寿——全能宝贝 A 款两全保险 泰康人寿——万里无忧 B 款两全保险 泰康人寿——悦行无忧两全保险 中国人寿——乐行宝（尊享版）两全保险 国华人寿——华宝安行两全保险

第二种类型保障到一定的年龄，通常设置有保障至 60 周岁、70 周岁、80 周岁甚至更高整数年龄时点等不同的选项。此类两全保险产品及其保险期限具体如表 4 - 4 所示。可看到保险产品所设置的最高保障年龄为 105 岁，即相当于保险公司为被保险人提供终身的保障。

表 4 – 4 保障至一定年龄的两全保险产品一览

保险期间	两全保险产品名称
至 60 周岁、至 70 周岁、至 80 周岁	平安人寿——安鑫保两全保险
至 70 周岁	太平洋人寿——全顺保两全保险
至 70 周岁、至 80 周岁	泰康人寿——健康人生两全保险
至 70 周岁、至 80 周岁、至 90 周岁、至 105 周岁	泰康人寿——康护一生两全保险
至 75 周岁	华夏人寿——护身符两全保险（2014） 华夏人寿——护身符两全保险（2016）
至 80 周岁	泰康人寿——全心全意 A 款两全保险 平安人寿——福享安康两全保险
至 88 周岁	中美联泰——美满一生两全保险

此外，有些两全保险产品同时设置普通定期、保障至一定年龄这两种类型的保险期限，如泰康人寿的泰康全能保（2017）两全保险、泰康全能保 A 款两全保险、泰康全能保 C 款两全保险、天安人寿的安行天下（2017）两全保险，提供了更为丰富的保险期限的选择余地，以满足被保险人的不同需求。此类两全保险产品及其保险期限具体如表 4 – 5 所示。

表 4 – 5 提供多种保险期间类型的两全保险产品一览

保险期限	两全保险产品名称
30 年、至 70 周岁、至 80 周岁	泰康人寿——泰康全能保 2017 两全保险 泰康人寿——泰康全能保 A 款两全保险 泰康人寿——泰康全能保 C 款两全保险
20 年、30 年、至 75 周岁	天安人寿——安行天下（2017）两全保险

三、缴费方式

这里的缴费方式是的指投保人为所购买的保险合同支付保险费的方式，可以分为趸交和期交两种方式，其中期交保险费又可以分为交一定年限和交至约定的年龄两种情况。具体来看，在我们所选取的 30 款传统型两全保险产品中，保险期限较短的产品一般只提供一种缴费方式，如中国人寿的鑫达两全保险、中银三星的财富无忧两全保险保险期限均为 6 年，所提供的缴费方式只有趸交一种，与之类似的是，一些保险期限为 10 年期的两全保险产品只提供了 10 年交这一种方式。除此以外，绝大多数产品提供了多种多样的包括趸交和期交在内的缴费方式，方便投保人的灵活选择。

在这30款两全保险产品中，有一款产品比较特别，即中美联泰的美满一生两全保险，它既提供了包括趸交、5年交、10年交、15年交、20年交、30年交在内的常见缴费方式，还提供了类似于保险期限中保至一定年龄的缴费方式，比如交至55周岁、交至60周岁、交至65周岁等。我们所收集的两全保险产品的缴费方式具体如表4-6所示，每款产品根据不同的保险期限提供不同的缴费方式以供投保人选择。值得注意的是，保险期间和缴费方式是互相影响和制约的，一般来说，不同的保险期间对应着不同可选择的缴费方式。

表4-6　两全保险产品缴费方式一览

缴费方式	两全保险产品名称
趸交	人保寿险——鑫鼎两全保险（B款） 中国人寿——鑫达两全保险 百年人寿——百年荣两全保险 吉祥人寿——祥和人生两全保险 中银三星——财富无忧两全保险
趸交、3年交、5年交、10年交	人保寿险——百万畅行两全保险 泰康人寿——万里无忧B款两全保险 华夏人寿——护身符两全保险（2014） 华夏人寿——护身符两全保险（2016）
趸交、3年交、5年交、10年交、15年交、20年交	泰康人寿——全心全意A款两全保险 泰康人寿——泰康全能保2017两全保险 泰康人寿——泰康全能保A款两全保险 泰康人寿——泰康全能保C款两全保险 泰康人寿——悦行无忧两全保险
趸交、3年交、5年交、10年交、20年交	天安人寿——安行天下（2017）两全保险
趸交、5年交、10年交	中银三星——尊享守护两全保险 信诚人寿——金悦行两全保险
趸交、5年交、10年交、15年交、20年交	泰康人寿——健康人生两全保险 泰康人寿——康护一生两全保险
趸交、5年交、10年交、15年交、20年交、30年交、交至55周岁、交至60周岁、交至65周岁、	中美联泰——美满一生两全保险
3年交、5年交、10年交	太平洋人寿——安行宝两全保险（2.0增强版）

续表

缴费方式	两全保险产品名称
5 年交、10 年交	中国人寿——国寿百万如意行两全保险 中国人寿——乐行宝（尊享版）两全保险
10 年交	太平洋人寿——全顺保两全保险 太平人寿——太平守护天使两全保险 平安人寿——福享安康两全保险 平安人寿——百万任我行两全保险（2017） 国华人寿——华宝安行两全保险
10 年交、15 年交、20 年交、30 年交	平安人寿——安鑫保两全保险
30 年交	泰康人寿——全能宝贝 A 款两全保险

四、保险责任

这里的保险责任指的是保险合同中约定的当被保险人发生指定的保险事故时保险人所承担的给付责任。两全保险产品的保险责任包括保险期限内身故给付以及期满生存给付。在我们所选取的两全保险产品中，有一类产品的保险责任中只列示了满期生存保险金和身故保险金，并未因身故类型的不同而对保险金做出进一步的细分，也就是说被保险人无论因何种原因身故，所获得的保险金数额相同。对这类产品的处理比较简单，只需考虑整个的生存概率和死亡概率，所以我们在这里将此类两全保险产品单独列示，共涉及 10 款产品，占所选取产品总数的 1/3，如表 4 - 7 所示。

表 4 - 7　未对身故原因进行细分的两全保险产品一览

所属公司	两全保险产品名称
太平人寿保险有限公司	太平人寿——太平守护天使两全保险
泰康人寿保险股份有限公司	泰康人寿——全能宝贝 A 款两全保险 泰康人寿——健康人生两全保险 泰康人寿——康护一生两全保险
中国平安人寿保险股份有限公司	平安人寿——安鑫保两全保险 平安人寿——福享安康两全保险
中银三星人寿保险有限公司	中银三星——财富无忧两全保险
百年人寿保险股份有限公司	百年人寿——百年荣两全保险
吉祥人寿保险股份有限公司	吉祥人寿——祥和人生两全保险
中美联泰大都会人寿保险有限公司	中美联泰——美满一生两全保险

另一类两全保险产品的保险责任将身故给付进一步细分为疾病身故给付和意外身故给付。因为疾病身故的给付存在一个等待期，不同产品对于等待期内因疾病身故保险金的给付有着不同的规定，所以为简化处理起见，我们在后续分析中直接将等待期纳入非量化条款中考虑，进行纯保费定价时不考虑等待期。两全保险涉及的意外身故种类比较繁杂，每种意外身故的发生率不同，并且不同意外身故的保险金给付有所差别，所以我们在量化条款的评估中将针对不同意外种类分别考虑。我们所选取的 30 款两全保险产品所涉及的各项保险责任如图 4 - 1 所示。保险责任拆分的关键是将意外身故保险金进一步分为（公共）交通工具意外身故保险金、自驾车意外身故保险金、航空意外身故保险金、重大自然灾害意外身故保险金、电梯意外身故保险金、法定节假日意外身故保险金及一般意外身故保险金这七种不同的保险责任。

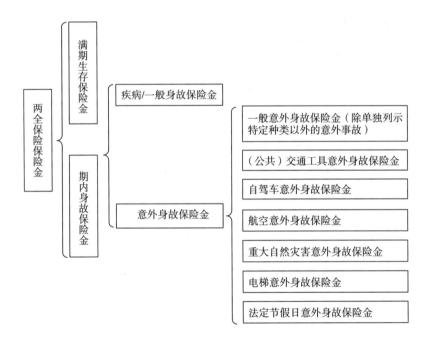

图 4 - 1 两全保险产品的保险责任

五、附加责任

我们所选取的 30 款两全保险产品均是作为独立的主险销售，但有少部分产品在销售时与其他附加险产品捆绑，即投保人必须同时投保该两全保险以及所要求的附加险，保险公司才会为被保险人提供保障。在后续非量化条款评估中，强制投保附加险被视为一个减分项，因为这种规定在一定程度上限制了投保人的选择权，变相增加了购买保险的成本。

在我们所选取的30款传统型两全保险产品中，涉及强制投保附加险的产品具体如表4-8所示：

表4-8　强制投保附加险的两全保险产品一览

两全保险产品名称	强制附加险
太平人寿——太平守护天使两全保险	太平附加守护天使重大疾病保险 太平附加守护天使意外伤害保险
泰康人寿——全能宝贝A款两全保险	泰康附加全能宝贝A款重大疾病保险
泰康人寿——健康人生两全保险	泰康附加健康人生定期重大疾病保险
泰康人寿——全心全意A款两全保险	泰康附加全心全意A款重大疾病保险
泰康人寿——泰康全能保2017两全保险	泰康附加全能保2017重大疾病保险
泰康人寿——泰康全能保C款两全保险	泰康附加全能保C款重大疾病保险
泰康人寿——康护一生两全保险	泰康附加康护一生重大疾病保险
平安人寿——安鑫保两全保险	平安附加安鑫保提前给付重大疾病保险

由表4-8可以看出，在我们所选取的30款产品中，有9款产品需要在投保主险的同时投保附加险，主要涉及太平人寿、泰康人寿以及平安人寿三家寿险公司。纵观这9款产品，所需投保的附加险无一例外都是重大疾病保险，此外个别产品还涉及意外伤害保险。值得注意的是，在我们所选取的泰康人寿的9款产品中，6款都有强制投保附加险的规定，比例高达2/3。一方面，这可能与我们的产品选择存在一定的关系，恰好选中了这几款产品；另一方面，这也在一定程度上间接反映出泰康人寿可能更偏向于在保险条款中设置强制投保附加险的内容，以扩大保险保障的范围。

六、除外责任

这里的除外责任也称责任免除，是指两全合同中规定保险人不承担给付保险责任的范围，一般采用列举的方式，在保险条款中明文列出保险人不承担赔偿给付责任的范围。由前述内容知，传统型两全保险产品的保险责任一般都会包括生存给付责任和身故给付责任，并且身故给付责任会因为身故类型不同而有所区别。因此两全保险的除外责任既包括一些常见的针对身故免责的范围，也有诸多针对不同类型意外身故或全残的免责情形。总体而言，与其他人身保险产品的除外责任相比，两全保险的除外责任更加繁杂，投保人在购买时也应多加注意。

通过分析这 30 款传统型两全保险产品保险条款中规定的除外责任，我们可以将所有出现的除外责任情景汇总如下：

（1）投保人对被保险人的故意杀害、故意伤害。

（2）被保险人故意犯罪或抗拒依法采取的刑事强制措施。

（3）被保险人自本合同成立或复效之日起 2 年内自杀，但被保险人自杀时为无民事行为能力人的除外。

（4）被保险人主动吸食或注射毒品。

（5）被保险人酒后驾驶、无合法有效驾驶证驾驶或驾驶无有效行驶证的机动车。

（6）战争、军事冲突、暴乱或武装叛乱。

（7）核爆炸、核辐射或核污染。

（8）被保险人故意自伤。

（9）被保险人自杀（但被保险人自杀时为无民事行为能力人的除外）。

（10）被保险人斗殴、酗酒。

（11）被保险人猝死。

（12）被保险人细菌或病毒感染。

（13）被保险人妊娠（含宫外孕）。

（14）被保险人流产、分娩（含剖宫产）。

（15）被保险人节育。

（16）被保险人药物过敏、医疗事故。

（17）被保险人在本合同最后复效之日起 180 日内因疾病。

（18）被保险人因整容手术或者其他内、外科手术导致医疗事故。

（19）在诊疗过程中发生的医疗事故。

（20）被保险人因精神疾患导致的意外。

（21）被保险人行为障碍。

（22）被保险人因受国家管制药物的影响而导致的意外伤害。

（23）被保险人违反规定使用麻醉或精神药品。

（24）被保险人未遵医嘱，私自使用药物，但按使用说明的规定使用非处方药不在此限。

（25）被保险人从事潜水、滑水、滑雪、滑冰、滑翔翼、热气球、跳伞、攀岩、探险活动、武术比赛、摔跤比赛、柔道、空手道、跆拳道、拳击、特技表演、蹦极、赛马、赛车、各种车辆表演及车辆竞赛等高风险运动。

（26）被保险人违反交通管理部门规定的行为。

（27）交通工具自始发地出发以后，未到达目的地之前，被保险人在公共汽车和列车的车厢外部、轮船的甲板之外或飞机的舱门之外所遭受的意外伤害。

（28）被保险人以驾驶员身份驾驶或乘客身份乘坐私家车或公务车时，在车厢外部所遭受的意外伤害。

（29）被保险人以驾驶员身份于本合同最后复效之日起 180 日内驾驶私家车或公务车期间遭受意外伤害。

（30）被保险人从事以营利为目的的旅客运输、货运运输的行为，或从事网约车经营活动的行为。

（31）被保险人驾驶超载机动车，因车辆超载引起的意外事故而遭受的伤害。

（32）被保险人违反承运人关于安全乘坐的规定。

（33）被保险人对投保人的故意杀害、故意伤害。

（34）感染艾滋病病毒或患艾滋病。

（35）中暑、高原反应。

（36）被保险人从事高危职业活动而遭受意外伤害的。

（40）被保险人醉酒。

（41）登记为非营业性运输（非营运）的乘用车，如从事以牟利为目的的旅客运输、货运运输的行为。

（42）被保险人以驾驶员身份驾驶或乘客身份乘坐登记为预约出租客运的非营运乘用车的行为。

这里需要注意的是，每一条免责情景前面的序号是附录（除外责任具体情形）中所有保险产品除外责任情景汇总的序号，在之后的产品条款评估分析中我们将只写出免责情景的序号，不再重复免责情景的具体内容。

第二节　传统型两全保险产品性价比评估：方法、假设和步骤

为了满足消费者的保险需求，各个保险公司纷纷推出种类繁多的保险产品。单就两全保险而言，不同保险责任、保险给付金额的搭配，就可能由一款最基本的产品衍生出多种产品。再加上各种条款设计，如投保附加险以及万能账户和分红的产生，两全保险产品条款愈加复杂。在这种市场环境下，普通消费者想要选购一款适合自己的两全保险并不是一件简单的事情。

对于消费者来说，购买一件普通商品首先要考虑的就是它的性价比。将性价比这个概念应用于保险产品，也就是说消费者关注的是购买保险所付出的代价与

持有保险所带来的回报的对比。如果购买一款产品付出的代价小（保费低）而回报高（风险保障充足），那么这款产品就具有较高的性价比。因此，保险产品的性价比评估对于消费者的保险消费选择具有重要的参考价值。我们从保险消费者的角度出发，综合考虑两全保险产品条款等各项因素，对所选取的 30 款传统型两全保险产品进行性价比评估。选择传统型两全保险产品而非新型产品进行性价比评估的原因，是因为风险保障是保险的本质，其他诸如分红万能型产品所提供的投资理财功能只是保险的附属效应。

本节将从性价比评估采用的假设以及具体评估步骤两个方面入手，对传统型两全保险产品性价比评估的整个过程进行简要介绍。

一、评估模型与假设

（一）评估模型

如前文所述，传统型两全保险产品的保险责任包括保险期间内身故给付以及期满生存给付。有些两全保险产品的保险责任将身故给付进一步细分为疾病身故给付和意外身故给付。因为疾病身故的给付存在一个等待期，不同产品对于等待期内因疾病身故保险金的给付有着不同的规定，所以为简化处理起见，我们在性价比评估中直接将等待期纳入非量化条款中考虑，进行纯保费定价时不考虑等待期。

假设被保险人 x 岁投保，年均衡保费为 P，缴费为 n 年，保险期间为 m 年，保额为 SA，其中 $n \leq m$。保险期间内疾病身故给付金额为 S^s，意外身故给付金额为 S^a，满期生存给付金额为 S。被保险人身故给付与已交保费、现金价值和保额相关。

我们可以根据精算定价原理写出传统型两全保险产品的定价模型及第 k（$k \leq m$）年年末现金价值计算模型。

1. 定价模型

保费精算现值：

$$P\left[1 + (1 + r)^{-1}p_x + (1 + r)^{-2}_2p_x + \cdots + (1 + r)^{-n+1}_{n-1}p_x\right] = P\sum_{i=1}^{n}(1 + r)^{-i+1}_{i-1}p_x$$

疾病身故给付精算现值：

$$S^s \cdot q^s_x(1 + r)^{-1} + S^s \cdot p_x q^s_{x+1}(1 + r)^{-2} + S^s \cdot {}_2p_x q^s_{x+2}(1 + r)^{-3} + \cdots +$$

$$S^s \cdot {}_{m-1}p_x q^s_{x+m-1}(1 + r)^{-m}$$

$$= S^s \sum_{i=1}^{m} {}_{i-1}p_x q^s_{x+i-1}(1 + r)^{-i}$$

意外身故给付精算现值：

$$S^a \cdot q^a_x(1 + r)^{-1} + S^a \cdot p_x q^a_{x+1}(1 + r)^{-2} + S^a \cdot {}_2p_x q^a_{x+2}(1 + r)^{-3} + \cdots +$$

$$S^a \cdot {}_{m-1}p_x q^a_{x+m-1}(1+r)^{-m}$$

$$= S^a \sum_{i=1}^{m} {}_{i-1}p_x q^a_{x+i+1}(1+r)^{-i}$$

保险期满生存给付精算现值：

$$S \cdot {}_m p_x (1+r)^{-m}$$

精算等价：

$$P \sum_{i=1}^{n} (1+r)^{-i+1}_{i-1} p_x$$

$$= S^s \sum_{i=1}^{m} {}_{i-1}p_x q^s_{x+i-1}(1+r)^{-i} + S^a \sum_{i=1}^{m} {}_{i-1}p_x q^a_{x+i-1}(1+r)^{-i} + S \cdot {}_m p_x (1+r)^{-m}$$

其中 ${}_j q^s_i$ 和 ${}_j q^a_i$ 分别为疾病身故发生率和意外身故发生率，而且，${}_j q^s_i + {}_j q^a_i = {}_j q_i$，下同。在这里我们并没有将意外身故按照原因进一步细分，评估模型是一样的，有多少种意外身故给付类型就加入多少种意外身故给付精算现值，只需要将不同的意外事故发生率代入即可。

2. 第 k 年年末现金价值计算模型

如果 k = 1：

$$PV_1 = -P + S^s \sum_{i=1}^{m} {}_{i-1}p_x q^s_{x+i-1}(1+r)^{-i} + S^a \sum_{i=1}^{m} {}_{i-1}p_x q^a_{x+i-1}(1+r)^{-i} +$$

$$S \cdot {}_m p_x (1+r)^{-m+1}$$

如果 1 < k < n：

$$PV_k = -P \sum_{i=1}^{n-k} (1+r)^{-i+1}_{i-1} p_{x+k} + S^s \sum_{i=1}^{m+1-k} {}_{i-1}p_{x+k} q^s_{x+k+i-1}(1+r)^{-i} +$$

$$S^a \sum_{i=1}^{m+1-k} {}_{i-1}p_{x+k} q^a_{x+k+i-1}(1+r)^{-i} + S \cdot {}_m p_x (1+r)^{-m+k}$$

如果 n ≤ k ≤ m：

$$PV_k = S^s \sum_{i=1}^{m+1-k} {}_{i-1}p_{x+k} q^s_{x+k+i-1}(1+r)^{-i} + S^a \sum_{i=1}^{m+1-k} {}_{i-1}p_{x+k} q^a_{x+k+i-1}(1+r)^{-i} +$$

$$S \cdot {}_m p_x (1+r)^{-m+k}$$

（二）评估假设

在进行传统型两全保险产品性价比评估时，可量化条款部分的得分要在一定的评估假设下计算。计算可量化条款得分时需要计算出每款两全保险产品的附加费用率，由附加费用率的计算公式知，需要先根据精算等价原理计算出每款两全保险产品的纯保费。这部分的评估假设主要就是指，在对每款两全保险产品进行纯保费定价时所采用的一些精算假设条件，主要包括定价利率、现金价值利率和发生率。我们首先将各个假设列举如下，在下文针对每一项再进行详细的叙述。

（1）定价利率：2.5%。

（2）现金价值利率：3.5%。

（3）分类别身故或全残发生率，如表4-9所示。

表4-9　身故或全残发生率

身故或全残类型	发生率
预定身故或全残	附表2：《中国人身保险业经验生命表（2010～2013）》CL3、CL4
预定意外伤害身故或身体全残	0.03708%
预定特定公共交通工具意外伤害身故或身体全残	0.005356%
预定自驾车意外伤害身故或身体全残	0.005871%
预定航空意外伤害身故或身体全残	0.00103%
预定重大自然灾害意外伤害身故或身体全残	0.000618%
预定电梯意外伤害身故或身体全残	0.207792207792208 * 0.03708%
法定节假日特定意外伤害身故或身体全残	11/365 * 相应意外伤害发生率

2013年，保监会颁布的《中国保监会关于普通型人身保险费率政策改革有关事项的通知》，放开了普通型人身保险的预定利率，将定价权交给保险公司和市场，不再执行2.5%的上限限制，同时要求改革后新签发的普通型人身保险保单，法定责任准备金评估利率不得高于保单预定利率和3.5%的较低者。我们在本次传统型两全保险产品性价比评估过程中均采用了较为保守的利率假设，具体为定价利率2.5%和现金价值计算利率3.5%，所以根据该种利率假设所计算出的纯保费与市场费率相比可能偏高。这也可以解释在我们所选取的30款传统型两全保险产品中，有部分产品出现负的平均附加费用率的情况。原因就在于可能该款产品采用了较为激进的定价假设（定价利率高），所以反而平均市场费率要低于我们所计算出的平均纯保费。但无论各产品采用何种定价假设，因为我们在30款产品的纯保费定价中所采用的定价假设是一致的，这相当于给定了一个统一的标准，所以我们最后所给出的产品条款得分以及排名仍然是科学的。

在有关身故和全残发生率的假设中，我们对于身故和全残不加区分，将两者近似处理，采用一个发生率。总的身故发生率我们采用《中国人身保险业经验生命表（2010～2013）》CL3、CL4，即非养老金业务二表。按照规定，它适用于保险期间内（不含满期）没有生存金给付责任的两全保险或含有生存金给付责任但生存责任较低的两全保险、长寿风险较低的年金保险，具体的身故发生率如本书附表 2 所示。

正如第二节所述，两全保险产品的保险责任通常包括身故给付和满期生存给付，并且大多数两全保险都会将身故给付进一步细分为疾病身故给付和意外身故给付。但由于两全保险涉及的意外身故种类比较繁杂，每种意外身故的发生率不同，且不同意外身故的保险金给付有所差别，所以我们在进行纯保费定价时需要针对不同意外种类分别考虑。

对于意外伤害身故或身体全残发生率、特定公共交通工具意外伤害身故或身体全残发生率、自驾车意外伤害身故或身体全残发生率、航空意外伤害身故或身体全残发生率、重大自然灾害意外伤害身故或身体全残发生率，我们均采用目前保险市场上通常采用的发生率。但是对于电梯意外伤害身故或身体全残发生率，由于我们没有找到直接的相关数据，所以这一发生率是根据《中国保险行业人身意外伤害保险经验分析报告》中无生命机械力量意外事故的发生率占总的意外事故发生率的比例换算而得，这里不再赘述。对于法定节假日特定意外伤害身故或身体全残发生率，按照国家最新的规定，每年的法定节假日有 11 天，每年总的天数为 365 天，所以我们采用 11/365 与相应类型的意外伤害身故或身体全残发生率相乘来作为节假日的发生率。因为意外伤害身故或身体全残的发生率随性别和年龄的变化很小，所以为简化处理起见，我们在进行两全保险纯保费定价时，对于不同性别和年龄同种意外伤害身故或身体全残采用如表 4－9 所示的相同发生率。

在已经得到了总的身故或全残发生率、总的意外伤害身故或身体全残发生率以及不同类别的意外伤害身故或身体全残发生率的基础上，我们可以通过简单计算得到疾病身故发生率以及一般意外伤害身故或全残发生率。比如，总的身故或全残发生率与总的意外伤害身故或身体全残发生率之差即为疾病身故发生率，总的意外伤害身故或身体全残发生率减去其他各项特定的意外伤害身故或身体全残发生率即为一般意外伤害身故或全残发生率。

在明确以上各项精算假设后，我们就可以开始正式对每款产品进行纯保费定价，并在此基础上得到最终的产品条款得分。

（三）计算程序

这里的计算程序主要是指对传统型两全保险产品进行纯保费定价的 MATLAB 程序。回顾之前曾经陈述过的评估思路，我们在这一步要实现的最终目的是得到平均附加费用率，前提是需要通过 MATLAB 编程计算出该款产品对应于不同年龄、不同性别、不同缴费方式、不同保障期限的每千元保额纯保费，在此基础上才能进行后续的评分。为此，我们在 MATLAB 中通过两次编程来实现。

第一次编程是构造一个 price 定价函数，它的作用是在给定投保年龄（x）、保险期间（NB）、缴费年限（NP）、保险金额（SA）、性别（sex），以及各项意外伤害身故或全残发生率的条件下，计算出该款两全保险产品所对应的保费。第二次编程则是通过输入参数调用对应的 price 函数，来计算出该款产品对应于不同年龄、不同性别、不同缴费方式、不同保障期限的每千元保额纯保费，我们一般将第二次编程运算命名为 cal，顾名思义，cal 即为 calculation，通过第二步的编程运算，我们就可以直接得到所需要的纯保费。

我们将传统型两全保险产品分为身故保险金给付不涉及现金价值和身故保险金给付涉及现金价值两类，分别编写了纯风险保费的 MATLAB 计算程序，两种类型的计算程序的编写原理略有差异。这里首先展示的是在身故保险金给付中不涉及现金价值的传统型两全保险产品的纯保费定价程序，其他类似两全保险产品均可以参照这个过程来进行纯保费定价。至于身故保险金给付涉及现金价值的两全保险产品的纯保费定价，我们会在下文进行说明。

```
function price = price(x, NB, NP, SA, sex, m_die, f_die, m_acc, f_acc, m_car, f_car, m_pub, f_pub, m_air, f_air, m_na, f_na, m_el, f_el)
    % x：投保年龄；
    % NB：保险期间；
    % NP：缴费年限；
    % SA：保险金额；
    % r：定价利率；
    % x = 30；NB = 20；NP = 20；SA = 1000；sex = 1；

InsLia_die = zeros(1, 106)；
PV_InsLia_die_temp = zeros(1, 106)；
survivalprobability_x = zeros(1, 106)；

syms p
r = 0.025；% 定价利率
er = 0.00000001；

% 发生率的确定（根据实际产品选择调整）
if sex = = 1（男性）
    probability_die = m_die - m_acc；% 非意外（疾病）身故发生的概率
```

probability_ acc = 354/365 * (m_ acc – m_ car – m_ pub – m_ air – m_ na – m_ el) ;% 非节假日一般意外身故发生的概率(每年节假日 11 天, 根据需要选择是否考虑)

　　probability_ car = m_ car;% 自驾车意外身故发生的概率

　　probability_ pub = m_ pub;% 公共交通意外身故发生的概率

　　probability_ air = m_ air;% 航空意外身故发生的概率

　　probability_ na = m_ na;% 重大自然灾害身故发生的概率

　　probability_ el = m_ el;% 电梯意外身故发生的概率

　　probability_ hd = 11/365 * (m_ acc – m_ car – m_ pub – m_ air – m_ na – m_ el) ;% 节假日一般意外身故发生的概率(每年节假日 11 天, 根据需要选取)

　　else(女性)

　　probability_ die = f_ die – f_ acc;% 非意外身故发生的概率

　　probability_ acc = 354/365 * (f_ acc – f_ car – f_ pub – f_ air – f_ na – f_ el) ;% 非节假日一般意外身故发生的概率

　　probability_ car = f_ car;% 自驾车意外身故发生的概率

　　probability_ pub = f_ pub;% 公共交通意外身故发生的概率

　　probability_ air = f_ air;% 航空意外身故发生的概率

　　probability_ na = f_ na;% 重大自然灾害身故发生的概率

　　probability_ el = f_ el;% 电梯意外身故发生的概率

　　probability_ hd = 11/365 * (f_ acc – f_ car – f_ pub – f_ air – f_ na – f_ el) ;% 节假日一般意外身故发生的概率

　　end

　　deathprobability = probability_ die + probability_ acc + probability_ car + probability_ pub + probability_ air + probability_ na + probability_ el + probability_ hd;

% 每年死亡概率 q_x

　　liveprobability = 1 – deathprobability;% 每年生存概率 p_x

　　survivalprobability_ x(1) = 1;% x 岁的人首年存活的概率为 1 , 即 $_0p_x = 1$

　　for i = 2 : 106 – x

　　survivalprobability_ x(i) = prod(liveprobability(x + 1: x + i – 1)) ;% x 岁的个体在第 i 年初生存的概率 $_{i-1}p_x$

　　end

　　for i = 1: NP

　　PV_ premium_ temp(i) = survivalprobability_ x(i) * (1 + r)^(– i + 1) ;

% 每年的单位保费精算现值

```
end

p = 1;
p_ cal = 0;
```

% 利用多次迭代计算期缴保费、身故给付（控制误差）

```
while abs(p_ cal - p) > er
    p_ cal = p;
```

% 满期生存给付（一般为已交保费的一定比例或基本保险金额的一定倍数，根据实际产品确定调整）

```
    InsLia_ live_ once = 1. 1 * NP * p;% 满期生存支付 110% 已交保险费
```

% 非意外身故给付（一般为已交保费的一定比例或基本保险金额的一定倍数，有时会区分不同年龄段，根据实际产品确定调整）

```
    for i = 1：NB
        if i < 41 - x
            InsLia_ die(i) = 1.6 * min(i, NP) * p;% 非意外身故或确定全
```
残时未满 41 周岁（不含），支付 160% * 已交保费
```
        else
            if i < 61 - x
                InsLia_ die(i) = 1.4 * min(i, NP) * p;% 非意外身故或确
```
定全残时年满 41 周岁但未满 61 周岁（不含），支付 140% * 已交保费
```
            else
                InsLia_ die(i) = 1.2 * min(i, NP) * p;% 非意外身故或确
```
定全残时年满 61 周岁，支付 120% * 已交保费
```
            end
        end
    end
```

% 意外身故给付（一般为已交保费的一定比例或基本保险金额的一定倍数，有时会区分不同年龄段，根据实际产品确定调整）

```
    for i = 1：NB
        if i < 75 - x
```

InsLia_ acc(i) = SA;%意外身故时未满75周岁(不含),支付基本保险金额

　　　　else

　　　　　　InsLia_ acc(i) = 0.5 * SA;%意外身故时年满75周岁,支付0.5 * 基本保险金额

　　　　end

　　end

%自驾车意外身故给付(一般为已交保费的一定比例或基本保险金额的一定倍数,有时会区分不同年龄段,根据实际产品确定调整)

　　for i = 1: NB

　　　if i < 75 − x

　　　　InsLia_ car(i) = 10 * SA;%自驾车意外身故时未满75周岁(不含),支付10 * 基本保险金额

　　　　else

　　　　　　InsLia_ car(i) = 5 * SA;%自驾车意外身故时年满75周岁,支付5 * 基本保险金额

　　　　end

　　end

%公共交通工具意外身故给付(一般为已交保费的一定比例或基本保险金额的一定倍数,有时会区分不同年龄段,根据实际产品确定调整)

　　for i = 1: NB

　　　if i < 75 − x

　　　　InsLia_ pub(i) = 10 * SA;%公共交通工具意外身故时未满75周岁(不含),支付10 * 基本保险金额

　　　　else

　　　　　　InsLia_ pub(i) = 5 * SA;%公共交通工具意外身故时年满75周岁,支付5 * 基本保险金额

　　　　end

　　end

%航空意外身故给付(一般为已交保费的一定比例或基本保险金额的一定倍数,有时会区分不同年龄段,根据实际产品确定调整)

```
for i = 1：NB
    if i < 75 - x
        InsLia_ air(i) = 10 * SA;
```
%航空意外身故时未满 75 周岁（不含），支付 10 * 基本保险金额
```
    else
        InsLia_ air(i) = 5 * SA;
```
%航空意外身故时年满 75 周岁，支付 5 * 基本保险金额
```
    end
end
```

%重大自然灾害意外身故给付（一般为已交保费的一定比例或基本保险金额的一定倍数，有时会区分不同年龄段，根据实际产品确定调整）
```
for i = 1：NB
    if i < 75 - x
        InsLia_ na(i) = 10 * SA;
```
%重大自然灾害意外身故时未满 75 周岁（不含），支付 10 * 基本保险金额
```
    else
        InsLia_ na(i) = 5 * SA;
```
%重大自然灾害意外身故时年满 75 周岁，支付 5 * 基本保险金额
```
    end
end
```

%电梯意外身故给付（一般为已交保费的一定比例或基本保险金额的一定倍数，有时会区分不同年龄段，根据实际产品确定调整）
```
for i = 1：NB
    if i < 75 - x
        InsLia_ el(i) = 10 * SA;
```
%电梯意外身故时未满 75 周岁（不含），支付 10 * 基本保险金额
```
    else
        InsLia_ el(i) = 5 * SA;
```
%电梯意外身故时年满 75 周岁，支付 5 * 基本保险金额
```
    end
end
```

%法定节假日意外身故给付(一般为已交保费的一定比例或基本保险金额的一定倍数,有时会区分不同年龄段,根据实际产品确定调整)

```
for i = 1：NB
    if i < 75 - x
        InsLia_ hd(i) = 10 * SA;%法定节假日意外身故时未满75周岁
(不含),支付10 * 基本保险金额
    else
        InsLia_ hd(i) = 5 * SA;%法定节假日意外身故时年满75周岁,
支付5 * 基本保险金额
    end
end
```

%计算未来保险责任的精算现值

```
PV_ InsLia_ live_ once = survivalprobability_ x(NB + 1) * InsLia_ live_
once * (1 + r)^( - NB);
for i = 1：NB
    PV_ InsLia_ die_ temp(i) = survivalprobability_ x(i) * probability_
die(x + i) * InsLia_ die(i) * (1 + r)^( - i);
    PV_ InsLia_ acc_ temp(i) = survivalprobability_ x(i) * probability_
acc(x + i) * InsLia_ acc(i) * (1 + r)^( - i);
    PV_ InsLia_ car_ temp(i) = survivalprobability_ x(i) * probability_
car(x + i) * InsLia_ car(i) * (1 + r)^( - i);
    PV_ InsLia_ pub_ temp(i) = survivalprobability_ x(i) * probability_
pub(x + i) * InsLia_ pub(i) * (1 + r)^( - i);
    PV_ InsLia_ air_ temp(i) = survivalprobability_ x(i) * probability_ air
(x + i) * InsLia_ air(i) * (1 + r)^( - i);
    PV_ InsLia_ na_ temp(i) = survivalprobability_ x(i) * probability_ na
(x + i) * InsLia_ na(i) * (1 + r)^( - i);
    PV_ InsLia_ el_ temp(i) = survivalprobability_ x(i) * probability_ el(x
+ i) * InsLia_ el(i) * (1 + r)^( - i);
    PV_ InsLia_ hd_ temp(i) = survivalprobability_ x(i) * probability_ hd
(x + i) * InsLia_ hd(i) * (1 + r)^( - i);
end
```

%计算纯保费

PV_ InsLia = sum（PV_ InsLia_ die_ temp）+ sum（PV_ InsLia_ acc_ temp）+ sum（PV_ InsLia_ car_ temp）+ sum（PV_ InsLia_ pub_ temp）+ sum（PV_ InsLia_ air_ temp）+ sum（PV_ InsLia_ na_ temp）+ sum（PV_ InsLia_ el_ temp）+ sum（PV_ InsLia_ hd_ temp）+ PV_ InsLia_ live_ once;

p = PV_ InsLia/sum（PV_ premium_ temp）;

end

price = p;

end

这部分内容是编程的第一步，即针对该款两全保险产品构造 price 函数。我们可以将这个函数的构造逻辑阐述如下：

（1）定义 price 函数。并给其中诸如投保年龄（x）、保险期间（NB）、缴费年限（NP）、保险金额（SA）、性别（sex）、定价利率（r）等赋初值，避免在第一步计算时出现无定义的情况。

（2）确定该款保险产品所涉及的发生率。这部分需要根据实际的保险产品进行选择。我们给出的这个编程模板涵盖的保险责任众多，涉及非节假日一般意外身故发生率、自驾车意外身故发生率、公共交通意外身故发生率、航空意外身故发生率、重大自然灾害身故发生率、电梯意外身故发生率、节假日一般意外身故发生率，所以在编程中分性别定义了不同发生率的计算方式。此外，还需表示出投保年龄为（x）岁的被保险人在第 i 年初的生存概率，以及每年的单位保费精算现值。

（3）利用多次迭代，通过将误差控制在一定范围内来计算期缴纯保费。即计算给定条件下的纯保费，这是我们进行纯保费定价的关键步骤。在这一步中，首先需要根据保险产品具体保险责任条款的规定，将满期生存给付保险金、非意外身故给付保险金和意外身故给付保险金（分不同的意外伤害类型）分别表示出来；其次计算未来每一项保险责任的精算现值以及未来加总的所有保险责任的精算现值；最后根据均衡纯保费的计算公式：

保费的精算现值 = 未来保险金给付的精算现值

将未来加总的所有保险责任的精算现值与每年的单位保费精算现值相除，得到给定条件下的期缴纯保费。至此，通过这一次 price 函数的运算，我们得到了给定年龄、给定性别、给定缴费方式、给定保障期限的每千元保额纯保费。为了计算出不同情况下该款保险产品对应的每千元保额纯保费，我们还需要进行下一步 cal 的编程。

clc;

clear;

% 根据实际产品确定输出结果

SA = 1000;sex = 1;% 确定保额和性别(1 代表男性,2 代表女性)

m_die = xlsread (' C: \ Users \ lenovo \ Desktop \ 1. xlsx ' , ' Sheet1 ' , ' B3: B108 ');% 男性死亡率

f_die = xlsread (' C: \ Users \ lenovo \ Desktop \ 1. xlsx ' , ' Sheet1 ' , ' C3: C108 ');% 女性死亡率

m_acc = xlsread (' C: \ Users \ lenovo \ Desktop \ 1. xlsx ' , ' Sheet1 ' , ' D3: D108 ');% 男性意外死亡率

f_acc = xlsread (' C: \ Users \ lenovo \ Desktop \ 1. xlsx ' , ' Sheet1 ' , ' E3: E108 ');% 女性意外死亡率

m_car = xlsread (' C: \ Users \ lenovo \ Desktop \ 1. xlsx ' , ' Sheet1 ' , ' F3: F108 ');% 男性自驾车死亡率

f_car = xlsread (' C: \ Users \ lenovo \ Desktop \ 1. xlsx ' , ' Sheet1 ' , ' G3: G108 ');% 女性自驾车死亡率

m_pub = xlsread (' C: \ Users \ lenovo \ Desktop \ 1. xlsx ' , ' Sheet1 ' , ' H3: H108 ');% 男性公共交通意外发生率

f_pub = xlsread (' C: \ Users \ lenovo \ Desktop \ 1. xlsx ' , ' Sheet1 ' , ' I3: I108 ');% 女性公共交通意外发生率

m_air = xlsread (' C: \ Users \ lenovo \ Desktop \ 1. xlsx ' , ' Sheet1 ' , ' L3: L108 ');% 男性航空意外发生率

f_air = xlsread (' C: \ Users \ lenovo \ Desktop \ 1. xlsx ' , ' Sheet1 ' , ' M3: M108 ');% 女性航空意外发生率

m_na = xlsread (' C: \ Users \ lenovo \ Desktop \ 1. xlsx ' , ' Sheet1 ' , ' J3: J108 ');% 男性重大自然灾害死亡率

f_na = xlsread (' C: \ Users \ lenovo \ Desktop \ 1. xlsx ' , ' Sheet1 ' , ' K3: K108 ');% 女性重大自然灾害死亡率

m_el = xlsread (' C: \ Users \ lenovo \ Desktop \ 1. xlsx ' , ' Sheet1 ' , ' N3: N108 ');% 男性电梯意外发生率

f_el = xlsread (' C: \ Users \ lenovo \ Desktop \ 1. xlsx ' , ' Sheet1 ' , ' O3: O108 ');% 女性电梯意外发生率

% 根据实际产品的投保年龄、保险期间、缴费期间等信息确定输出结果

for x = 18:60 % 投保年龄 18 ~ 60 周岁,保险期间 20 年,缴费期间 3 年,结果输出在第一列(若从 0 岁开始,应为 p(x + 1,1);若保至 70 岁,保险期间应为 70 − x)

  p(x − 17,1) = price(x,20,3,SA,sex,m_die,f_die,m_acc,f_acc,m_car,f_car,m_pub,f_pub,m_air,f_air,m_na,f_na,m_el,f_el);

  end

for x = 18:60 % 投保年龄 18 ~ 60 周岁,保险期间 20 年,缴费期间 5 年,结果输出在第二列

  p(x − 17,2) = price(x,20,5,SA,sex,m_die,f_die,m_acc,f_acc,m_car,f_car,m_pub,f_pub,m_air,f_air,m_na,f_na,m_el,f_el);

  end

for x = 18:60 % 投保年龄 18 ~ 60 周岁,保险期间 20 年,缴费期间 10 年,结果输出在第三列

  p(x − 17,3) = price(x,20,10,SA,sex,m_die,f_die,m_acc,f_acc,m_car,f_car,m_pub,f_pub,m_air,f_air,m_na,f_na,m_el,f_el);

  end

for x = 18:50 % 投保年龄 18 ~ 50 周岁,保险期间 30 年,缴费期间 3 年,结果输出在第四列

  p(x − 17,4) = price(x,30,3,SA,sex,m_die,f_die,m_acc,f_acc,m_car,f_car,m_pub,f_pub,m_air,f_air,m_na,f_na,m_el,f_el);

  end

for x = 18:50 % 投保年龄 18 ~ 50 周岁,保险期间 30 年,缴费期间 5 年,结果输出在第五列

  p(x − 17,5) = price(x,30,5,SA,sex,m_die,f_die,m_acc,f_acc,m_car,f_car,m_pub,f_pub,m_air,f_air,m_na,f_na,m_el,f_el);

  end

for x = 18:50 % 投保年龄 18 ~ 50 周岁,保险期间 30 年,缴费期间 10 年,结果输出在第六列

  p(x − 17,6) = price(x,30,10,SA,sex,m_die,f_die,m_acc,f_acc,m_car,f_car,m_pub,f_pub,m_air,f_air,m_na,f_na,m_el,f_el);

  end

这部分内容是编程是通过输入参数调用 price 函数进而运算出对应于不同年龄、不同性别、不同缴费方式、不同保险期限的每千元保额纯保费的过程,它的

存在是为了更好地计算和输出结果。因为需要计算的是每千元保额纯保费，即保险金额（SA）固定为1000，所以我们的思路是进行两轮运算，分别计算出男性、女性被保险人以不同方式投保时的期缴保费。

可以看到，首先是从发生率的 Excel 表（表4－9）中读取所涉及的总的身故或全残发生率以及各类意外伤害身故或全残的发生率。这里我们是以太平洋人寿的安行宝两全保险（2.0 增强版）为例进行说明，该款产品有两种保险期限——20 年和30 年，分别对应着18～60 周岁和18～50 周岁的被保险人，每种保险期限下投保人都可以选择3年交、5年交、10年交这三种缴费方式，所以对于每一种性别，共有6种不同保险期限和缴费方式的搭配。因此，我们在编程中通过设置 price 函数中不同的参数，利用6个循环语句，即可得到6种不同情况下的每千元保额纯保费。这里所展示的整个过程是安行宝两全保险（2.0 增强版）这款产品针对男性被保险人的计算编程，对于女性只需在性别设置上做出调整，其他无须改变。

综上，通过以上 price 函数的构造和 cal 的编程运算，我们就可以得到一款身故保险金给付不涉及现金价值的传统型两全保险对应于不同年龄、不同性别、不同缴费方式、不同保险期限的每千元保额纯保费。对于其他传统型两全保险产品，可根据产品的具体保险条款对编程内容进行一定修改，进而得到最终所需要的每千元保额纯保费。但需要注意的是，以上编程只适用于保险金给付不涉及现金价值的传统型两全保险产品，对于保险金给付涉及现金价值的传统型两全保险产品，我们再通过以下编程内容予以说明。

```
%计算现金价值
    for i = 1:NB + 1
        CV_ex = sum(PV_InsLia_die_temp_cv(i + 1:NB)) + sum(PV_InsLia_
acc_temp_cv(i + 1:NB)) + sum(PV_InsLia_car_temp_cv(i + 1:NB)) + sum(PV_In-
sLia_pub_temp_cv(i + 1:NB)) + sum(PV_InsLia_air_temp_cv(i + 1:NB)) + sum
(PV_InsLia_na_temp_cv(i + 1:NB)) + sum(PV_InsLia_el_temp_cv(i + 1:NB)) +
sum(PV_InsLia_hd_temp_cv(i + 1:NB)) + PV_InsLia_live_once_cv;
        if i < = NP
            CV_x(i) = CV_ex - p_cv * sum(PV_premium_temp_cv(i:NP));
        else CV_x(i) = CV_ex;
        end
    end
```

这部分编程是计算对于投保时年龄为 x 岁的被保险人，该保单在第 i 年的现金价值的精算现值（CV_x(i)）。具体的计算公式如下：

$$\text{保单第 i 年现金价值的精算现值} = \begin{cases} \text{未来保险给付的精算现值} - \text{未来应交保费的精算现值} & i \leqslant NP \\ \text{未来保险给付的精算现值} & i > NP \end{cases}$$

这部分计算所涉及的利率都应该使用之前评估假设中的现金价值计算利率，即 r = 3.5%。可以看到，在缴费年限（NP）内，保单每年现金价值的精算现值是未来保险给付精算现值与未来应交保费精算现值之差；而当保费全部缴纳后，保单每年现金价值的精算现值等于未来保险给付的精算现值。当然，在保险金给付涉及现金价值时，我们需要在 price 函数的编程部分加入该段，补充定义变量并对原函数做出相应的调整，输出运算结果的 cal 编程则不受引入现金价值的影响，这里不再赘述。

二、评估步骤

在这部分的内容中，我们将选取一个具体的两全保险产品，对性价比评估的步骤进行具体说明。我们所选取的保险产品是太平洋人寿的安行宝两全保险（2.0 增强版），选择这款产品是因为它在 30 款传统型两全保险产品中具有极强的代表性。一方面，安行宝两全保险（2.0 增强版）所涉及的保险责任种类较多，基本涵盖了各种类型的意外伤害身故或全残给付；另一方面，在每种意外伤害身故或全残的给付责任中，根据事故发生时被保险人的年龄不同，保险责任中所规定的保险金给付也会有所差异。接下来我们会对具体性价比评估的过程做出一个较为详尽的说明。

（一）条款内容整理

首先第一步是对太平洋人寿的安行宝两全保险（2.0 增强版）的基本信息和保险条款进行拆分整理，将保险条款细分为可量化条款和非量化条款（非量化投保条款、非量化责任条款、非量化其他条款），具体如表 4 - 10 所示。因为非量化责任条款中的除外责任包含内容较多，为了便于归纳和对比，我们在表格中用不同的数字来指代不同的除外责任具体条款，详细的除外责任内容见本书附录。

表 4 - 10　太平洋人寿——安行宝两全保险（2.0 增强版）条款整理

	太平洋人寿——安行宝两全保险（2.0 增强版）
	基本信息
所属公司	中国太平洋人寿保险股份有限公司
责任范围	疾病身故给付、意外身故给付、全残给付、满期生存给付

续表

	太平洋人寿——安行宝两全保险（2.0 增强版）
投保范围	18~60 周岁
保险期间	20 年、30 年

可量化条款对比

保险责任	（1）满期生存保险金：被保险人保险期间届满时生存，保险期间为 20 年的，给付 110%×已交保险费；保险期间为 30 年的，给付 120%×已交保险费 （2）一般身故或全残保险金：被保险人身故或确定全残时未满 41 周岁（不含 41 周岁），给付 160%×已交保险费；年满 41 周岁但未满 61 周岁（不含 61 周岁），给付 140%×已交保险费；年满 61 周岁，给付 120%×已交保险费 （3）意外身故或全残保险金：被保险人遭受意外伤害，并在 180 日内身故或全残，若未满 75 周岁（不含 75 周岁），给付基本保险金额；年满 75 周岁，给付 0.5×基本保险金额 （4）交通工具意外身故或全残保险金：被保险人在公共交通工具上遭受意外伤害，且 180 日内导致身故或全残，若未满 75 周岁（不含 75 周岁），给付 10×基本保险金额；年满 75 周岁，给付 5×基本保险金额 （5）自驾车意外身故或全残保险金：被保险人驾驶或乘坐他人驾驶的非营运 4 轮及以上机动车，在交通工具上遭受意外伤害，且 180 日内导致身故或全残，若未满 75 周岁（不含 75 周岁），给付 10×基本保险金额；年满 75 周岁，给付 5×基本保险金额 （6）航空意外身故或全残保险金：被保险人乘坐经营客运业务的民航班机，遭受意外伤害，且 180 日内导致身故或全残，若未满 75 周岁（不含 75 周岁），给付 10×基本保险金额；年满 75 周岁，给付 5×基本保险金额 （7）重大自然灾害意外身故或全残保险金：若被保险人因约定的 8 种重大自然灾害而遭受意外伤害，且 180 日内导致身故或全残，若未满 75 周岁（不含 75 周岁），给付 10×基本保险金额；年满 75 周岁，给付 5×基本保险金额 （8）电梯意外身故或全残保险金：被保险人乘坐电梯时，因电梯故障而遭受意外伤害，且 180 日内导致身故或全残，若未满 75 周岁（不含 75 周岁），给付 10×基本保险金额；年满 75 周岁，给付 5×基本保险金额 （9）法定节假日意外身故或全残保险金：被保险人在法定节假日遭受意外伤害，且 180 日内导致身故或全残，若未满 75 周岁（不含 75 周岁），给付 10×基本保险金额；年满 75 周岁，给付 5×基本保险金额

非量化条款对比

非量化投保条款	犹豫期（15 天）内退保，扣除工本费（不超过 10 元）后退还已交保费；犹豫期后退保，退还保单现金价值

续表

	太平洋人寿——安行宝两全保险（2.0 增强版）
非量化责任条款	除外责任：发生第（1）～（7）项导致被保险人身故或全残，不承担给付一般身故或全残保险金的责任；发生第（1）（2）（4）～（7）（9）（10）（13）（14）（16）（20）（24）（25）（31）（32）（40）项导致被保险人身故或全残，不承担给付意外身故或全残保险金、交通工具意外身故或全残保险金、航空交通意外身故或全残保险金、重大自然灾害意外身故或全残保险金、电梯意外身故或全残保险金、法定节假日意外身故或全残保险金的责任。其中，若发生第（1）项，已交足 2 年以上保险费的，向被保险人或被保险人的继承人退还本合同的现金价值；若发生第（2）～（7）（9）（10）（13）（14）（16）（20）（24）（25）（31）（32）（40）项，向投保人退还本合同的现金价值
非量化其他条款	宽限期：60 天

在这一步中，我们还需要对太平洋人寿的安行宝两全保险（2.0 增强版）的市场费率进行标准化整理，为后续计算附加费用率做准备。表 4-11 展示了太平洋人寿的安行宝两全保险（2.0 增强版）部分年龄、性别、缴费方式、保险期间组合下的市场费率（每千元保额保费）标准化整理。

表 4-11　太平洋人寿安行宝两全保险（2.0 增强版）
部分组合的市场费率标准化整理

年龄	性别	保障期限	缴费期限	基本保险金额（元）	市场费率（%）
18	男	20 年	3 年交	1000	55.00
19	男	20 年	3 年交	1000	55.00
20	男	20 年	3 年交	1000	55.00
21	男	20 年	3 年交	1000	55.00
22	男	20 年	3 年交	1000	55.00
23	男	20 年	3 年交	1000	55.00
24	男	20 年	3 年交	1000	55.00
25	男	20 年	3 年交	1000	55.00
26	男	20 年	3 年交	1000	55.00
27	男	20 年	3 年交	1000	55.00
28	男	20 年	3 年交	1000	55.00
29	男	20 年	3 年交	1000	55.00
30	男	20 年	3 年交	1000	55.00

续表

年龄	性别	保障期限	缴费期限	基本保险金额（元）	市场费率（%）
31	男	20 年	3 年交	1000	55.00
32	男	20 年	3 年交	1000	55.00
33	男	20 年	3 年交	1000	55.00
34	男	20 年	3 年交	1000	55.00
35	男	20 年	3 年交	1000	55.00
36	男	20 年	3 年交	1000	55.00
37	男	20 年	3 年交	1000	55.00
38	男	20 年	3 年交	1000	55.00
39	男	20 年	3 年交	1000	55.00
40	男	20 年	3 年交	1000	55.00
41	男	20 年	3 年交	1000	60.00
42	男	20 年	3 年交	1000	60.00
43	男	20 年	3 年交	1000	60.00
44	男	20 年	3 年交	1000	60.00
45	男	20 年	3 年交	1000	60.00
46	男	20 年	3 年交	1000	60.00
47	男	20 年	3 年交	1000	60.00
48	男	20 年	3 年交	1000	60.00
49	男	20 年	3 年交	1000	60.00
50	男	20 年	3 年交	1000	60.00
51	男	20 年	3 年交	1000	65.00
52	男	20 年	3 年交	1000	65.00
53	男	20 年	3 年交	1000	65.00
54	男	20 年	3 年交	1000	65.00
55	男	20 年	3 年交	1000	65.00
56	男	20 年	3 年交	1000	70.00
57	男	20 年	3 年交	1000	70.00
58	男	20 年	3 年交	1000	70.00
59	男	20 年	3 年交	1000	75.00

（二）量化条款得分的计算

按照太平洋人寿的安行宝两全保险（2.0 增强版）条款中约定的年龄、性别、缴费方式、保险期间进行组合，使用上文所列示的利率假设以及表4-11的发生率假设，计算每一组合下的每千元保额纯保费。将计算出的每千元保额纯保费代入附加费用率的计算公式中，我们可以计算出每一组合下的附加费用率。然后将每千元保额纯保费、每千元保额市场费率分别平均，可以得到平均纯保费和平均市场费率。在这个基础上，我们将计算所得的平均纯保费和查找数据所得的平均市场费率进行对比，按照计分规则中平均附加费用率的计算公式，可以得到平均附加费用率。最后按照计分规则中的可量化条款得分计算公式，我们可以得到平均的量化条款得分。当然，我们也有必要对不同年龄、性别、缴费方式、保险期间的组合分别计算量化条款得分，为计算个性排名做好准备。

表4-12展示了通过MATLAB模型计算出的太平洋人寿安行宝两全保险（2.0增强版）的每千元保额纯保费（即理论费率）。表4-13和表4-14展示了太平洋人寿安行宝两全保险（2.0增强版）的附加费用率和量化条款得分的计算结果。由于该款产品不同年龄、性别、缴费方式、保险期间的组合众多，不能在此全部列示，所以表4-12～表4-14均只展示了部分产品组合的计算结果。

表4-12 太平洋人寿安行宝两全保险（2.0增强版）

部分组合的每千元保额纯保费计算结果

年龄	性别	保障期限（年）	缴费期限	基本保险金额（元）	理论费率（%）
18	男	20	3年交	1000	38.17
19	男	20	3年交	1000	38.21
20	男	20	3年交	1000	38.25
21	男	20	3年交	1000	38.28
22	男	20	3年交	1000	38.31
23	男	20	3年交	1000	38.35
24	男	20	3年交	1000	38.38
25	男	20	3年交	1000	38.43
26	男	20	3年交	1000	38.47
27	男	20	3年交	1000	38.52
28	男	20	3年交	1000	38.58
29	男	20	3年交	1000	38.63
30	男	20	3年交	1000	38.70
31	男	20	3年交	1000	38.77

续表

年龄	性别	保障期限（年）	缴费期限	基本保险金额（元）	理论费率（%）
32	男	20	3 年交	1000	38.84
33	男	20	3 年交	1000	38.92
34	男	20	3 年交	1000	39.00
35	男	20	3 年交	1000	39.10
36	男	20	3 年交	1000	39.20
37	男	20	3 年交	1000	39.30
38	男	20	3 年交	1000	39.41
39	男	20	3 年交	1000	39.54
40	男	20	3 年交	1000	39.69
41	男	20	3 年交	1000	39.76
42	男	20	3 年交	1000	39.84
43	男	20	3 年交	1000	39.92
44	男	20	3 年交	1000	40.00
45	男	20	3 年交	1000	40.09
46	男	20	3 年交	1000	40.17
47	男	20	3 年交	1000	40.26
48	男	20	3 年交	1000	40.35
49	男	20	3 年交	1000	40.45
50	男	20	3 年交	1000	40.55
51	男	20	3 年交	1000	40.66
52	男	20	3 年交	1000	40.78
53	男	20	3 年交	1000	40.92
54	男	20	3 年交	1000	41.08
55	男	20	3 年交	1000	40.54
56	男	20	3 年交	1000	40.03
57	男	20	3 年交	1000	39.52
58	男	20	3 年交	1000	39.04
59	男	20	3 年交	1000	38.64
60	男	20	3 年交	1000	38.33

表4-13　太平洋人寿安行宝两全保险（2.0增强版）部分
组合的附加费用率计算结果

年龄	性别	保障期限	缴费期限	基本保险金额（元）	市场费率（%）	理论费率（%）	附加费用率（%）
18	男	20年	3年交	1000	55.00	38.17	44.08
19	男	20年	3年交	1000	55.00	38.21	43.94
20	男	20年	3年交	1000	55.00	38.25	43.80
21	男	20年	3年交	1000	55.00	38.28	43.68
22	男	20年	3年交	1000	55.00	38.31	43.56
23	男	20年	3年交	1000	55.00	38.35	43.43
24	男	20年	3年交	1000	55.00	38.38	43.29
25	男	20年	3年交	1000	55.00	38.43	43.13
26	男	20年	3年交	1000	55.00	38.47	42.96
27	男	20年	3年交	1000	55.00	38.52	42.78
28	男	20年	3年交	1000	55.00	38.58	42.58
29	男	20年	3年交	1000	55.00	38.63	42.36
30	男	20年	3年交	1000	55.00	38.70	42.13
31	男	20年	3年交	1000	55.00	38.77	41.88
32	男	20年	3年交	1000	55.00	38.84	41.61
33	男	20年	3年交	1000	55.00	38.92	41.32
34	男	20年	3年交	1000	55.00	39.00	41.01
35	男	20年	3年交	1000	55.00	39.10	40.68
36	男	20年	3年交	1000	55.00	39.20	40.32
37	男	20年	3年交	1000	55.00	39.30	39.94
38	男	20年	3年交	1000	55.00	39.41	39.54
39	男	20年	3年交	1000	55.00	39.54	39.09
40	男	20年	3年交	1000	55.00	39.69	38.57
41	男	20年	3年交	1000	60.00	39.76	50.89
42	男	20年	3年交	1000	60.00	39.84	50.60
43	男	20年	3年交	1000	60.00	39.92	50.30
44	男	20年	3年交	1000	60.00	40.00	50.00
45	男	20年	3年交	1000	60.00	40.09	49.68
46	男	20年	3年交	1000	60.00	40.17	49.36
47	男	20年	3年交	1000	60.00	40.26	49.02
48	男	20年	3年交	1000	60.00	40.35	48.68
49	男	20年	3年交	1000	60.00	40.45	48.33
50	男	20年	3年交	1000	60.00	40.55	47.95
51	男	20年	3年交	1000	65.00	40.66	59.85
52	男	20年	3年交	1000	65.00	40.78	59.38

续表

年龄	性别	保障期限	缴费期限	基本保险金额（元）	市场费率（%）	理论费率（%）	附加费用率（%）
53	男	20 年	3 年交	1000	65.00	40.92	58.85
54	男	20 年	3 年交	1000	65.00	41.08	58.25
55	男	20 年	3 年交	1000	65.00	40.54	60.32
56	男	20 年	3 年交	1000	70.00	40.03	74.89
57	男	20 年	3 年交	1000	70.00	39.52	77.11
58	男	20 年	3 年交	1000	70.00	39.04	79.29
59	男	20 年	3 年交	1000	75.00	38.64	94.09
60	男	20 年	3 年交	1000	75.00	38.33	95.65

表 4-14　太平洋人寿安行宝两全保险（2.0 增强版）部分
组合的量化条款得分计算结果

年龄	性别	保障期限	缴费期限	基本保险金额（元）	市场费率（%）	理论费率（%）	附加费用率（%）	可量化条款得分
18	男	20 年	3 年交	1000	55.00	38.17	44.08	85.92
19	男	20 年	3 年交	1000	55.00	38.21	43.94	85.93
20	男	20 年	3 年交	1000	55.00	38.25	43.80	85.94
21	男	20 年	3 年交	1000	55.00	38.28	43.68	85.95
22	男	20 年	3 年交	1000	55.00	38.31	43.56	85.96
23	男	20 年	3 年交	1000	55.00	38.35	43.43	85.97
24	男	20 年	3 年交	1000	55.00	38.38	43.29	85.99
25	男	20 年	3 年交	1000	55.00	38.43	43.13	86.00
26	男	20 年	3 年交	1000	55.00	38.47	42.96	86.02
27	男	20 年	3 年交	1000	55.00	38.52	42.78	86.03
28	男	20 年	3 年交	1000	55.00	38.58	42.58	86.05
29	男	20 年	3 年交	1000	55.00	38.63	42.36	86.07
30	男	20 年	3 年交	1000	55.00	38.70	42.13	86.09
31	男	20 年	3 年交	1000	55.00	38.77	41.88	86.12
32	男	20 年	3 年交	1000	55.00	38.84	41.61	86.14
33	男	20 年	3 年交	1000	55.00	38.92	41.32	86.17
34	男	20 年	3 年交	1000	55.00	39.00	41.01	86.19
35	男	20 年	3 年交	1000	55.00	39.10	40.68	86.22

续表

年龄	性别	保障期限	缴费期限	基本保险金额（元）	市场费率（%）	理论费率（%）	附加费用率（%）	可量化条款得分
36	男	20 年	3 年交	1000	55.00	39.20	40.32	86.26
37	男	20 年	3 年交	1000	55.00	39.30	39.94	86.29
38	男	20 年	3 年交	1000	55.00	39.41	39.54	86.33
39	男	20 年	3 年交	1000	55.00	39.54	39.09	86.37
40	男	20 年	3 年交	1000	55.00	39.69	38.57	86.42
41	男	20 年	3 年交	1000	60.00	39.76	50.89	85.30
42	男	20 年	3 年交	1000	60.00	39.84	50.60	85.33
43	男	20 年	3 年交	1000	60.00	39.92	50.30	85.35
44	男	20 年	3 年交	1000	60.00	40.00	50.00	85.38
45	男	20 年	3 年交	1000	60.00	40.09	49.68	85.41
46	男	20 年	3 年交	1000	60.00	40.17	49.36	85.44
47	男	20 年	3 年交	1000	60.00	40.26	49.02	85.47
48	男	20 年	3 年交	1000	60.00	40.35	48.68	85.50
49	男	20 年	3 年交	1000	60.00	40.45	48.33	85.53
50	男	20 年	3 年交	1000	60.00	40.55	47.95	85.57
51	男	20 年	3 年交	1000	65.00	40.66	59.85	84.50
52	男	20 年	3 年交	1000	65.00	40.78	59.38	84.54
53	男	20 年	3 年交	1000	65.00	40.92	58.85	84.59
54	男	20 年	3 年交	1000	65.00	41.08	58.25	84.64
55	男	20 年	3 年交	1000	65.00	40.54	60.32	84.46
56	男	20 年	3 年交	1000	70.00	40.03	74.89	83.17
57	男	20 年	3 年交	1000	70.00	39.52	77.11	82.98
58	男	20 年	3 年交	1000	70.00	39.04	79.29	82.79
59	男	20 年	3 年交	1000	75.00	38.64	94.09	81.51
60	男	20 年	3 年交	1000	75.00	38.33	95.65	81.37

对于可量化条款部分，通过编程计算，我们已经得到了安行宝两全保险（2.0 增强版）对应于不同年龄、不同性别、不同缴费方式、不同保险期限的每千元保额纯保费，对其做简单的算术平均，可以得到每千元保额的平均纯保费26.45 元。市场费率的收集通常存在着诸多困难，大多数保险产品并不会向市场公布其费率，但我们还是通过多方渠道搜集到了我们所选取的 30 款产品的市场

费率。事实上，市场费率的可得性也在一定程度上影响了我们对于两全保险产品的选取。在对市场费率进行初步整理单位化后，得到每千元保额的市场费率，同样通过求简单算术平均，可以得到安行宝两全保险（2.0 增强版）每千元保额的平均市场费率38.13 元。通过以下计算公式，可得该款两全保险产品的平均附加费用率为44.19%。

$$平均附加费用率 = \frac{平均市场费率 - 平均纯保费}{平均纯保费} = \frac{平均市场费率}{平均纯保费} - 1$$

最后，根据计分规则，可量化条款的最终得分为85.91。表4－15 展示了太平洋人寿安行宝两全保险（2.0 增强版）的平均量化条款得分的计算过程。

表4－15　太平洋人寿安行宝两全保险（2.0 增强版）的平均量化条款得分

平均纯保费（每千元保额）	26.45
平均市场保费（每千元保额）	38.13
平均附加费用率	44.19
平均可量化条款得分	85.91

（三）非量化条款得分的计算

对于太平洋人寿安行宝两全保险（2.0 增强版）的非量化条款部分，我们按照评估方法中的计分规则，具体各项得分及最终结果如表4－16 所示。

表4－16　太平洋人寿——安行宝两全保险（2.0 增强版）非量化条款得分

非量化条款		得分
非量化投保条款	犹豫期15 天	95
非量化责任条款	等待期未载明	－10
	除外责任	90
非量化其他条款	宽限期	83
非量化条款总分		95×20% + 80×40% + 83×40% = 84.2

（四）条款得分计算

这一步我们需要对可量化条款得分和非量化条款得分按照一定比重进行加权，并汇总得到太平洋人寿安行宝两全保险（2.0 增强版）最终的产品条款个性得分和综合得分。

在给定具体产品组合要素信息的情况下，也即给定性别、年龄、缴费期间、保障期限等的选择，我们可以获得给定组合信息下的个性得分，进而得到满足该要素组合的两全保险产品的个性排名。将太平洋人寿安行宝两全保险（2.0 增强版）的平均量化条款得分和非量化条款得分按照一定权重进行加权平均，我们就可以得到该款产品条款的最终综合得分，以此对 30 款两全保险产品进行综合排名。

由于该款产品不同年龄、性别、缴费方式、保险期间的组合众多，不能在此全部列示，所以表 4－17 只对太平洋人寿安行宝两全保险（2.0 增强版）部分组合的个性得分予以列示。按照 90% 和 10% 的比例，综合安行宝两全保险（2.0 增强版）平均可量化条款得分和非量化条款得分，我们可以得到最终的产品条款综合得分 85.74 分，具体计算过程及结果如表 4－18 所示。

表 4－17　太平洋人寿安行宝两全保险（2.0 增强版）部分组合的个性得分计算结果

年龄	性别	保障期限	缴费期限	可量化条款得分	非量化条款得分	个性得分
18	男	20 年	3 年交	85.92	84.20	85.74
19	男	20 年	3 年交	85.93	84.20	85.76
20	男	20 年	3 年交	85.94	84.20	85.77
21	男	20 年	3 年交	85.95	84.20	85.78
22	男	20 年	3 年交	85.96	84.20	85.79
23	男	20 年	3 年交	85.97	84.20	85.80
24	男	20 年	3 年交	85.99	84.20	85.81
25	男	20 年	3 年交	86.00	84.20	85.82
26	男	20 年	3 年交	86.02	84.20	85.84
27	男	20 年	3 年交	86.03	84.20	85.85
28	男	20 年	3 年交	86.05	84.20	85.87
29	男	20 年	3 年交	86.07	84.20	85.88
30	男	20 年	3 年交	86.09	84.20	85.90
31	男	20 年	3 年交	86.12	84.20	85.92
32	男	20 年	3 年交	86.14	84.20	85.95
33	男	20 年	3 年交	86.17	84.20	85.97
34	男	20 年	3 年交	86.19	84.20	85.99
35	男	20 年	3 年交	86.22	84.20	86.02
36	男	20 年	3 年交	86.26	84.20	86.05
37	男	20 年	3 年交	86.29	84.20	86.08

续表

年龄	性别	保障期限	缴费期限	可量化条款得分	非量化条款得分	个性得分
38	男	20 年	3 年交	86.33	84.20	86.11
39	男	20 年	3 年交	86.37	84.20	86.15
40	男	20 年	3 年交	86.42	84.20	86.19
41	男	20 年	3 年交	85.30	84.20	85.19
42	男	20 年	3 年交	85.33	84.20	85.21
43	男	20 年	3 年交	85.35	84.20	85.24
44	男	20 年	3 年交	85.38	84.20	85.26
45	男	20 年	3 年交	85.41	84.20	85.29
46	男	20 年	3 年交	85.44	84.20	85.32
47	男	20 年	3 年交	85.47	84.20	85.34
48	男	20 年	3 年交	85.50	84.20	85.37
49	男	20 年	3 年交	85.53	84.20	85.40
50	男	20 年	3 年交	85.57	84.20	85.43
51	男	20 年	3 年交	84.50	84.20	84.47
52	男	20 年	3 年交	84.54	84.20	84.51
53	男	20 年	3 年交	84.59	84.20	84.55
54	男	20 年	3 年交	84.64	84.20	84.60
55	男	20 年	3 年交	84.46	84.20	84.43
56	男	20 年	3 年交	83.17	84.20	83.27
57	男	20 年	3 年交	82.98	84.20	83.10
58	男	20 年	3 年交	82.79	84.20	82.93
59	男	20 年	3 年交	81.51	84.20	81.78
60	男	20 年	3 年交	81.37	84.20	81.66

表 4-18　太平洋人寿安行宝两全保险（2.0 增强版）的
综合得分计算过程及结果

项目	得分
平均可量化条款得分	85.91
非量化条款得分	84.20
产品条款综合得分	$85.91 \times 90\% + 84.20 \times 10\% = 85.74$

以上就是对一款传统型两全保险产品进行性价比评估的整个过程，我们这里只是选取了具有代表性的一款产品进行说明，其他产品同样也是按照条款内容整

理、可量化条款得分计算、非量化条款得分计算、条款得分计算这四个步骤来评估的。最终我们可以得到所选取的 30 款传统型两全保险产品的综合得分及排名，以及符合要素筛选条件的两全保险产品的个性得分及排名，这些内容在第四节会进行详尽的说明。

第三节 传统型两全保险产品性价比评估结果与分析

一、综合得分结果分析

（一）综合排名

依据第二节所介绍的评估方法和评估假设，按照条款内容整理、可量化条款得分计算、非量化条款得分计算、条款得分计算这四个评估步骤，我们对所选取的 30 款传统型两全保险产品进行性价比评估，并按照最终的产品条款综合得分对保险产品由高到低进行排名。

30 款传统型两全保险产品的产品条款综合得分和综合排名如表 4－19 所示。

表 4－19 30 款传统型两全保险产品综合得分及综合排名一览

两全保险产品名称	产品条款综合得分	综合排名
吉祥人寿——祥和人生两全保险	91.06	1
天安人寿——安行天下（2017）两全保险	90.41	2
人保寿险——鑫鼎两全保险（B 款）	90.29	3
百年人寿——百年荣两全保险	90.20	4
中国人寿——鑫达两全保险	89.71	5
中银三星——财富无忧两全保险	89.68	6
国华人寿——华宝安行两全保险	89.23	7
泰康人寿——泰康全能保 A 款两全保险	87.42	8
泰康人寿——万里无忧 B 款两全保险	87.19	9
平安人寿——福享安康两全保险	87.15	10
泰康人寿——康护一生两全保险	86.91	11
泰康人寿——悦行无忧两全保险	86.66	12
中美联泰——美满一生两全保险	86.52	13
平安人寿——安鑫保两全保险	86.45	14
人保寿险——百万畅行两全保险	86.07	15
太平洋人寿——安行宝两全保险（2.0 增强版）	85.74	16

续表

两全保险产品名称	产品条款综合得分	综合排名
华夏人寿——护身符两全保险（2016）	85.39	17
中国人寿——乐行宝（尊享版）两全保险	85.28	18
华夏人寿——护身符两全保险（2014）	84.64	19
信诚人寿——金悦行两全保险	84.42	20
平安人寿——百万任我行两全保险（2017）	83.95	21
中国人寿——国寿百万如意行两全保险	83.90	22
泰康人寿——泰康全能保2017两全保险	81.69	23
泰康人寿——全心全意A款两全保险	81.15	24
泰康人寿——泰康全能保C款两全保险	80.74	25
泰康人寿——健康人生两全保险	75.63	26
泰康人寿——全能宝贝A款两全保险	73.89	27
中银三星——尊享守护两全保险	67.97	28
太平人寿——太平守护天使两全保险	64.70	29
太平洋人寿——全顺保两全保险	45.67	30

由表4－19可以看到，30款传统型两全保险产品中性价比得分最高的一款产品是吉祥人寿的祥和人生两全保险，综合得分为91.06；得分最低的一款产品是太平洋人寿的全顺保两全保险，综合得分为45.67。在我们所选取的30款传统型两全保险产品中，高于90分的两全保险产品仅有4款，且它们之间的分数相差甚微；有25款保险产品的最终得分都在80分以上，即绝大多数产品在性价比评估中表现良好。也就是说，30款两全保险产品的最终得分主要集中于80～90分之间，这在一定程度上说明了我们所采取的评估方法的合理性——产品条款得分较为合理且未出现极端值。

（二）量化条款得分排名

30款传统型两全保险产品的量化条款得分和排名如表4－20所示。

表4－20　30款传统型两全保险产品量化条款得分及排名一览

两全保险产品名称	可量化条款得分	可量化条款得分排名	综合排名
吉祥人寿——祥和人生两全保险	91.69	1	1
天安人寿——安行天下（2017）两全保险	91.08	2	2
人保寿险——鑫鼎两全保险（B款）	90.84	3	3
百年人寿——百年荣两全保险	90.74	4	4
中银三星——财富无忧两全保险	90.36	5	6

续表

两全保险产品名称	可量化条款得分	可量化条款得分排名	综合排名
中国人寿——鑫达两全保险	90.30	6	5
国华人寿——华宝安行两全保险	89.42	7	7
泰康人寿——万里无忧 B 款两全保险	87.39	8	9
平安人寿——福享安康两全保险	87.32	9	10
泰康人寿——泰康全能保 A 款两全保险	87.04	10	8
泰康人寿——悦行无忧两全保险	87.00	11	12
平安人寿——安鑫保两全保险	86.64	12	14
泰康人寿——康护一生两全保险	86.61	13	11
中美联泰——美满一生两全保险	86.48	14	13
太平洋人寿——安行宝两全保险（2.0 增强版）	85.91	15	16
人保寿险——百万畅行两全保险	85.70	16	15
华夏人寿——护身符两全保险（2016）	85.37	17	17
中国人寿——乐行宝（尊享版）两全保险	84.69	18	18
华夏人寿——护身符两全保险（2014）	84.53	19	19
信诚人寿——金悦行两全保险	84.17	20	20
平安人寿——百万任我行两全保险（2017）	83.77	21	21
中国人寿——国寿百万如意行两全保险	83.40	22	22
泰康人寿——泰康全能保 2017 两全保险	81.12	23	23
泰康人寿——全心全意 A 款两全保险	80.52	24	24
泰康人寿——泰康全能保 C 款两全保险	79.85	25	25
泰康人寿——健康人生两全保险	74.74	26	26
泰康人寿——全能宝贝 A 款两全保险	72.59	27	27
中银三星——尊享守护两全保险	66.23	28	28
太平人寿——太平守护天使两全保险	62.02	29	29
太平洋人寿——全顺保两全保险	41.36	30	30

纵观 30 款传统型两全保险产品的综合排名，并且对比各保险产品的可量化条款得分及排名，不难看出，最终的综合排名与可量化条款得分排名基本上是一致的，只有个别产品的综合排名与可量化条款得分次序出现了交叉。这是很好理解的，正如评估方法中所述，我们最终的产品条款得分是给予可量化条款 90%的权重与非量化条款 10% 的权重加总而得到的，所以最终决定总的产品条款得分的主要是可量化条款得分。虽然非量化条款得分也会对总的产品条款得分产生影响，但相对于可量化条款而言，除非两款产品的非量化条款得分差距巨大，这种影响可能微乎其微，如表 4 - 21 所示。

（三）非量化条款得分排名

30 款传统型两全保险产品的非量化条款得分和排名如表 4 - 21 所示。

表 4 - 21　30 款传统型两全保险产品非量化条款得分及排名一览

两全保险产品名称	非量化条款得分	非量化条款得分排名	综合排名
泰康人寿——泰康全能保 A 款两全保险	90.80	1	8
中国人寿——乐行宝（尊享版）两全保险	90.60	2	18
泰康人寿——康护一生两全保险	89.60	3	11
人保寿险——百万畅行两全保险	89.40	4	15
泰康人寿——泰康全能保 C 款两全保险	88.80	5	25
太平人寿——太平守护天使两全保险	88.80	6	29
中国人寿——国寿百万如意行两全保险	88.40	7	22
国华人寿——华宝安行两全保险	87.60	8	7
中美联泰——美满一生两全保险	86.80	9	13
泰康人寿——泰康全能保 2017 两全保险	86.80	10	23
泰康人寿——全心全意 A 款两全保险	86.80	11	24
信诚人寿——金悦行两全保险	86.60	12	20
平安人寿——福享安康两全保险	85.60	13	10
华夏人寿——护身符两全保险（2016）	85.60	14	17
华夏人寿——护身符两全保险（2014）	85.60	15	19
平安人寿——百万任我行两全保险（2017）	85.60	16	21
泰康人寿——全能宝贝 A 款两全保险	85.60	17	27
吉祥人寿——祥和人生两全保险	85.40	18	1
人保寿险——鑫鼎两全保险（B 款）	85.40	19	3
百年人寿——百年荣两全保险	85.40	20	4
泰康人寿——万里无忧 B 款两全保险	85.40	21	9
平安人寿——安鑫保两全保险	84.80	22	14
天安人寿——安行天下（2017）两全保险	84.40	23	2
中国人寿——鑫达两全保险	84.40	24	5
太平洋人寿——全顺保两全保险	84.40	25	30
太平洋人寿——安行宝两全保险（2.0 增强版）	84.20	26	16
中银三星——财富无忧两全保险	83.60	27	6
泰康人寿——悦行无忧两全保险	83.60	28	12
泰康人寿——健康人生两全保险	83.60	29	26
中银三星——尊享守护两全保险	83.60	30	28

显然，正如前文所述，30 款传统型两全保险产品的非量化条款得分及排名与最终的综合排名并无直接关系。由于非量化条款得分所占比重小，一款特定产品的非量化条款排名与综合排名可能差异巨大。

在表 4 – 19 所展示的 30 款两全保险产品最终的综合排名中，有 5 款两全保险产品的得分低于 80 分。我们尝试从两个方面做出解释，一方面，可能是因为这些两全保险产品采取了相对于评估假设更为保守的精算假设，比如更低的定价利率和准备金利率、更高的各项意外伤害身故或全残发生率，导致市场费率远高于计算所得的纯保费，即使进行了简单算术平均两者的差距仍然比较显著，所以平均附加费用率过高进而出现可量化条款得分偏低。另一方面，则可能是因为这些产品自身保障责任不够全面，虽然并没有因为精算假设差异导致纯保费相差甚远，但由于费用率过高等一些原因，致使可量化条款得分偏低。以上两方面主要是从解释可量化条款得分低的角度入手，因为由表 4 – 20 和表 4 – 21 可知，排名靠后的两全保险产品主要是受可量化条款得分低的影响，虽然它们的非量化条款得分也并不突出，但对于最终结果没有决定性的作用。非量化条款得分低的保险产品可能是因为在进行产品设计时，非量化条款中的条款设置更为谨慎，更有利于保险公司，但对投保人、被保险人较不友好，优待条件较少。综合以上原因，在相同的评估方法与评估假设下，这 5 款两全保险的产品条款得分靠后。

（四）代表性两全保险产品的差异分析

在从总体上对 30 款传统型两全保险产品的综合排名及各项条款得分有了初步了解之后，我们有必要对其中的代表性保险产品进行深入分析，以找出它们最终得分不同的原因。

我们所进行对比分析的两款两全保险产品是天安人寿的安行天下（2017）两全保险和泰康人寿的泰康全能保 C 款两全保险。选择这两款传统型两全保险产品的原因是它们的保险责任类似，但最终的产品条款得分却相差很多。由表 4 – 19、表 4 – 20、表 4 – 21 可知，天安人寿的安行天下（2017）两全保险的非量化条款得分为 84.40 分，可量化条款得分为 91.08 分，最终的产品条款综合得分为 90.41 分，位列 30 款产品中的第 2 位。泰康人寿的泰康全能保 C 款两全保险的可量化条款得分为 79.85 分，非量化条款得分为 88.80 分，最终的产品条款综合得分为 80.74 分，位列 30 款保险产品中的第 25 位。两款两全保险产品的基本信息、各项条款对比以及得分如表 4 – 22 所示。

表 4 - 22   两款代表性两全保险产品条款得分及排名对比表

	天安人寿——安行天下（2017）两全保险	泰康人寿——泰康全能保 C 款两全保险
	基本信息	
所属公司	天安人寿保险股份有限公司	泰康人寿保险股份有限公司
责任范围	疾病身故给付、意外身故给付、全残给付、满期生存给付	疾病身故给付、意外身故给付、全残给付、满期生存给付
投保范围	18 ~ 55 周岁	18 ~ 60 周岁
保险期间	20 年、30 年、至 75 周岁	30 年、至 70 周岁、至 80 周岁
	可量化条款对比	
保险责任	（1）满期生存保险金：被保险人保险期间届满时生存，给付 120% × 已交保险费 （2）疾病身故或身体全残保险金：被保险人因疾病身故或确定全残时未满 41 周岁（不含 41 周岁），给付 160% × 已交保险费；年满 41 周岁但未满 61 周岁（不含 61 周岁），给付 140% × 已交保险费；年满 61 周岁，给付 120% × 已交保险费 （3）意外伤害身故或身体全残保险金：被保险人遭受意外伤害，并自该意外伤害发生之日起 180 日内身故或全残，给付基本保险金额 （4）重大自然灾害意外伤害身故或身体全残保险金：被保险人因重大自然灾害而遭受意外伤害 180 日内导致身故或全残，给付 2 × 基本保险金额 （5）特定公共交通工具意外伤害身故或身体全残保险金：被保险人在公共交通工具上遭受意外伤害 180 日内导致身故或全残，给付 10 × 基本保险金额 （6）自驾车意外伤害身故或身体全残保险金：被保险人驾驶或搭乘自驾车期间，在交通工具上遭受意外伤害 180 日内导致身故，给付 10 × 基本保险金额 （7）航空意外伤害身故或身体全残保险金：被保险人乘坐经营客运业务的民航班机，遭受意外伤害 180 日内导致身故，给付 25 × 基本保险金额	（1）生存保险金：被保险人保险期间届满时生存，给付已交保险费 （2）一般身故或全残保险金：被保险人非因意外伤害导致身故或全残，给付基本保险金额 （3）意外身故或全残保险金：被保险人遭受意外伤害事故，并在 180 日内身故或全残，给付 2 × 基本保险金额 （4）重大自然灾害意外身故或全残保险金：被保险人因约定的 8 种重大自然灾害而遭受意外伤害，在 180 日内导致身故或全残，给付 5 × 基本保险金额 （5）交通工具意外身故或全残保险金：被保险人以乘客身份乘坐交通工具，在公共交通工具上遭受意外伤害 180 日内导致身故或全残，若未满 75 周岁，给付 10 × 基本保险金额；年满 75 周岁，给付 5 × 基本保险金额 （6）自驾车意外身故或全残保险金：被保险人作为驾驶者驾驶私家车、公务车的，遭受意外伤害事故，并导致被保险人在该意外伤害事故发生之日起 180 日内身故或全残，若未满 75 周岁，给付 10 × 基本保险金额；年满 75 周岁，给付 5 × 基本保险金额 （7）航空意外身故或全残保险金：被保险人乘坐经营客运业务的民航班机，遭受意外伤害 180 日内以该次意外伤害为直接原因导致身故或全残，若未满 75 周岁，给付 20 × 基本保险金额；年满 75 周岁，给付 10 × 基本保险金额

	天安人寿——安行天下（2017）两全保险	泰康人寿——泰康全能保 C 款两全保险
平均纯保费（每千元保额）	33.55	63.70
平均市场保费（每千元保额）	29.76	136.04
平均附加费用率	-11.31%	113.58%
可量化条款得分	91.08	79.85
可量化条款得分排名	2	25
非量化条款对比		
非量化投保条款	犹豫期（10 天）内退保，扣除工本费（不超过 10 元）后退还已交保费；犹豫期后退保，退还保单现金价值	犹豫期（10 天）内退保，扣除工本费（不超过 10 元）后退还保费；犹豫期后退保，退还保单现金价值
非量化责任条款	除外责任：发生第（1）~（7）项导致被保险人身故或身体全残，不承担给付疾病身故或身体全残保险金的责任；发生第（1）（2）（4）~（7）（9）（11）（13）（14）（18）（24）（25）（36）项导致被保险人身故或身体全残，不承担给付意外伤害身故或身体全残保险金、重大自然灾害意外伤害身故或身体全残保险金、特定公共交通工具意外伤害身故或身体全残保险金、自驾车意外伤害身故或身体全残保险金、航空意外伤害身故或身体全残保险金的责任，向投保人退还本合同的现金价值。其中，若发生第（1）项，向被保险人或被保险人的继承人退还本合同的现金价值；若发生（2）~（7）（9）（11）（13）（14）（18）（24）（25）（36）项，向投保人退还本合同的现金价值	（1）等待期：180 天（2）附加险：《泰康附加全能保 C 款重大疾病保险》（3）除外责任：发生第（1）~（7）项导致被保险人身故或全残，不承担给付一般身故或全残保险金、意外身故或全残保险金、重大自然灾害意外身故或全保险金、交通工具意外身故或全残保险金、自驾车意外身故或全残保险金、航空意外身故或全残保险金的责任；发生第（13）（14）（16）（20）（21）（24）（25）（40）项导致被保险人身故或全残，不承担给付意外身故或全残保险金、重大自然灾害意外身故或全保险金、交通工具意外身故或全残保险金、自驾车意外身故或全残保险金、航空意外身故或全残保险金的责任。其中，若发生第（1）项，向其他权利人退还本合同的现金价值；若发生第（2）~（7）项，向投保人退还本合同的现金价值
非量化其他条款	（1）宽限期：60 天（2）保单贷款：80%，6 个月	（1）宽限期：60 天（2）保单贷款：与公司约定，6 个月（3）保费自动垫交（4）减保

续表

	天安人寿——安行天下（2017）两全保险	泰康人寿——泰康全能保 C 款两全保险
非量化条款得分	84.40	88.80
非量化条款得分排名	23	5
产品条款综合得分	90.41	80.74
产品条款综合排名	2	25

1. 基本信息部分

首先我们来关注一下天安人寿的安行天下（2017）两全保险和泰康人寿的泰康全能保 C 款两全保险这两款产品的基本信息。就所属公司来看，天安人寿和泰康人寿都属于老牌的寿险公司，但就公司体量上来看，泰康人寿则更胜一筹。两款保险产品的责任范围均涵盖了疾病身故给付、意外身故给付、全残给付、满期生存给付等；目标人群均为 18 周岁以上的成年人，投保范围相差不大（18～55周岁、18～60 周岁）；两款产品均提供了多种保险期限以供投保人和被保险人选择，既可选择保障一定的年限，也可选择保障至一定的年龄。综上所述，从基本信息的对比来看，两款两全保险产品差别并不大。

2. 可量化条款部分

纵览两款保险产品的可量化保险责任，两者均包含满期生存保险金（1.2 倍已交保险费 VS 已交保险费）①、疾病身故或身体全残保险金（分年龄分别给付1.6 倍、1.4 倍、1.2 倍已交保险费 VS 基本保险金额）、意外伤害身故或身体全残保险金（基本保险金额 VS 2 倍基本保险金额）、重大自然灾害意外伤害身故或身体全残保险金（2 倍基本保险金额 VS 5 倍基本保险金额）、特定公共交通工具意外伤害身故或身体全残保险金（10 倍基本保险金额 VS 分年龄分别给付 10 倍基本保险金额、5 倍基本保险金额）、自驾车意外伤害身故或身体全残保险金（10 倍基本保险金额 VS 分年龄分别给付 10 倍基本保险金额、5 倍基本保险金额）、航空意外伤害身故或身体全残保险金（25 倍基本保险金额 VS 分年龄分别给付 20 倍基本保险金额、10 倍基本保险金额）。两款产品所涉及的保险责任种类相同，仅在具体每项的给付金额上有所差异，但平均附加费用率却相差悬殊

---

① 括号内前者是天安人寿的安行天下（2017）两全保险的保险金给付，后者是泰康人寿的泰康全能保 C 款两全保险的保险金给付，下同。

（－11.31% VS 113.58%），由此导致两者的可量化条款得分相差较多（91.08 分 VS 79.85 分）。通过可量化条款的对比分析，我们可以认为在同样的评估假设和评估方法下，天安人寿的安行天下（2017）两全保险要比泰康人寿的泰康全能保 C 款两全保险"便宜"。但是这个"便宜"该如何理解呢？"便宜"的背后可能有着多种原因。天安人寿的安行天下（2017）两全保险存在着为了扩大市场份额而采用激进精算假设的可能，泰康全能保 C 款两全保险也可能是采取了更为保守的精算假设导致保费较高。但是因为我们的性价比评估是基于投保人或被保险人的角度，所以从他们的直观感受来看，前者比后者更具有价格优势。

3. 非量化条款部分

在非量化条款方面，两款保险产品的犹豫期均为 10 天，均列明了除外责任、宽限期和保单贷款。虽然泰康人寿的泰康全能保 C 款两全保险在投保时要求同时投保《泰康附加全能保 C 款重大疾病保险》，这是一个减分项，变相增加了投保人的支出，但它同时列明了等待期 180 天，设置了保费自动垫交和减保的条款，这些对投保人和被保险人的优待条款弥补了强制投保附加险的劣势。所以就非量化条款得分来看，泰康全能保 C 款仍然高于安行天下（2017）（88.80 分 VS 84.40 分），比其更胜一筹。

4. 综合得分及排名

将可量化条款得分与非量化条款得分按照 90% 和 10% 的权重加权求和，我们可以得到两款产品的最终综合得分。天安人寿的安行天下（2017）两全保险的产品条款综合得分为 90.41 分，位列 30 款产品中的第 2 位。泰康人寿的泰康全能保 C 款两全保险的产品条款综合得分为 80.74 分，位列 30 款保险产品中的第 25 位。

综合看来，天安人寿的安行天下（2017）两全保险比泰康人寿的泰康全能保 C 款两全保险的性价比更高。虽然后者在非量化条款的评估中占优势，但因为可量化条款的得分在总的产品条款得分中占有较高的比重 90%，所以安行天下（2017）在可量化条款评估中所占有的绝对优势使它最终获得了更高的产品条款得分。从现实角度来看，这也是可以理解的，可量化条款所计算的纯保费是和投保人和被保险人密切相关的，反映了获得保险保障所需付出的成本；但非量化条款相当于"锦上添花"的设置，虽然有更多的选择权和诸如保费自动垫交、减保等各种附加优待，但对于投保人来说最看中的还是能用更优惠的价格买到保障全面的保险产品。

二、个性得分结果分析

如表4－19所示，30 款传统型两全保险产品的综合得分及排名反映的是这些产品整体性价比的高低，也即从平均意义上来看各款产品是否值得购买。在实际的两全保险购买场景中，一些与被保险人有关的产品购买要素往往是确定的，比如被保险人的年龄、性别肯定是确定并且已知的。除此以外，被保险人和投保人对于两全保险的保险期间、缴费方式、保险责任等也存在着不同的偏好。如果把我们所选取的 30 款传统型两全保险产品作为整个保险市场提供的全部产品，那么对于一个特定的被保险人和投保人来说，他们的备选产品数量一定是小于 30 款的。在这种情况下，仅有 30 款传统型两全保险产品的综合得分及排名是不够的。基于上述原因，针对这 30 款传统型两全保险产品，我们计算了每款产品的不同产品组合的性价比得分，即先筛选出不同性别、不同年龄的被保险人在选择不同缴费方式、不同保险期间时能够购买的保险产品，再对这些筛选出的符合条件的两全保险产品计算性价比得分及个性排名，为消费者提供更有针对性的参考。

　　下面我们以一个特定的被保险人为例，对个性排名进行说明。以 1988 年 1 月 1 日出生男性为例，其当前年龄为 30 岁，假设他现在想要为自己购买一款保险期间为 30 年、缴费方式为 10 年交的传统型两全保险产品。根据消费者的购买需求，我们对 30 款传统型两全保险产品中符合条件的产品进行筛选，并对筛选后的两全保险产品按照前述步骤进行性价比评估，最终可以得到表 4-23 所示的个性得分和个性排名。

表 4-23　传统型两全保险产品个性得分及排名一览

两全保险产品名称	个性得分	个性排名	综合排名
国华人寿——华宝安行两全保险	89.30	1	7
太平洋人寿——安行宝两全保险（2.0 增强版）	86.47	2	16
泰康人寿——万里无忧 B 款两全保险	85.28	3	9
泰康人寿——悦行无忧两全保险	85.23	4	12
人保寿险——百万畅行两全保险	85.22	5	15
中国人寿——乐行宝（尊享版）两全保险	85.17	6	18
平安人寿——百万任我行两全保险（2017）	85.12	7	21
中国人寿——国寿百万如意行两全保险	85.10	8	22
中银三星——尊享守护两全保险	83.12	9	28
信诚人寿——金悦行两全保险	82.29	10	20
泰康人寿——泰康全能保 2017 两全保险	79.69	11	23

　　由表 4-23 可知，在我们所选取的 30 款传统型两全保险产品中，满足该特

定投保条件的共计有 11 款，其中性价比评估个性排名最高的为国华人寿的华宝安行两全保险，个性得分为 89.30 分；个性排名最低的为泰康人寿的泰康全能保2017 两全保险，个性得分为 79.69 分。结合两全保险产品条款综合排名可以发现，性价比综合排名高的两全保险产品不一定个性排名高，如综合排名中信诚人寿的金悦行两全保险排名高于中银三星的尊享守护两全保险（20 VS 28），而在该特定投保条件下，个性排名中前者的排名则低于后者（10 VS 9）。同理，性价比综合排名低的两全保险产品也不一定个性排名低，如综合排名中太平洋人寿的安行宝两全保险（2.0 增强版）排名低于泰康人寿的万里无忧 B 款两全保险（16 VS 9），而在该特定投保条件下，个性排名中前者的排名则高于后者（2 VS 3）。

第五章　传统型年金保险产品性价比评估分析

年金保险是人身保险的一种类型，是指投保人一次性或分期缴纳保险费，若被保险人在合同约定的期间内生存，保险人按照合同约定的金额和方式向被保险人给付生存保险金，生存保险金通常采用每年度或月度给付一定金额的方式。年金保险产品具有养老规划、教育规划、平滑各生命阶段收入等功能。

年金保险的分类方法有很多种：按照给付期限和方式的不同，年金保险可以分为养老年金保险和普通年金保险；按照缴费方式的不同，年金保险可以分为趸交年金、期交年金和混合型年金；按照给付开始时间的不同，年金保险可以分为即期年金和延期年金；按照保险期间的不同，年金保险可以分为终身年金和定期年金；按照给付金额的不同，年金保险可以分为定额年金和变额年金。考虑到我们是对年金保险产品进行性价比评估，因此我们将年金保险产品分为传统型年金保险和新型年金保险两类。传统型年金保险是指保险人以被保险人生存为条件，按合同约定的金额和给付方式定期给付保险金的保险。新型年金保险包括分红型年金保险和万能型年金保险等。

尽管保险市场上的分红型保险产品占了很大的比例，但从2013年进行传统型人身保险费率市场化改革之后，分红险的占比开始下降。2017年各家保险公司报备的年金类产品一共有568款，其中，分红型年金保险产品有149款，占总年金保险报备数量的26.23%。[1] 同时考虑到传统型年金产品更注重保障功能，我们在这里仅进行传统型年金保险产品的性价比评估。

---

[1]　《2018年中国人身保险产品研究报告（消费者版）》。

第一节　传统型年金保险产品的收集

传统型年金保险产品会在某一段约定的时间内给被保险人确定的给付，一般也都同时具有身故保障，因此传统型年金保险产品常用于养老金规划，少儿教育规划等。

我们主要通过中国保险行业协会人身险产品信息库、各寿险公司官网信息披露及各大网销保险平台等渠道收集和整理了市场上销售量较高的 30 款传统型年金保险产品。这 30 款传统型年金保险产品来自中国人寿、长城人寿、阳光人寿、新华保险、泰康人寿、太平人寿、平安人寿、农银人寿、华夏人寿、华贵人寿、中荷人寿、吉祥人寿、建信人寿、天安人寿、百年人寿、人保寿险、信泰保险、中英人寿这 18 个寿险公司。

表 5－1 中列出了我们收集到的 30 款传统型年金保险产品及其所属公司。

表 5－1　传统型年金保险产品一览

所属公司	产品名称
华贵人寿保险股份有限公司	华贵多彩盛世养老年金
华夏人寿保险股份有限公司	华夏财富宝养老年金 C 款 华夏一号养老年金 B 款 华夏福临门年金保险（如意版）
农银人寿保险股份有限公司	农银金太阳 B 款养老年金保险
中国平安人寿保险股份有限公司	平安乐享福养老年金保险（A） 平安乐享福年金保险（B）
太平人寿保险有限公司	太平福禄金生养老年金保险 太平隽富年金保险 太平欣悦一世年金保险 太平信守一生 2017 年金保险
泰康人寿保险股份有限公司	泰康鑫泰年金保险
新华人寿保险股份有限公司	新华人寿尊逸人生养老年金保险 新华人寿华实人生终身年金保险
阳光人寿保险股份有限公司	阳光人寿金喜连连年金保险
长城人寿保险股份有限公司	长城金禧年金保险

续表

所属公司	产品名称
中国人寿保险股份有限公司	国寿康宁少儿年金保险 国寿鑫福宝年金保险 国寿鑫福赢家年金保险
中荷人寿保险有限公司	中荷金福年年金保险
吉祥人寿保险股份有限公司	吉祥人寿鸿福一生年金保险 吉祥人寿祥乐年年金保险 吉祥人寿祥和五号年金保险 吉祥人寿祥佑五号年金保险
建信人寿保险有限公司	建信人寿龙行福寿年金保险 B 款
天安人寿保险股份有限公司	天安人寿传家福年金
百年人寿保险股份有限公司	百年人寿百年升年金保险
中国人民人寿保险股份有限公司	人保寿险鑫泰年金保险（C 款）
信泰人寿保险股份有限公司	信泰千万人生养老年金保险
中英人寿保有限公司	中英人寿金喜年年年金保险

表 5-1 中所列的 30 款产品是我们从销售量高、市场反馈好的诸多传统型年金保险产品中挑选出来的，覆盖了 18 家保险公司，能够得到较为客观的结论。下面，我们先对这 30 款产品的特征分别进行描述。

一、投保范围

这里的投保范围指的是可以投保该年金保险的年龄范围，即被保险人的年龄范围。不同年龄的被保险人所面临的风险是不同的，也就意味着为了获得相同的保险保障他们所需支付的保险费是不同的。对于以被保险人的生存或死亡为给付条件的传统型年金保险，相同的保险保障，投保年龄越大的被保险人风险越大，因此需要交更高的保费。

我们收集整理的 30 款传统型年金保险产品中，最高可以投保的年龄范围是 70 周岁（5 款产品），最低可以投保的年龄范围都是 0 周岁（包括出生满 28 日、出生满 30 日、出生且出院满 5 日）。其中国寿康宁少儿年金保险的投保范围是出生满 28 日至 17 周岁，是专为未成年人设计的年金保险产品。平安乐享福年金保险的投保范围根据被保险人的性别设置了不同的规定，男性为出生满 28 日至 54 周岁，女性为出生满 28 日至 49 周岁。

表 5-2 中列出了我们收集到的 30 款传统型年金保险产品对应的投保范围的具体信息。

表 5－2　传统型年金保险产品投保范围一览

投保范围	产品名称
出生满 28 日至 17 周岁	国寿康宁少儿年金保险
男性：出生 28 日至 54 周岁 女性：出生 28 日至 49 周岁	平安乐享福年金保险（B）
出生满 28 日至 55 周岁	太平福禄金生养老年金保险 信泰千万人生养老年金保险
出生满 30 日至 55 周岁	吉祥人寿鸿福一生年金保险
出生满 30 日至 59 周岁	吉祥人寿祥乐年年年金保险
出生满 28 日至 60 周岁	阳光人寿金喜连连年金保险
出生满 30 日至不满 61 周岁	新华人寿华实人生终身年金保险
出生满 28 日至 64 周岁	平安乐享福养老年金保险（A） 国寿鑫福宝年金保险
出生满 30 日至 64 周岁	长城金禧年金保险 吉祥人寿祥和五号年金保险
0～65 周岁	建信人寿龙行福寿年金保险 B 款 百年人寿百年升年金保险
出生满 28 日至 65 周岁	华夏财富宝养老年金 C 款 农银金太阳 B 款养老年金保险 太平欣悦一世年金保险 太平信守一生 2017 年金保险 泰康鑫泰年金保险 天安人寿传家福年金
出生满 30 日至 65 周岁	华贵多彩盛世养老年金 吉祥人寿祥佑五号年金保险 中英人寿金喜年年年金保险
出生满 30 日至不满 66 周岁	新华人寿尊逸人生养老年金保险
出生满 28 日至 69 周岁	国寿鑫福赢家年金保险
0～70 周岁	中荷金福年年金保险 人保寿险鑫泰年金保险（C 款）
出生且出院满 5 日至 70 周岁	华夏福临门年金保险（如意版）
出生满 28 日至 70 周岁	华夏一号养老年金 B 款 太平隽富年金保险

二、保险期间

这里的保险期间指的是保险合同中约定的保障期间，在这段时间内保险合同有效，若在保险期间内发生了合同约定的保险事故，保险人承担保险责任。我们收集的这30款传统型年金保险产品的保险期间大致有三种，第一种保险期间是终身，第二种是保至约定的年龄（如保至80周岁），第三种是保障一定的年限（如保30年）。大多数传统型年金保险产品的保险期间比较长，这是为了更好地应对长寿风险，使被保险人具有养老保障，因此前两种保险期间较多。而一些特殊的传统型年金保险产品，如少儿保险等，其保险期间相对来说会比较短，一般会采用后面两种形式。

有些年金产品的保险期间虽然有多种选择，但有些保险期间选项只能在相应的缴费方式和投保范围内才能选择，例如中英人寿金喜年年年金保险如果选择缴费方式为10年期交，则保险期间只能选15年、20年或30年；如果选择缴费方式为15年期交，则保险期间只能选20年或30年；如果选择缴费方式为20年期交，则保险期间只能选30年。

表5-3、表5-4、表5-5列出了我们收集到的30款传统型年金保险产品对应的保险期间的具体信息。

表5-3　传统型年金保险产品保险期间（终身）一览

保险期间	产品名称
终身	华贵多彩盛世养老年金
终身	华夏财富宝养老年金C款
终身	华夏一号养老年金B款
终身	平安乐享福养老年金保险（A）
终身	平安乐享福年金保险（B）
终身	新华人寿尊逸人生养老年金保险
终身	华夏福临门年金保险（如意版）
终身	吉祥人寿祥和五号年金保险
终身	吉祥人寿祥佑五号年金保险
终身	建信人寿龙行福寿年金保险B款
终身	天安人寿传家福年金
终身	吉祥人寿鸿福一生年金保险
终身	新华人寿华实人生终身年金保险
终身	信泰千万人生养老年金保险

表 5 - 4　传统型年金保险产品保险期间（保至年龄）一览

保障期限	产品名称
至 30 周岁	国寿康宁少儿年金保险
至 80 周岁	农银金太阳 B 款养老年金保险 吉祥人寿祥乐年年年金保险
至 88 周岁	太平福禄金生养老年金保险 太平隽富年金保险 太平欣悦一世年金保险 太平信守一生 2017 年金保险 国寿鑫福赢家年金保险
至 100 周岁	阳光人寿金喜连连年金保险 长城金禧年金保险
至 105 周岁	泰康鑫泰年金保险

表 5 - 5　传统型年金保险产品保险期间（保障年限）一览

保障期限	产品名称
10 年	中荷金福年年年金保险 人保寿险鑫泰年金保险（C 款）
30 年	百年人寿百年升年金保险
10 年、15 年、20 年	国寿鑫福宝年金保险
10 年、15 年、20 年、30 年	中英人寿金喜年年年金保险

三、缴费方式

　　这里的缴费方式是指投保人为所购买的保险合同支付保险费的方式，可以分为趸交和期交两种方式，其中期交保险费又可以分为交一定年限和交至约定的年龄两种情况。综合上述情况，我们把收集的 30 款传统型年金保险产品的缴费方式分成了两种类型：一种是年限型，即投保人可以选择趸交或者交一定的年限的方式来缴费（因为趸交也可以看作是 1 年交）；另一种是综合型，即投保人除了可以选择趸交或者交一定的年限的方式缴费之外，还可以选择交至约定年龄的方式。这 30 款年金保险产品中只有平安人寿的两款产品的缴费方式是综合型，可以选择交至养老金（或年金）的领取年龄。其他 28 款产品的缴费方式均为年限型。其中有 5 款产品只能选择趸交，有 8 款产品只能选择期交，剩余 15 款产品两种方式均可选择。

与保险期限类似，有些缴费方式只能在相应的投保范围、被保险人性别及保险期间下选择，如中英人寿金喜年年金保险保险期间为 30 年的情况下，被保险人年龄超过 55 周岁的不能选择 20 年交的缴费方式，超过 60 周岁的不能选择 15 年交的缴费方式；国寿鑫福赢家年金保险在被保险人性别为男时只能选择 3 年交、5 年交或 10 年交这三种方式，而在被保险人性别为女的情况下，可以选择 3 年交、5 年交、10 年交、11 年交、12 年交、13 年交这六种方式。

表 5 - 6、表 5 - 7 列出了我们收集到的 30 款传统型年金保险产品对应的缴费方式的具体信息。

表 5 - 6　传统型年金保险产品缴费方式（年限型）一览

缴费方式	产品名称
趸交	华夏一号养老年金 B 款 吉祥人寿祥和五号年金保险 吉祥人寿祥佑五号年金保险 建信人寿龙行福寿年金保险 B 款 人保寿险鑫泰年金保险（C 款）
趸交、3 年交	百年人寿百年升年金保险
趸交、2 年交、3 年交	华贵多彩盛世养老年金 华夏财富宝养老年金 C 款
趸交、3 年交、5 年交	吉祥人寿祥乐年年金保险
趸交、3 年交、5 年交、10 年交	太平欣悦一世年金保险 华夏福临门年金保险（如意版） 天安人寿传家福年金 信泰千万人生养老年金保险
趸交、3 年交、5 年交、10 年交、20 年交	农银金太阳 B 款养老年金保险 新华人寿尊逸人生养老年金保险 阳光人寿金喜连连年金保险
趸交、5 年交、10 年交、15 年交、20 年交	太平隽富年金保险 泰康鑫泰年金保险 长城金禧年金保险
趸交、3 年交、5 年交、10 年交、15 年交、20 年交	中英人寿金喜年年金保险
3 年交、5 年交	中荷金福年年年金保险
5 年交、10 年交	太平信守一生 2017 年金保险

续表

缴费方式	产品名称
3 年交、5 年交、10 年交	国寿康宁少儿年金保险 国寿鑫福宝年金保险 吉祥人寿鸿福一生年金保险 新华人寿华实人生终身年金保险
5 年交、10 年交、15 年交	太平福禄金生养老年金保险
3 年交、5 年交、10 年交、11 年交（女）、12 年交（女）、13 年交（女）	国寿鑫福赢家年金保险

表 5 – 7　传统型年金保险产品缴费方式（综合型）一览

缴费方式	产品名称
趸交、5 年交、10 年交、15 年交、20 年交、交至领取年龄	平安乐享福养老年金保险（A） 平安乐享福年金保险（B）

四、保险责任

这里的保险责任指的是保险合同中约定的当被保险人发生指定的保险事故时，保险人所承担的给付责任。传统型年金保险产品的保险责任一般都会包括多次生存给付责任和身故给付责任，有些产品还会增加其他的保险责任。多次生存给付责任是指在达到保险合同约定的领取期限时被保险人仍生存，保险人给付生存保险金的责任，由于年金产品的生存保险金一般是以年金形式给付多次，有些产品还会包含一次性给付的特别生存金和满期生存金，因此这种保险责任称为多次生存给付责任。身故给付责任是指被保险人在保险期间内身故，保险人按约定的金额给付身故保险金的责任。

我们收集到的 30 款传统型年金保险产品的保险责任都包括多次生存给付责任和身故给付责任。生存保险金一般为基本保险金额的一定比例，该比例可能随缴费方式、被保险人投保年龄、当前保单年度、领取方式等的不同而发生变化；身故保险金一般为已交保费或已交保费与现金价值的较大值，有的产品在领取期限（或其他约定日期）前后的身故保险金给付金额会发生变化。

以泰康人寿的泰康鑫泰年金保险为例，其保险责任如下：①生存保险金：自本合同生效之日起至被保险人年满 60 周岁后的首个本合同的年生效对应日（不含该日）前，每年支付保险金额的 5%；自被保险人年满 60 周岁后的首个本合同的年生效对应日（含该日）起，至被保险人年满 105 周岁后的首个本合同的年生效对应日（含该日）止，每年支付保险金额的20%。②祝寿保险金：被保险人在年满80周岁后的首个本合同的年生效对应日生存，支付已交保费。③身故保险金：被保险人在年满80周岁后的首个本合同的年生效对应日（不含该日）之前身故，支付已交保费和现金价值的较大值；被保险人在年满80周岁后的首个本合同的年生效对应日（含该日）之后身故，无支付。

除上述常见的几种保险给付责任外，长城金禧年金保险和中英人寿金喜年年金保险两款的保险责任除包括上述两种责任外，还包括全残给付责任；国寿鑫福赢家年金保险对于身故给付责任还区分了非意外身故和意外身故给付保险金。每款年金保险产品的保险责任虽然类型相似，但其实细节差别很大，因而每款产品的价格也会有很大差别。

五、附加责任

这里的附加责任是指主险合同中与附加在主险合同下的附加保险合同相关的保险责任条款。目前，市场使得大多数传统型年金保险产品在销售时都会附加相关的定期寿险、重大疾病保险、意外险或者账户类保险，而这种强制性或半强制性的附加险其实降低了传统型年金保险产品的性价比。

在我们收集到的30款传统型年金保险产品中，仅有阳光人寿金喜连连年金保险一款产品的保险条款中出现了与附加险相关的附加责任。阳光人寿金喜连连年金保险合同中规定，如果投保人同时投保了《阳光人寿附加财富账户年金保险D款（万能型)》，则生存年金将自动作为保险费进入该个人账户。

六、领取期限

这里的领取期限指的是保险合同中约定的养老金或年金开始领取的时间，是年金保险产品特有的选择。传统型年金保险产品的领取期限一般有约定年龄和约定期限两种方式。约定年龄是指保险合同约定，若被保险人在指定的年龄生存，则从当年开始领取养老金或年金，之后各年支付养老金或年金的前提也是被保险人生存；约定期限是指保险合同约定，若被保险人在合同生效之后的指定年限生存，则从当年开始领取养老金或年金，之后各年支付养老金或年金的前提也是被保险人生存。

在我们收集到的30款传统型年金保险产品中，有16款年金产品的领取期限采用约定年龄的方式，其余14款产品采用了约定期限的方式。同样的，部分年金保险产品领取期限的选择与相应的投保范围、保险期间、缴费方式及被保险人性别等信息相关，如平安乐享福养老年金保险（A）在被保险人为男性时，领取期限只能选择年满60周岁起或年满65周岁起两种，而被保险人为女性时，可以选择年满 55 周岁起、年满 60 周岁起或年满 65 周岁起三种；被保险人为男性的情况下选择年满 60 周岁起领取养老金要求投保时被保险人未满 60 周岁（趸交）、未满 56 周岁（5 年交）、未满 51 周岁（10 年交）、未满 46 周岁（15 年交）、未满 41 周岁（20 年交）或投保时被保险人年满 40 周岁且未满 55 周岁（交至领取年龄）。

　　表 5 - 8、表 5 - 9 列出了我们收集到的 30 款传统型年金保险产品对应的缴费方式的具体信息。

表 5 - 8　传统型年金保险产品领取期限（约定年龄）一览

领取期限	产品名称
年满 18 周岁	国寿康宁少儿年金保险
年满 60 周岁起	泰康鑫泰年金保险
年满 70 周岁起	吉祥人寿祥和五号年金保险
年满 71 周岁起	吉祥人寿祥佑五号年金保险
年满 75 周岁起	华贵多彩盛世养老年金 华夏财富宝养老年金 C 款 华夏一号养老年金 B 款
年满 60 周岁后的首个年生效日	吉祥人寿祥乐年年金保险
年满 60 周岁后首个保单周年日	信泰千万人生养老年金保险
70 周岁保单生效对应日起	天安人寿传家福年金
年满 55 周岁起、年满 60 周岁起	太平福禄金生养老年金保险
年满 60 周岁起、年满 70 周岁起	农银金太阳 B 款养老年金保险
年满 55 周岁起（女）、年满 60 周岁起、年满 65 周岁起	平安乐享福养老年金保险（A）
年满 40 周岁起、年满 45 周岁起、年满 50 周岁起、年满 55 周岁起（男）	平安乐享福年金保险（B）
年满 50 周岁起、年满 55 周岁起、年满 60 周岁起、年满 65 周岁起	长城金禧年金保险
年满 55 周岁起、年满 60 周岁起、年满 65 周岁起、年满 70 周岁起	新华人寿尊逸人生养老年金保险

表5-9　传统型年金保险产品领取期限（约定期限）一览

领取期限	产品名称
合同生效起	国寿鑫福宝年金保险
犹豫期过后	太平欣悦一世年金保险 阳光人寿金喜连连年金保险
首个保单周年日开始	太平隽富年金保险 太平信守一生2017年金保险 中荷金福年年年金保险 建信人寿龙行福寿年金保险B款
第3个保单周年日开始	人保寿险鑫泰年金保险（C款）
第5个保单周年日开始	华夏福临门年金保险（如意版） 百年人寿百年升年金保险 吉祥人寿鸿福一生年金保险 新华人寿华实人生终身年金保险 中英人寿金喜年年年金保险
关爱金领取日前的每一年生效对应日 （关爱金领取年龄为30周岁、35周岁、40周岁、45周岁、50周岁、55周岁、60周岁、65周岁、70周岁、75周岁、80周岁、85周岁任选其一）	国寿鑫福赢家年金保险

七、除外责任

这里的除外责任也称责任免除，是指年金保险合同中规定保险人不承担给付保险责任的范围，一般采用列举的方式，在保险条款中明文列出保险人不承担赔偿给付责任的范围。由前述内容知，传统型年金保险产品的保险责任一般都会包括多次生存给付责任和身故给付责任，因此除外责任也是一些常见的针对身故免责的范围，有些年金保险产品的除外责任中也规定了一些对意外身故或全残的情景。

通过分析这30款传统型年金保险产品保险条款中规定的除外责任，我们可以将所有出现的除外责任情景汇总如下：

（1）投保人对被保险人的故意杀害、故意伤害。

（2）被保险人故意犯罪或抗拒依法采取的刑事强制措施。

（3）被保险人自本合同成立或复效之日起2年内自杀，但被保险人自杀时为无民事行为能力人的除外。

（4）被保险人主动吸食或注射毒品。

（5）被保险人酒后驾驶、无合法有效驾驶证驾驶或驾驶无有效行驶证的机动车。

（6）战争、军事冲突、暴乱或武装叛乱。

（7）核爆炸、核辐射或核污染。

（8）被保险人故意自伤。

（9）被保险人自杀（但被保险人自杀时为无民事行为能力人的除外）。

（11）被保险人猝死。

（14）被保险人流产、分娩（含剖宫产）。

（18）被保险人因整容手术或者其他内、外科手术导致医疗事故。

（20）被保险人因精神疾患导致的意外。

（21）被保险人行为障碍。

（24）被保险人未遵医嘱，私自使用药物，但按使用说明的规定使用非处方药不在此限。

（25）被保险人从事潜水、滑水、滑雪、滑冰、滑翔翼、热气球、跳伞、攀岩、探险活动、武术比赛、摔跤比赛、柔道、空手道、跆拳道、拳击、特技表演、蹦极、赛马、赛车、各种车辆表演及车辆竞赛等高风险运动。

（33）被保险人对投保人的故意杀害、故意伤害。

注：每一条免责情景前面的序号是附录（除外责任具体情形）中所有保险产品除外责任情景汇总的序号，在之后的产品条款评估分析中我们将只写出免责情景的序号，不再重复免责情景的具体内容。

第二节　传统型年金保险产品性价比评估：方法、假设和步骤

在保险产品销售渠道多元化的今天，保险市场上的年金保险产品多不胜数，除传统型年金保险产品外，还有很多分红型、万能型的年金保险产品。考虑到保险的本质是风险共担，而这些分红型、万能型年金保险产品实际上更偏向投资理财的功能，因而我们在这里不考虑这类年金保险产品，只讨论传统型年金保险产品。

本章第一节的内容介绍了我们通过多个渠道收集和选取的在市场上比较受消

费者欢迎的 30 款传统型年金保险产品，并详细解析了这 30 款传统型年金保险产品的产品特征。那么对于消费者来说，如何从这 30 款年金保险中挑选出最适合自己的产品呢？保险产品是一种特殊的商品，特别是人身保险产品，其专业性和复杂性使很多消费者在购买保险产品时，一般都只是通过保险代理人的简要介绍来了解，而对保险合同的具体条款一知半解，因而也不知道购买的保险产品到底"好不好"。在这种情况下，我们通过一定的规则对选取的 30 款传统型年金保险产品进行性价比评估，这个评估结果可以作为消费者购买传统型年金保险产品时的一个参考因素，从而购买到最合适、最划算的年金产品。

上文说过，传统型年金保险产品的保险责任一般都包括多重给付责任和身故给付责任，部分年金保险还有一些其他的给付责任，但每款产品的各项给付责任设计的给付比例和数额等方面都会有不同的设计。此外，保险合同中是否含有保单贷款、宽限期时间长短等各种其他条款都会对该保险产品的价值产生影响，因此我们在进行传统型年金保险产品的性价比评估时，需要综合考虑各种因素，将保险合同中对产品价值产生影响的条款都考虑进来，设定一个合理的评价标准，这样才能获得一个准确而全面的评估结果。

本节主要从传统型年金保险产品性价比评估的假设和具体步骤两个方面入手，介绍我们是如何对一款年金保险产品进行评估的。

一、评估模型与假设

（一）评估模型

以华夏财富宝养老年金 C 款年金保险为例，其保险责任为：①养老年金，被保险人自养老年金领取日（含）开始，在每个保单生效对应日零时生存，支付 10% * 基本保险金额，养老年金开始领取日为被保险人年满 75 周岁后的首个保单年日；②身故保险金，被保险人身故，支付已交保费与现金价值的较大值。

假设 x 岁投保，保费为 P，缴费 n 年，保额为 SA，我们可以根据精算定价原理写出华夏财富宝养老年金 C 款年金保险的定价模型及第 k 年年末现金价值计算模型。

1. 定价模型

$$P\left[1 + (1+r)^{-1}p_x + (1+r)^{-2}{}_2p_x + \cdots + (1+r)^{-n+1}{}_{n-1}p_x\right]$$

$$= P\sum_{i=1}^{n}(1+r)^{-i+1}{}_{i-1}p_x{}_{75-x}p_x(1+r)^{-(75-x)}\left[0.1SA + 0.1SA \cdot (1+r)^{-1}p_{75} + \cdots + \right.$$

$$\left. 0.1SA \cdot (1+r)^{-29}{}_{105-75-1}p_{75} + 0.1SA \cdot (1+r)^{-30}{}_{105-75}p_{75}\right]$$

$$= 0.1SA_{75-x}p_x(1+r)^{-(75-x)}\sum_{i=1}^{31}(1+r)^{-i+1}{}_{i-1}p_{75}$$

$$q_x \max\{\min\{n,1\}P, PV_1\}(1+r)^{-1} + p_x q_{x+1} \max\{\min\{n,2\}P, PV_2\}(1+r)^{-2} +$$

$$_2p_x q_{x+2} \max\{\min\{n,3\}P, PV_3\}(1+r)^{-3} + \cdots +$$

$$_{105-x}p_x q_{105} \max\{\min\{n,106-x\}P, PV_{106-x}\}(1+r)^{-(106-x)}$$

$$= \sum_{i=1}^{106-x} {}_{i-1}p_x q_{x+i-1}(1+r)^{-i}\max\{\min\{n,i\}P, PV_i\} P \sum_{i=1}^{n}(1+r)^{-i+1}_{i-1}p_x$$

$$= 0.1SA_{75-x}p_x(1+r)^{-(75-x)}\sum_{i=1}^{31}(1+r)^{-i+1}_{i-1}p_{75} +$$

$$\sum_{i=1}^{106-x} {}_{i-1}p_x q_{x+i-1}(1+r)^{-i}\max\{\min\{n,i\}P, PV_i\}$$

2. 第 k 年年末现金价值计算模型

如果 k < n：

$$PV_k = -P\sum_{i=1}^{n-k}(1+r)^{-i+1}_{i-1}p_{x+k} + 0.1SA_{75-x-k}p_{x+k}(1+r)^{-(75-x-k)}\sum_{i=1}^{31}(1+r)^{-i+1}_{i-1}p_{75} +$$

$$\sum_{i=1}^{106-x-k} {}_{i-1}p_{x+k}q_{x+k+i-1}(1+r)^{-i}\max\{\min\{n,k+i-1\}P, PV_{k+i}\}$$

如果 n ≤ k < 75 − x：

$$PV_k = 0.1SA_{75-x-k}p_{x+k}(1+r)^{-(75-x-k)}\sum_{i=1}^{31}(1+r)^{-i+1}_{i-1}p_{75} +$$

$$\sum_{i=1}^{106-x-k} {}_{i-1}p_{x+k}q_{x+k+i-1}(1+r)^{-i}\max\{\min\{n,k+i-1\}P, PV_{k+i}\}$$

如果 k ≥ 75 − x：

$$PV_k = SA\sum_{i=1}^{106-x-k}(1+r)^{-i+1}_{i-1}p_{x+k} +$$

$$\sum_{i=1}^{106-x-k} {}_{i-1}p_{x+k}q_{x+k+i-1}(1+r)^{-i}\max\{\min\{n,k+i-1\}P, PV_{k+i}\}$$

（二）评估假设

在进行传统型年金保险产品性价比评估时，量化条款部分的得分要在一定的评估假设下计算。计算量化条款得分时需要计算出每款年金保险产品的附加费用率，由附加费用率的计算公式知，需要先根据精算等价原理计算出每款年金保险产品的纯风险费率，因此我们需要对计算纯风险费率时需要用到的精算假设进行设定，主要包括定价利率、现金价值利率和发生率。

表 5 - 10 列出了我们计算这 30 款传统型年金保险产品纯风险费率时用到的精算假设。

表 5 – 10　传统型年金保险产品性价比评估精算假设

项目	假设
定价利率	2.5%
现金价值计算利率	3.5%
发生率	附表2：中国人身保险业经验生命表（2010～2013）CL5/CL6

（三）计算程序

我们将传统型年金保险产品分为身故给付无现金价值和身故给付有现金价值两类，分别编写了纯风险保费的 MATLAB 计算程序，两种类型的计算程序的编写原理有所不同，其中，身故给付无现金价值的年金保险产品的纯风险保费计算程序为 priceg1，身故给付有现金价值的年金保险产品的纯风险保费计算程序为 priceg2。

除了这两个定价函数的程序外，我们在计算每款年金保险产品的纯风险保费时，还需要写一个输入参数调用函数的程序，这个程序比较简单，因此我们不在这里具体介绍。

1. 身故给付无现金价值的纯风险保费计算程序

function

price = priceg1（x，NB，NP，annum_ begtime，annum_ SA，annum_ p，once_ time，once_ SA，once_ p，SA，sex，male_ die，female_ die）

% 适用于年金额恒定不变（比如80岁之前给5%保额，80岁之后给10%保额这种的不行），可以有一次额外给付（比如首年给付、满期给付、祝寿金），身故给付已交保费的一定比例的产品。

% 其中各变量的含义为

% x：投保年龄

% NB：保险期间（如果是固定多少年就填多少，如果是到多少岁就填年龄 – x。比如保险期间10年，NB = 10；保险期间至88周岁，NB = 88 – x，保险期间为终身，NB = 105 – x）

% NP：交费期间（同保险期间输入一致）

% annum_ begtime：年金开始给付的时间（如果是第几个保险周年日开始给付就填几，如果是多少岁开始就填年龄 – x。比如第5个保单周年日开始，annum_ begtime = 5；65岁开始给付年金，annum_ begtime = 65 – x）

% annum_ SA：年金给付额占保额的比例

% annum_ p：年金给付额占年交保费的比例

% once_ time：一次性给付的时间点（如果是第几个保险周年日给付就填几，

如果是多少岁就填年龄 - x。比如犹豫期后给付，once_ time = 0；65 岁给付，once_ time = 65 - x，满期给付，once_ time = NB，如果没有一次性给付的话这里填 0）

% once_ SA：一次性给付保额的百分比（如果没有一次性给付的话这里填 0）

% once_ p：一次性给付保费的百分比（如果没有一次性给付的话这里填 0）

% SA：保额

% sex：性别（1 男，2 女）

% male_ die 男性死亡率

% female_ die 女性死亡率

InsLia_ die = zeros(1, 106);
PV_ InsLia_ die_ temp = zeros(1, 106);
PV_ InsLia_ live_ annum_ temp = zeros(1, 106);
survivalprobability_ x = zeros(1, 106);

syms p;
r1 = 0.025;%定价利率
r2 = 0.035;%现金价值利率
er = 0.0000001;

if sex = = 1
    probability_ die = male_ die;%身故发生的概率
else
    probability_ die = female_ die;%身故发生的概率
end
deathprobability = probability_ die;%每年死亡概率 qx
liveprobability = 1 - deathprobability;%每年生存概率 px
survivalprobability_ x(1) = 1;%x 岁的人首年存活的概率为 1 0px = 1
for i = 2：106 - x
    survivalprobability_ x(i) = prod(liveprobability(x + 1：x + i - 1));%x 岁的个体在第 i 年初生存的概率(i - 1)px
    end
    for i = 1：NP
    PV_ premium_ temp(i) = survivalprobability_ x(i) * (1 + r1)^(- i + 1);

% 每年的单位现价保费现值
```
    end

    p = 1;
    p_ cal = 0;

    for i = annum_ begtime：NB
        InsLia_ live_ annum(i) = annum_ SA * SA + annum_ p * p;     % 年金给付
    end
```

% 利用多次迭代计算期缴保费
```
while abs(p_ cal − p) > er
    p_ cal = p;
    InsLia_ live_ first = SA;

    InsLia_ live_ once = once_ SA * SA + once_ p * NP * p;% 一次性给付金额
    PV_ InsLia_ live_ once = survivalprobability_ x(once_ time + 1) * InsLia_ live_
once * (1 + r1)^( − once_ time);% 一次性给付贴现
    PV_ InsLia_ live_ once_ cv = survivalprobability_ x(once_ time + 1) * InsLia_
live_ once * (1 + r2)^( − once_ time);% 一次性给付贴现——现金价值
        % 计算保费和现金价值保费
    PV_ InsLia = sum(PV_ InsLia_ die_ temp) + sum(PV_ InsLia_ live_ annum_
temp) + InsLia_ live_ first;
        p = PV_ InsLia/sum(PV_ premium_ temp);

        % 身故给付
        for i = 1：NB
        InsLia_ die(i) = min(i, NP) * p;% 身故支付已交保费
        end

        % 计算未来责任现值
        for i = 1：NB
    PV_ InsLia_ die_ temp(i) = survivalprobability_ x(i) * probability_ die(x + i)
* InsLia_ die(i) * (1 + r1)^( − i);
```

PV_ InsLia_ live_ annum_ temp(i) = survivalprobability_ x(i + 1) * InsLia_ live_ annum(i) * (1 + r1)^(− i);

  end

end

price = p;

end

2. 身故给付有现金价值的纯风险保费计算程序

function price = priceg2(x, NB, NP, annum_ begtime, annum_ SA, annum_ p, once_ time, once_ SA, once_ p, SA, sex, male_ die, female_ die)

% 适用于年金额恒定不变（比如80岁之前给5%保额，80岁之后给10%保额这种的不行），可以有一次额外给付（比如首年给付，满期给付，祝寿金），身故给付已交保费和现金价值最大值的产品。

% 其中各变量的含义为

% x：投保年龄

% NB：保险期间（如果是固定多少年就填多少，如果是到多少岁就填年龄 − x。比如保险期间10年，NB = 10；保险期间至88周岁，NB = 88 − x，保险期间为终身，NB = 105 − x）

% NP：交费期间（同保险期间输入一致）

% annum_ begtime：年金开始给付的时间（如果是第几个保险周年日开始给付就填几，如果是多少岁开始就填年龄 − x。比如第5个保单周年日开始，annum_ begtime = 5；65岁开始给付年金，annum_ begtime = 65 − x）

% annum_ SA：年金给付额占保额的比例

% annum_ p：年金给付额占年交保费的比例

% once_ time：一次性给付的时间点（如果是第几个保险周年日给付就填几，如果是多少岁就填年龄 − x。比如犹豫期后给付，once_ time = 0；65岁给付，once_ time = 65 − x，满期给付，once_ time = NB，如果没有一次性给付的话这里填0）

% once_ SA：一次性给付保额的百分比（如果没有一次性给付的话这里填0）

% once_ p：一次性给付保费的百分比（如果没有一次性给付的话这里填0）

% SA：保额

% sex：性别（1男，2女）

% male_ die 男性死亡率

% female_ die 女性死亡率

```
InsLia_ die = zeros(1, 106);
PV_ InsLia_ die_ temp = zeros(1, 106);
PV_ InsLia_ die_ temp_ cv = zeros(1, 106);
PV_ InsLia_ live_ annum_ temp = zeros(1, 106);
PV_ InsLia_ live_ annum_ temp_ cv = zeros(1, 106);
survivalprobability_ x = zeros(1, 106);

syms p
r1 = 0.025;%定价利率
r2 = 0.035;%现金价值利率
er = 0.0000001;

if sex = = 1
    probability_ die = male_ die;%身故发生的概率
else
    probability_ die = female_ die;%身故发生的概率
end
deathprobability = probability_ die;%每年死亡概率 qx
liveprobability = 1 - deathprobability;%每年生存概率 px
survivalprobability_ x(1) = 1;%x 岁的人首年存活的概率为 1 0px = 1
for i = 2: 106 - x
    survivalprobability_ x(i) = prod(liveprobability(x + 1: x + i - 1));%x 岁的
个体在第 i 年初生存的概率(i - 1)px
end
for i = 1: NP
    PV_ premium_ temp(i) = survivalprobability_ x(i) * (1 + r1)^( - i + 1);
%每年的单位现价保费现值
    PV_ premium_ temp_ cv(i) = survivalprobability_ x(i) * (1 + r2)^( - i +
1);%每年的单位现价保费现值
end

p = 1;
p_ cal = 0;
%生存给付
```

```
for i = annum_ begtime：NB
    InsLia_ live_ annum(i) = annum_ SA * SA + annum_ p * p;        %年金给付
end
```

%利用多次迭代计算期缴保费、现金价值与身故给付
```
while abs( p_ cal − p) > er
    p_ cal = p;

    InsLia_ live_ once = SA * once_ SA + p * NP * once_ p;%一次性给付金额

PV_ InsLia_ live_ once = survivalprobability_ x( once_ time + 1) * InsLia_ live_
once * (1 + r1)^( − once_ time);%一次性给付贴现

PV_ InsLia_ live_ once_ cv = survivalprobability_ x( once_ time + 1) * InsLia_
live_ once * (1 + r2)^( − once_ time);%一次性给付贴现———现金价值
    %计算保费和现金价值保费

PV_ InsLia = sum( PV_ InsLia_ die_ temp) + sum( PV_ InsLia_ live_ annum_
temp) + PV_ InsLia_ live_ once;

CV_ InsLia = sum( PV_ InsLia_ die_ temp_ cv) + sum( PV_ InsLia_ live_ an-
num_ temp_ cv) + PV_ InsLia_ live_ once_ cv;
    p = PV_ InsLia/sum( PV_ premium_ temp);
    p_ cv = CV_ InsLia/sum( PV_ premium_ temp_ cv);
    %计算现金价值
    for i = 1：NB

CV_ ex = sum( PV_ InsLia_ die_ temp_ cv(i + 1：NB)) + sum( PV_ InsLia_
live_ annum_ temp_ cv(i + 1：NB)) + PV_ InsLia_ live_ once_ cv;
        if i < = NP
            CV_ x(i) = CV_ ex − p_ cv * sum( PV_ premium_ temp_ cv(i:
NP));
        else CV_ x(i) = CV_ ex;
```

```
        end
    end
    % 身故给付
    for i = 1：NB
    InsLia_ die(i) = max(min(i, NP) * p, CV_ x(i));% 身故支付已交保费
与现金价值的较大值
    end
    % 计算未来责任现值
    for i = 1：NB

    PV_ InsLia_ die_ temp(i) = survivalprobability_ x(i) * probability_ die(x + i) *
InsLia_ die(i) * (1 + r1)^( - i);

    PV_ InsLia_ die_ temp_ cv(i) = survivalprobability_ x(i) * probability_ die(x +
i) * InsLia_ die(i) * (1 + r2)^( - i);
    end
    for i = 1：NB
        PV_ InsLia_ live_ annum_ temp(i) = survivalprobability_ x(i + 1) *
InsLia_ live_ annum(i) * (1 + r1)^( - i);
        PV_ InsLia_ live_ annum_ temp_ cv(i) = survivalprobability_ x(i +
1) * InsLia_ live_ annum(i) * (1 + r2)^( - i);
    end
    end
    price = p;
    end
```

二、评估步骤

这一部分，我们以新华人寿华实人生终身年金保险为例，说明传统型年金保险产品性价比评估的具体步骤。

（一）条款内容整理

我们将收集的产品条款及市场费率进行标准化拆分和整理。表5－11列出了新华人寿华实人生终身年金保险拆分后的保险条款。表5－12展示了新华人寿华实人生终身年金保险部分年龄、性别、缴费方式、保险期间、年金领取期限组合下的市场费率标准化整理。

表 5 – 11　新华人寿华实人生终身年金保险产品信息

产品名称	新华人寿华实人生终身年金保险
基本信息	
所属公司	新华人寿保险股份有限公司
责任范围	多次生存给付、身故给付
投保范围	出生满 30 天至不满 61 周岁
保险期间	终身
缴费方式	3 年交、5 年交
量化条款	
保险责任	（1）关爱金：被保险人于本合同生效满五年的首个保单生效对应日（详见释义）零时生存，给付基本保险金额 （2）生存保险金：被保险人于本合同生效满六年起，在每个保单生效对应日零时生存，给付基本保险金额的30% （3）身故保险金：被保险人身故，给付已交保费和现金价值的最大值
非量化条款	
非量化投保条款	犹豫期（10 天）内退保，扣除工本费（不超过 10 元）后退还已交保费；犹豫期后退保，退还保单现金价值
非量化责任条款	（1）保费豁免：除另有约定外，投保人因意外伤害身故或因意外伤害身体全残，且投保人身故或身体全残时年龄已满 18 周岁未满 61 周岁，可免交自投保人身故或被确定身体全残之日起的续期保险费 （2）除外责任：首次养老金领取日前，发生第（1）～（7）项导致被保险人身故的，不承担给付身故保险金的责任；发生第（2）～（7）项及第（33）项导致投保人身故或全残的，不承担豁免保险费的责任。其中，若发生第（1）项，向被保险人继承人退还本合同的现金价值；若发生第（2）～（7）项，向投保人退还本合同的现金价值
非量化其他条款	（1）宽限期：60 天 （2）保单贷款80%，6 个月 （3）减保

表 5 – 12　新华人寿华实人生终身年金保险部分组合的市场费率标准化整理

年龄	性别	保障期限	缴费期限	领取年限	市场费率
0	男	终身	3 年交	第五个保单周年日开始	3407
1	男	终身	3 年交	第五个保单周年日开始	3409
2	男	终身	3 年交	第五个保单周年日开始	3410
3	男	终身	3 年交	第五个保单周年日开始	3413

续表

年龄	性别	保障期限	缴费期限	领取年限	市场费率
4	男	终身	3 年交	第五个保单周年日开始	3415
5	男	终身	3 年交	第五个保单周年日开始	3417
6	男	终身	3 年交	第五个保单周年日开始	3420
7	男	终身	3 年交	第五个保单周年日开始	3423
8	男	终身	3 年交	第五个保单周年日开始	3425
9	男	终身	3 年交	第五个保单周年日开始	3428
10	男	终身	3 年交	第五个保单周年日开始	3431
11	男	终身	3 年交	第五个保单周年日开始	3435
12	男	终身	3 年交	第五个保单周年日开始	3438
13	男	终身	3 年交	第五个保单周年日开始	3441
14	男	终身	3 年交	第五个保单周年日开始	3445
15	男	终身	3 年交	第五个保单周年日开始	3449
16	男	终身	3 年交	第五个保单周年日开始	3453
17	男	终身	3 年交	第五个保单周年日开始	3457
18	男	终身	3 年交	第五个保单周年日开始	3461
19	男	终身	3 年交	第五个保单周年日开始	3466
20	男	终身	3 年交	第五个保单周年日开始	3470
21	男	终身	3 年交	第五个保单周年日开始	3475
22	男	终身	3 年交	第五个保单周年日开始	3481
23	男	终身	3 年交	第五个保单周年日开始	3486
24	男	终身	3 年交	第五个保单周年日开始	3492
25	男	终身	3 年交	第五个保单周年日开始	3498
26	男	终身	3 年交	第五个保单周年日开始	3504
27	男	终身	3 年交	第五个保单周年日开始	3511
28	男	终身	3 年交	第五个保单周年日开始	3518
29	男	终身	3 年交	第五个保单周年日开始	3526
30	男	终身	3 年交	第五个保单周年日开始	3534

（二）量化条款得分的计算

按照新华人寿华实人生终身年金保险条款中约定的年龄、性别、缴费方式、保险期间、年金领取期限进行组合，使用表 5-10 所列出的精算假设，计算每一组合下的纯风险保费。将计算出的纯风险保费代入附加费用率的计算公式中，我们可以计算出每一组合下的附加费用率，进而我们可以计算出每一组合下的量化条款得分。将每一组合下的量化条款得分进行平均，可以计算平均的量化条款得分。

表5-13展示了通过 MATLAB 模型计算出的新华人寿华实人生终身年金保险的纯风险保费（即理论费率）。表5-14、表5-15展示了新华人寿华实人生终身年金保险的附加费用率和量化条款得分的计算结果。表5-13~表5-15均只展示了部分产品组合的计算结果。表5-16展示了新华人寿华实人生终身年金保险的平均量化条款得分的计算过程。

表5-13 新华人寿华实人生终身年金保险部分组合的纯风险费率计算结果

年龄	性别	保障期限	缴费期限	领取年限	市场费率
0	男	终身	3年交	第五个保单周年日开始	3896
1	男	终身	3年交	第五个保单周年日开始	3895
2	男	终身	3年交	第五个保单周年日开始	3895
3	男	终身	3年交	第五个保单周年日开始	3894
4	男	终身	3年交	第五个保单周年日开始	3893
5	男	终身	3年交	第五个保单周年日开始	3892
6	男	终身	3年交	第五个保单周年日开始	3891
7	男	终身	3年交	第五个保单周年日开始	3890
8	男	终身	3年交	第五个保单周年日开始	3889
9	男	终身	3年交	第五个保单周年日开始	3888
10	男	终身	3年交	第五个保单周年日开始	3887
11	男	终身	3年交	第五个保单周年日开始	3886
12	男	终身	3年交	第五个保单周年日开始	3884
13	男	终身	3年交	第五个保单周年日开始	3883
14	男	终身	3年交	第五个保单周年日开始	3882
15	男	终身	3年交	第五个保单周年日开始	3881
16	男	终身	3年交	第五个保单周年日开始	3879
17	男	终身	3年交	第五个保单周年日开始	3878
18	男	终身	3年交	第五个保单周年日开始	3876
19	男	终身	3年交	第五个保单周年日开始	3875
20	男	终身	3年交	第五个保单周年日开始	3873
21	男	终身	3年交	第五个保单周年日开始	3872
22	男	终身	3年交	第五个保单周年日开始	3870

续表

年龄	性别	保障期限	缴费期限	领取年限	市场费率
23	男	终身	3年交	第五个保单周年日开始	3868
24	男	终身	3年交	第五个保单周年日开始	3867
25	男	终身	3年交	第五个保单周年日开始	3865
26	男	终身	3年交	第五个保单周年日开始	3863
27	男	终身	3年交	第五个保单周年日开始	3861
28	男	终身	3年交	第五个保单周年日开始	3859
29	男	终身	3年交	第五个保单周年日开始	3856
30	男	终身	3年交	第五个保单周年日开始	3854

表5-14 新华人寿华实人生终身年金保险部分组合的附加费用率计算结果

年龄	性别	保障期限	缴费期限	领取年限	市场费率	理论费率	附加费用率
0	男	终身	3年交	第五个保单周年日开始	3407	3896	-12.55%
1	男	终身	3年交	第五个保单周年日开始	3409	3895	-12.49%
2	男	终身	3年交	第五个保单周年日开始	3410	3895	-12.44%
3	男	终身	3年交	第五个保单周年日开始	3413	3894	-12.35%
4	男	终身	3年交	第五个保单周年日开始	3415	3893	-12.27%
5	男	终身	3年交	第五个保单周年日开始	3417	3892	-12.20%
6	男	终身	3年交	第五个保单周年日开始	3420	3891	-12.10%
7	男	终身	3年交	第五个保单周年日开始	3423	3890	-12.00%
8	男	终身	3年交	第五个保单周年日开始	3425	3889	-11.93%
9	男	终身	3年交	第五个保单周年日开始	3428	3888	-11.83%
10	男	终身	3年交	第五个保单周年日开始	3431	3887	-11.73%
11	男	终身	3年交	第五个保单周年日开始	3435	3886	-11.60%
12	男	终身	3年交	第五个保单周年日开始	3438	3884	-11.49%
13	男	终身	3年交	第五个保单周年日开始	3441	3883	-11.39%
14	男	终身	3年交	第五个保单周年日开始	3445	3882	-11.26%
15	男	终身	3年交	第五个保单周年日开始	3449	3881	-11.12%
16	男	终身	3年交	第五个保单周年日开始	3453	3879	-10.99%
17	男	终身	3年交	第五个保单周年日开始	3457	3878	-10.85%
18	男	终身	3年交	第五个保单周年日开始	3461	3876	-10.72%
19	男	终身	3年交	第五个保单周年日开始	3466	3875	-10.55%
20	男	终身	3年交	第五个保单周年日开始	3470	3873	-10.42%

续表

年龄	性别	保障期限	缴费期限	领取年限	市场费率	理论费率	附加费用率
21	男	终身	3 年交	第五个保单周年日开始	3475	3872	− 10.25%
22	男	终身	3 年交	第五个保单周年日开始	3481	3870	− 10.06%
23	男	终身	3 年交	第五个保单周年日开始	3486	3868	− 9.89%
24	男	终身	3 年交	第五个保单周年日开始	3492	3867	− 9.69%
25	男	终身	3 年交	第五个保单周年日开始	3498	3865	− 9.49%
26	男	终身	3 年交	第五个保单周年日开始	3504	3863	− 9.29%
27	男	终身	3 年交	第五个保单周年日开始	3511	3861	− 9.06%
28	男	终身	3 年交	第五个保单周年日开始	3518	3859	− 9.83%
29	男	终身	3 年交	第五个保单周年日开始	3526	3856	− 9.57%
30	男	终身	3 年交	第五个保单周年日开始	3534	3854	− 9.31%

表 5 – 15　新华人寿华实人生终身年金保险部分组合的量化条款得分计算结果

年龄	性别	保障期限	缴费期限	领取年限	市场费率	理论费率	附加费用率	可量化条款得分
0	男	终身	3 年交	第五个保单周年日开始	3407	3896	− 12.55%	91.20
1	男	终身	3 年交	第五个保单周年日开始	3409	3895	− 12.49%	91.19
2	男	终身	3 年交	第五个保单周年日开始	3410	3895	− 12.44%	91.19
3	男	终身	3 年交	第五个保单周年日开始	3413	3894	− 12.35%	91.18
4	男	终身	3 年交	第五个保单周年日开始	3415	3893	− 12.27%	91.17
5	男	终身	3 年交	第五个保单周年日开始	3417	3892	− 12.20%	91.16
6	男	终身	3 年交	第五个保单周年日开始	3420	3891	− 12.10%	91.16
7	男	终身	3 年交	第五个保单周年日开始	2423	3890	− 12.00%	91.15
8	男	终身	3 年交	第五个保单周年日开始	3425	3889	− 11.93%	91.14
9	男	终身	3 年交	第五个保单周年日开始	3428	3888	− 11.83%	91.13
10	男	终身	3 年交	第五个保单周年日开始	3431	3887	− 11.73%	91.12
11	男	终身	3 年交	第五个保单周年日开始	3435	3886	− 11.60%	91.11
12	男	终身	3 年交	第五个保单周年日开始	3438	3884	− 11.49%	91.10
13	男	终身	3 年交	第五个保单周年日开始	3441	3883	− 11.39%	91.09
14	男	终身	3 年交	第五个保单周年日开始	3445	3882	− 11.26%	91.07
15	男	终身	3 年交	第五个保单周年日开始	3449	3881	− 11.12%	91.06
16	男	终身	3 年交	第五个保单周年日开始	3453	3879	− 10.99%	91.05
17	男	终身	3 年交	第五个保单周年日开始	3457	3878	− 10.85%	91.04
18	男	终身	3 年交	第五个保单周年日开始	3461	3876	− 10.72%	91.02

续表

年龄	性别	保障期限	缴费期限	领取年限	市场费率	理论费率	附加费用率	可量化条款得分
19	男	终身	3 年交	第五个保单周年日开始	3466	3875	− 10.55%	91.01
20	男	终身	3 年交	第五个保单周年日开始	3470	3873	− 10.42%	90.99
21	男	终身	3 年交	第五个保单周年日开始	3475	3872	− 10.25%	90.98
22	男	终身	3 年交	第五个保单周年日开始	3481	3870	− 10.06%	90.96
23	男	终身	3 年交	第五个保单周年日开始	3486	3868	− 9.89%	90.94
24	男	终身	3 年交	第五个保单周年日开始	3492	3867	− 9.69%	90.92
25	男	终身	3 年交	第五个保单周年日开始	3498	3865	− 9.49%	90.90
26	男	终身	3 年交	第五个保单周年日开始	3504	3863	− 9.29%	90.89
27	男	终身	3 年交	第五个保单周年日开始	3511	3861	− 9.06%	90.86
28	男	终身	3 年交	第五个保单周年日开始	3518	3859	− 8.83%	90.84
29	男	终身	3 年交	第五个保单周年日开始	3526	3856	− 8.57%	90.82
30	男	终身	3 年交	第五个保单周年日开始	3534	3854	− 8.31%	90.79

表 5 – 16　新华人寿华实人生终身年金保险的平均量化条款得分

市场费率平均值	2407
纯风险费率平均值	2537
附加费用率平均值	− 4.50%
平均量化条款得分	90.43

（三）非量化条款得分的计算

表 5 – 17 列出了根据非量化条款的计分规则计算新华人寿华实人生终身年金保险的非量化条款得分的计算过程及计算结果。

表 5 – 17　新华人寿华实人生终身年金保险的非量化条款得分计算过程及结果

项目	得分
非量化投保条款得分	90
非量化责任条款得分	90 + 10 = 100
非量化其他条款得分	80 + 3 × 3 = 89
非量化条款得分	90 × 20% + 100 × 40% + 89 × 40% = 93.6

（四）条款得分计算

根据前几个步骤得到的量化条款得分和非量化条款得分，我们可以计算出新华人寿华实人生终身年金保险的个性得分和综合得分。

在给定具体产品组合信息的情况下，即给定性别、年龄、缴费期、保障期限等的选择，我们可以获得给定组合信息下的个性得分，进而得到该产品组合下的个性排名。将新华人寿华实人生终身年金保险的平均量化条款得分和非量化条款得分按照设定的权重进行加权平均，得到新华人寿华实人生终身年金保险的综合得分，以此进行综合排名。

表 5 – 18 展示了新华人寿华实人生终身年金保险部分组合的个性得分。表 5 – 19 展示了新华人寿华实人生终身年金保险的综合得分计算过程及结果。

表 5 – 18　新华人寿华实人生终身年金保险部分组合的个性得分计算结果

年龄	性别	保障期限	缴费期限	领取年限	可量化条款得分	非量化条款得分	个人得分
0	男	终身	3 年交	第五个保单周年日开始	91.20	93.60	91.44
1	男	终身	3 年交	第五个保单周年日开始	91.19	93.60	91.43
2	男	终身	3 年交	第五个保单周年日开始	91.19	93.60	91.43
3	男	终身	3 年交	第五个保单周年日开始	91.18	93.60	91.42
4	男	终身	3 年交	第五个保单周年日开始	91.17	93.60	91.41
5	男	终身	3 年交	第五个保单周年日开始	91.16	93.60	91.41
6	男	终身	3 年交	第五个保单周年日开始	91.16	93.60	91.40
7	男	终身	3 年交	第五个保单周年日开始	91.15	93.60	91.39
8	男	终身	3 年交	第五个保单周年日开始	91.14	93.60	91.38
9	男	终身	3 年交	第五个保单周年日开始	91.13	93.60	91.38
10	男	终身	3 年交	第五个保单周年日开始	91.12	93.60	91.37
11	男	终身	3 年交	第五个保单周年日开始	91.11	93.60	91.36
12	男	终身	3 年交	第五个保单周年日开始	91.10	93.60	91.35
13	男	终身	3 年交	第五个保单周年日开始	91.09	93.60	91.34
14	男	终身	3 年交	第五个保单周年日开始	91.07	93.60	91.33
15	男	终身	3 年交	第五个保单周年日开始	91.06	93.60	91.31
16	男	终身	3 年交	第五个保单周年日开始	91.05	93.60	91.30
17	男	终身	3 年交	第五个保单周年日开始	91.04	93.60	91.29
18	男	终身	3 年交	第五个保单周年日开始	91.02	93.60	91.28
19	男	终身	3 年交	第五个保单周年日开始	91.01	93.60	91.27
20	男	终身	3 年交	第五个保单周年日开始	90.99	93.60	91.25

续表

年龄	性别	保障期限	缴费期限	领取年限	可量化条款得分	非量化条款得分	个人得分
21	男	终身	3年交	第五个保单周年日开始	90.98	93.60	91.24
22	男	终身	3年交	第五个保单周年日开始	90.96	93.60	91.22
23	男	终身	3年交	第五个保单周年日开始	90.94	93.60	91.21
24	男	终身	3年交	第五个保单周年日开始	90.92	93.60	91.19
25	男	终身	3年交	第五个保单周年日开始	90.90	93.60	91.17
26	男	终身	3年交	第五个保单周年日开始	90.89	93.60	91.16
27	男	终身	3年交	第五个保单周年日开始	90.86	93.60	91.14
28	男	终身	3年交	第五个保单周年日开始	90.84	93.60	91.12
29	男	终身	3年交	第五个保单周年日开始	90.82	93.60	91.09
30	男	终身	3年交	第五个保单周年日开始	90.79	93.60	91.07

表5-19　新华人寿华实人生终身年金保险的综合得分计算过程及结果

项目	得分
平均量化条款得分	90.43
非量化条款得分	93.6
综合得分	90.43 * 90% + 93.6 * 10% = 90.75

将我们选取的30款传统型年金保险产品都按照上述四个步骤进行性价比评估，计算出每一款传统型年金保险产品的个性得分和综合得分。将所有产品按个性得分由高到低排序，得到的排名就是30款传统型年金保险产品的个性排名；将所有产品按综合得分由高到低排序，得到的排名就是30款传统型年金保险产品的综合排名。

第三节　传统型年金保险产品性价比评估结果与分析

一、综合得分结果分析

（一）综合排名

根据本章第二节介绍的传统型年金保险产品性价比评估方法、评估假设和评估步骤，我们计算了这30款传统型年金保险产品的综合得分。

30 款传统型年金保险产品中性价比得分最高的一款产品是吉祥人寿祥和五号年金保险，综合得分为94.84分；得分最低的一款产品是信泰千万人生养老年金保险，综合得分为85.02分。就排名情况来看，吉祥人寿的4款年金保险产品中有3款的综合排名都很高，分别是吉祥人寿祥和五号年金保险（第一）、吉祥人寿祥佑五号年金保险（第三）、吉祥人寿祥乐年年年金保险（第四）；农银金太阳B款养老年金保险综合排名第二，综合得分仅比吉祥人寿祥和五号年金保险低0.03分；此外，信泰人寿、华夏人寿、平安人寿、阳光人寿、泰康人寿和天安人寿的综合得分也比较高，综合排名比较靠前。

表5-20列出了我们选取的30款传统型年金保险产品的综合得分和综合排名情况。

表5-20　30款传统型年金保险产品得分综合排名一览（由高至低）

产品名称	综合得分	综合排名
吉祥人寿祥和五号年金保险	94.87	1
农银金太阳B款养老年金保险	94.81	2
吉祥人寿祥佑五号年金保险	94.49	3
吉祥人寿祥乐年年年金保险	94.39	4
信泰千万人生养老年金保险	94.34	5
华夏财富宝养老年金C款	94.03	6
华夏一号养老年金B款	93.84	7
平安乐享福年金保险（B）	93.05	8
平安乐享福养老年金保险（A）	93.03	9
华夏福临门年金保险（如意版）	92.84	10
阳光人寿金喜连连年金保险	92.40	11
泰康鑫泰年金保险	92.19	12
天安人寿传家福年金	92.10	13
华贵多彩盛世养老年金	92.08	14
新华人寿尊逸人生养老年金保险	91.82	15
太平福禄金生养老年金保险	91.56	16
吉祥人寿鸿福一生年金保险	91.32	17
太平隽富年金保险	91.19	18
建信人寿龙行福寿年金保险B款	91.18	19
新华人寿华实人生终身年金保险	90.80	20

续表

产品名称	综合得分	综合排名
太平欣悦一世年金保险	90.71	21
国寿鑫福宝年金保险	90.09	22
人保寿险鑫泰年金保险（C款）	89.86	23
中英人寿金喜年年年金保险	89.57	24
太平信守一生2017年金保险	89.17	25
国寿康宁少儿年金保险	89.10	26
国寿鑫福赢家年金保险	88.84	27
长城金禧年金保险	88.56	28
中荷金福年年年金保险	87.98	29
百年人寿百年升年金保险	85.31	30

（二）量化条款得分排名

量化条款得分排名见表5－21。

表5－21　30款传统型年金保险产品量化条款得分排名一览（由高至低）

产品名称	量化条款得分	量化条款得分排名	综合排名
农银金太阳B款养老年金保险	95.41	1	2
吉祥人寿祥和五号年金保险	95.34	2	1
吉祥人寿祥佑五号年金保险	95.18	3	3
信泰千万人生养老年金保险	95.09	4	5
吉祥人寿祥乐年年年金保险	94.92	5	4
华夏财富宝养老年金C款	94.55	6	6
华夏一号养老年金B款	94.33	7	7
阳光人寿金喜连连年金保险	93.06	8	11
平安乐享福年金保险（B）	93.04	9	8
平安乐享福养老年金保险（A）	92.90	10	9
华夏福临门年金保险（如意版）	92.76	11	10
泰康鑫泰年金保险	92.47	12	12
天安人寿传家福年金	92.27	13	13
华贵多彩盛世养老年金	92.14	14	14
太平福禄金生养老年金保险	91.80	15	16
新华人寿尊逸人生养老年金保险	91.62	16	15

续表

产品名称	量化条款得分	量化条款得分排名	综合排名
吉祥人寿鸿福一生年金保险	91.53	17	17
建信人寿龙行福寿年金保险 B 款	91.51	18	19
太平隽富年金保险	91.39	19	18
太平欣悦一世年金保险	90.83	20	21
新华人寿华实人生终身年金保险	90.49	21	20
国寿鑫福宝年金保险	90.17	22	22
人保寿险鑫泰年金保险（C 款）	89.92	23	23
中英人寿金喜年年金保险	89.44	24	24
国寿康宁少儿年金保险	89.05	25	26
太平信守一生 2017 年金保险	88.68	26	25
国寿鑫福赢家年金保险	88.64	27	27
长城金禧年金保险	88.45	28	28
中荷金福年年金保险	87.82	29	29
百年人寿百年升年金保险	84.73	30	30

（三）非量化条款得分排名

非量化条款得分排名见表 5-22。

表 5-22　30 款传统型年金保险产品非量化条款得分排名一览（由高至低）

产品名称	非量化条款得分	非量化条款得分排名	综合排名
平安乐享福养老年金保险（A）	94.20	1	9
平安乐享福年金保险（B）	93.20	2	8
华夏福临门年金保险（如意版）	93.60	2	10
新华人寿尊逸人生养老年金保险	93.60	2	15
新华人寿华实人生终身年金保险	93.60	2	20
太平信守一生 2017 年金保险	93.60	2	25
华贵多彩盛世养老年金	91.60	3	14
中英人寿金喜年年金保险	90.80	4	24
吉祥人寿祥和五号年金保险	90.60	5	1
天安人寿传家福年金	90.60	5	13
国寿鑫福赢家年金保险	90.60	5	27
百年人寿百年升年金保险	90.60	5	30

续表

产品名称	非量化条款得分	非量化条款得分排名	综合排名
吉祥人寿祥乐年年年金保险	89.60	6	4
泰康鑫泰年金保险	89.60	6	12
太平欣悦一世年金保险	89.60	6	21
国寿康宁少儿年金保险	89.60	6	26
长城金禧年金保险	89.60	6	28
农银金太阳 B 款养老年金保险	89.40	7	2
华夏财富宝养老年金 C 款	89.40	7	6
华夏一号养老年金 B 款	89.40	7	7
太平福禄金生养老年金保险	89.40	7	16
吉祥人寿鸿福一生年金保险	89.40	7	17
太平隽富年金保险	89.40	7	18
国寿鑫福宝年金保险	89.40	7	22
人保寿险鑫泰年金保险（C 款）	89.40	7	23
中荷金福年年年金保险	89.40	7	29
吉祥人寿祥佑五号年金保险	88.20	8	3
建信人寿龙行福寿年金保险 B 款	88.20	8	19
信泰千万人生养老年金保险	87.60	9	5
阳光人寿金喜连连年金保险	86.40	10	11

（四）第一名与最后一名的差异分析

为了更清楚地展示我们的性价比评估结果，我们选取吉祥人寿的祥和五号年金保险和百年人寿的百年升年金保险这两款年金保险产品，深入分析其条款信息、量化条款得分及非量化条款得分，进而得到这两款产品的综合得分和综合排名。表5-23展示了吉祥人寿的祥和五号年金保险和百年人寿的百年升年金保险两款产品的综合得分及综合排名对比分析。

表5-23 两款传统型年金保险产品得分综合排名对比分析

产品名称	吉祥人寿祥和五号年金保险	百年人寿百年升年金保险
基本信息		
所属公司	吉祥人寿保险股份有限公司	百年人寿保险股份有限公司
责任范围	多次生存给付、身故给付	多次生存给付、身故给付

续表

产品名称	吉祥人寿祥和五号年金保险	百年人寿百年升年金保险
基本信息		
投保范围	出生满 30 日~64 周岁	0~65 周岁
保险期间	终身	30 年
缴费方式	趸交	趸交、3 年交
量化条款对比		
保险责任	（1）生存年金：自被保险人年满 70 周岁后的首个年生效对应日起（含当日），若被保险人在每一个年生效对应日仍生存，给付基本保险金额的 10% （2）身故保险金：如果被保险人身故，给付已缴纳保险费	（1）生存保险金：若被保险人在第五个及以后每个保单周年日零时仍然生存，给付所交保险费的 4% （2）身故保险金：若被保险人身故，给付累计保险费数额和现金价值的最大值 （3）满期保险金：若被保险人在本合同有效至期满时仍然生存，给付基本保额
平均纯保费（每千元保额）	960.96	292.29
平均市场保费（每千元保额）	437.59	459.85
平均附加费用率	−54.46%	57.33%
量化条款得分	95.34	84.73
量化条款得分排名	2	30
非量化条款对比		
非量化投保条款	犹豫期（15 天）内退保，扣除工本费（不超过 10 元）后退还已交保费；犹豫期后退保，退还保单现金价值	犹豫期（15 天）内退保，全额退还已交保费；犹豫期后退保，退还保单现金价值
非量化投保条款得分	95	95
非量化责任条款	除外责任：发生第（1）~（7）项导致被保险人身故的，不承担给付身故保险金的责任。其中，若发生第（1）项，向其他权利人退还本合同的现金价值；若发生上述其他情形，向投保人退还本合同的现金价值	除外责任：发生第（1）~（3）项导致被保险人身故的，不承担给付身故保险金的责任。其中，若发生第（1）项，已交足 2 年以上保险费的，向被保险人的继承人退还本合同的现金价值；若发生上述其他情形，向投保人退还本合同的现金价值

续表

产品名称	吉祥人寿祥和五号年金保险	百年人寿百年升年金保险
非量化条款对比		
非量化责任条款得分	90	90
非量化其他条款	（1）宽限期：60 天； （2）保单贷款：80%，6 个月； （3）保费自动垫交	（1）宽限期：60 天； （2）保单贷款 80%，6 个月； （3）减额交清
非量化其他条款得分	89	89
非量化条款得分	90.6	90.6
非量化条款得分排名	5	5
综合得分	94.87	85.31
综合排名	1	30

（1）基本信息。吉祥人寿祥和五号年金保险的投保范围（出生满 30 日 ~ 64 周岁）与百年人寿百年升年金保险（0 ~ 65 周岁）的投保范围相差不大。但是百年人寿百年升年金保险的缴费方式可以选择趸交与期交（3 年交）两种，而吉祥人寿祥和五号年金保险只能趸交。此外，吉祥人寿祥和五号年金保险的保险期间是终身保障，更适合消费者进行养老规划；而百年人寿百年升年金保险的保险期间为 30 年，适合想要进行现金流管理或平滑人生各阶段收入的消费者。

（2）量化条款部分。吉祥人寿祥和五号年金保险的保险责任是生存年金和身故保险金，百年人寿百年升年金保险的保险责任除了生存年金和身故保险金外，还有一项满期保险金给付责任。通过根据精算等价原理编写的计算程序，我们可以计算出这两款产品的平均纯风险保费，与收集整理好的平均市场费率一起代入计算可以得到两款产品的平均附加费用率分别为 −54.46% 和 57.33%。可以看出，在我们相对保守的精算假设下，百年人寿百年升年金保险的平均附加费用率依然高达 57.33%，因此其量化条款得分会远低于吉祥人寿祥和五号年金保险，并且也是在所有的 30 款产品中的最低得分。根据量化条款的评估方法和计分原则我们可以算出吉祥人寿祥和五号年金保险的量化条款得分为 95.34，百年人寿百年升年金保险的量化条款得分仅为 84.73。

（3）非量化投保条款。吉祥人寿祥和五号年金保险和百年人寿百年升年金保险的犹豫期均为 15 天，因此非量化投保条款得分为 95 分。

非量化责任条款。两款产品的除外责任情形都一样，且都没有保费豁免条款及附加险条款，因此两款产品的非量化责任条款得分均为基础分 90 分。

非量化其他条款。吉祥人寿祥和五号年金保险的非量化其他条款有宽限期、保单贷款和保费自动垫交这 3 条，百年人寿百年升年金保险非量化其他条款有宽限期、保单贷款和减额交清这 3 条，虽然具体权益有所差别，但数量相同。根据非量化其他条款的评估方法和计分原则我们可以算出吉祥人寿祥和五号年金保险的非量化其他条款得分均为 89 分。

非量化条款得分。将两款产品的上述三项得分按规定的权重分别进行加权平均，我们可以得到吉祥人寿祥和五号年金保险和百年人寿百年升年金保险的非量化条款得分均为 90.6 分。

（4）综合得分。将两款产品的量化条款得分和非量化条款得分按规定的权重分别进行加权平均，我们可以得到吉祥人寿祥和五号年金保险的综合得分为 94.87 分，百年人寿百年升年金保险的产品性价比为 85.31。

（5）综合排名。吉祥人寿祥和五号年金保险的综合得分在 30 款传统型年金产品中排名第 1 名，百年人寿百年升年金保险的综合得分在 30 款传统型年金产品中排名第 30 名。

二、个性排名

传统型年金保险产品得分综合排名反映的是这 30 款产品的整体性价比高低，是从平均来说各产品是否值得购买。但是消费者在准备购买年金保险产品时，往往都是有一个具体的情景。即使消费者可能对保险责任中规定的给付数额、缴费方式、年金领取时间等内容还没有具体要求，但是最基本的被保险人年龄、性别以及保险期间的长短等一定是已经知道的。在这种情况下，仅仅看 30 款年金保险产品的性价比综合排名肯定是不够的，因此，我们还计算了这 30 款传统型年金保险产品每一款产品的每一种产品组合（每个年龄的被保险人在不同性别、不同缴费方式、不同保险期间及不同年金领取期限下购买保险的组合）的性价比得分及个性排名，更有针对性的为消费者提供参考。

以 1990 年 1 月 1 日出生男性为例，在其当前年龄为 18 岁时，假设他现在想要为自己购买一款保险期间为终身、缴费方式为趸交的传统型年金保险产品。根据消费者的具体需求，我们对符合其购买需求的产品进行性价比评估之后可以得到如表 5 - 24 所示的个性得分和个性排名。

表 5 – 24　传统型年金保险产品得分个性排名一览（由高至低）

产品名称	个性得分	个性排名	综合排名
吉祥人寿祥和五号年金保险	96.15	1	1
华夏一号养老年金 B 款	95.91	2	7
吉祥人寿祥佑五号年金保险	95.85	3	3
华夏财富宝养老年金 C 款	95.42	4	6
平安乐享福养老年金保险（A）	94.69	5	9
平安乐享福年金保险（B）	93.98	6	8
信泰千万人生养老年金保险	93.74	7	5
新华人寿尊逸人生养老年金保险	93.27	8	15
华夏福临门年金保险（如意版）	93.13	9	10
华贵多彩盛世养老年金	92.77	10	14
天安人寿传家福年金	92.75	11	13
建信人寿龙行福寿年金保险 B 款	91.42	12	19

　　由表 5 – 24 可以看出，在我们设定的购买需求下，吉祥人寿祥和五号年金产品依然排名第一。华夏一号养老年金 B 款在这种购买需求下的性价比要高于吉祥人寿祥佑五号年金保险和华夏财富宝养老年金 C 款，而在综合排名下低于这两款产品。同样的，平安乐享福养老年金保险（A）和新华人寿尊逸人生养老年金保险这两款产品的性价比排名也比综合排名下的有所上升。此外，在这种购买需求下，信泰千万人生养老年金保险的性价比相对于综合排名不再占优势。

第六章 传统重疾保险产品性价比评估分析

第一节 引言

一、重疾险和防癌险的定义及关系

（一）重疾险

重大疾病保险，是指由保险公司经办的以特定的重大疾病，如恶性肿瘤、心肌梗死、脑溢血等为保险对象，当被保人患有上述疾病时，由保险公司对所花医疗费用给予适当补偿的商业保险行为。根据保费是否返还来划分，可分为消费型重大疾病保险和返还型重大疾病保险。

然而，这个定义并非完全准确，重大疾病保险的保障意义应该包含两部分：一是以上提到的补偿被保险人因疾病、疾病状态或手术治疗所花费的高额医疗费用；二是为被保险人患病后提供经济保障，尽可能让家庭避免出现"经济危机"的风险。保险公司于是也因此顺应民意开始提供"轻症疾病"保险责任。

我国内地1995年开始引入重大疾病保险，经营该险种的主体不断增加，而保险公司独自制定的重疾定义存在差异，客观上，给消费者比较和选购产品带来不便，也容易产生理赔纠纷。为了统一行业重疾定义，中国保监会与中国保险行业协会在借鉴国际先进经验的基础上，于2006年共同制定了适合我国保险市场的、有中国特色的《使用规范》。该文件根据成年人重疾险的特点，对重疾险产品中最常见的25种疾病的表述进行了统一和规范。

对于保险期间主要为成年人阶段的保险产品，若以"重大疾病保险"命名，其保障范围必须包括25种疾病中发生率最高的6种疾病：恶性肿瘤、急性心肌梗死、脑中风后遗症、重大器官移植术或造血干细胞移植术、冠状动脉搭桥术和终末期肾病等核心重疾。这6种核心重疾占一般人群一辈子能患上重疾的80%~85%。

（二）防癌险

防癌保险属于健康保险，是重大疾病保险的一种，指专门针对肿瘤疾病的保险产品。相对于保障范围更广的重疾险，防癌保险具有费率低、部分产品提供原位癌保障两大特点。

（三）二者关系

防癌险相当于将癌症风险从重大疾病风险中独立出来，单独为其提供风险保障。防癌险属于重疾险的一种，对恶性肿瘤具有较强的针对性，可以作为重疾险的补充。另外，由于癌症风险发生率较低，且一旦发生对患者的不利影响十分严重。因此，防癌保险往往具有保费较低、保额较高的特点。

二、重疾险和防癌险的分类

（一）重疾险分类

1. 按保险期限划分

（1）定期保险。一般有一年期和长期这两种期限。一年期的重大疾病保险常通过网销渠道进行销售，该类产品采用自然费率，被保险人的年龄较低时，产品的价格很有竞争力，而随着年龄的增长，其保费将会不断上升。另外，一年期的重大疾病保险需要每年主动续保，但其停售风险相对较大。可以将一年期重大疾病保险作为长期重疾险的补充保障。相对的，长期定期重疾险一般可以保障到70~80岁，采用的是均衡费率，被保险人在合同起期确定保费后，未来均以该数额作为缴费标准。

（2）终身保险。终身重大疾病保险为被保险人提供终身的保障。终身保障有两种形式：一种是为被保险人提供的重大疾病保障，直到被保险人身故；另一种是当被保险人生存至合同约定的极限年龄（如100周岁）时，保险人给付与重大疾病保险金额相等的保险金，保险合同终止。一般终身重大疾病保险产品都会含有身故保险责任，因此风险较大费率相对比较高。

2. 按照给付次数划分

（1）单次给付型。在整个保险期间内保险金给付以一次为限。在保险期间内，被保险人罹患恶性肿瘤或身故的，保险人按合同约定仅给付一次保险金，保险合同的效力随之终止。

（2）多重给付型。在整个保险期间内，保险金给付为多次。多重给付型重大疾病保险中，保险责任包括了多次保险金给付，但均须满足一定的条件，且重大疾病保险金给付后，保险人不再承担身故保险金的给付责任。这类产品的价格一般也会高于单次给付型的重疾险产品。

需要注意的是，"多重给付"并不是简单的"多次给付"。例如，若被保险人因患轻症疾病，获得轻症保险金给付，又罹患某种重大疾病，经保险人确认符合合同约定后，仍然可以获得重疾保险金给付。再如，被保险人多次罹患不同种类的轻症疾病，每次轻症保险金给付为基本保险金额的20%，但给付以三次为限。这些均属于"多次给付"，但并不算是真正意义上的"多重给付"，事实上，"多重给付"主要指的是为重大疾病风险提供的多次保障。

市场上常见的多重给付型重疾险产品主要分为两类（以"两重给付"为例）：一类是将重大疾病进行分组，若被保险人初次罹患合同约定的重大疾病，并获得保险金给付，此后再次患上另一种合同约定的重大疾病，则要求此种重疾与前一种重疾所属非同一组别，被保险人才能获得第二次重疾保险金给付；另一类则不对重大疾病进行分组，仅要求两次罹患合同约定的重大疾病非同一种类，即可根据合同约定获得重疾保险金给付。当第二次重疾保险金给付完成后，该保单的效力随之终止，两次给付的重疾保险金金额以合同约定为准。

3. 按给付形态划分

（1）额外给付型保险。只要发生重疾就给付重大疾病保险金保额，保单继续有效，后续如果身故且产品或产品组合里有提供身故责任的相关保险，再给付一次身故保险金。显然，由于该类产品有可能赔付两次（先重疾赔一次、身故再赔一次），所以其保费要比提前给付型产品更贵。

（2）提前给付型保险。重大疾病保险金与产品或产品组合里包含的任何身故保险金责任共用保额。换句话说，虽然该类产品覆盖了被保险人的身故风险，但是若被保险人罹患重大疾病，符合保险合同约定，并获得了重大疾病保险金，保险责任将立即终止，保险公司不再为被保险人提供身故风险的保险保障。因此，这类产品保费较额外给付的产品更便宜。

（3）独立给付型保险。独立给付主险型重大疾病保险包含死亡和重大疾病的保险责任，其保险责任是完全独立的，并且二者有独立的保额。如果被保险人身患重大疾病保险人给付重大疾病保险金，身故保险金为零，保险合同终止；如果被保险未患重大疾病，但因其他原因身故的，则给付身故保险金。此型产品较易定价，只需考虑重大疾病的发生率和死亡率，但对重大疾病的描述要求更加严格。

（4）按比例给付型保险。在按比例给付型重大疾病保险中，保险人将综合考虑某一种重大疾病的发生率、死亡率、治疗费用等因素，确定该种重大疾病对应的保险金占保单总保险金额的比例。换句话说，当被保险人罹患某一种重大疾病时，保险人将按合同约定，按确定的比例给付重大疾病保险金，同时该保单的死亡保障保持不变。另外，按比例给付型重大疾病保险也可以应用于上述其他类型的重疾险产品。

（5）回购式选择型保险。回购式选择型重大疾病保险产品在我国尚属空白。该类产品针对提前给付型产品存在的不足而设计。为避免领取重大疾病保险金后，提前给付型产品的死亡保障降低，回购式选择型重大疾病保险规定，在保险人给付重大疾病保险金后，若被保险人在某一特定时间仍存活，可以按照约定的固定费率买回原保险额一定比例（如25%），从而增加死亡保障。满足条件的被保险人可以多次买回一定比例的原保险金额，该比例的总和不得超过原死亡保额的100%。然而，这种"回购式选择"带来的逆向选择问题是显而易见的。另外，对于已经罹患过重大疾病的被保险人，要求其按照原有的费率获取身故保障也有失公平。因此，对于"回购"前提和条件的设计至关重要，是保险人防范经营风险的关键。

（6）主险、附加险捆绑型。常见于生死两全保险为主险，捆绑附加重大疾病险。所谓两全保险，是指被保险人在合同约定的保险期限内身故的，保险公司给付身故保险金，在保险期限结束后被保险人仍然生存的，保险公司按要求给付生存保险金。举例说明，若两全保险的保险期限约定为被保险人80周岁，附加重大疾病保险后，若被保险人在80周岁前罹患重大疾病或身故，则保险公司将给付重大疾病保险金或身故保险金，若被保险人满80周岁后仍生存，保险公司将按照合同约定，以趸交或期交的形式向被保险人给付生存保险金，即所谓的"有病赔病，无病返钱"。这类保险中，附加险的费率已经计入主险费率中，不再单独列示。

4. 按照销售形式划分

（1）独立主险型。即重疾保险作为主险的保险合同。

（2）附加保险型。即重大疾病保险附加在其他定期寿险、终身寿险、两全险等主合同上，作为附加保险提供保障的保险合同。

（二）防癌险的分类

1. 按照被保险人划分

（1）青年防癌保险。为青年人群特制的防癌保险，可投保的年龄范围一般为0周岁（或出生28天等）至一个特定的年龄（如55周岁、60周岁、65周岁等）。

（2）老年防癌保险。一般针对50~75周岁的中老年被保险人，这一年龄段的中老年人身体状况往往不易满足一般重疾险产品的投保要求，或满足要求也需要支付较高数额的重疾险保费。然而，癌症是这一年龄段人群的高发重疾，老年防癌保险将其他重疾风险剥离后，可以为中老年被保险人提供单独的防癌保障。

2. 按照保障范围划分

（1）不对原位癌提供保障。大多数重疾险的保险责任中不包括原位癌，并且在合同中会列明"原位癌除外"，市场上将原位癌列为除外责任的防癌保险也不在少数。

首先应该明确什么是原位癌。"原位癌"又称作"上皮内癌"，指的是上皮的恶性肿瘤局限在了皮肤或黏膜内，还没有破坏基底膜、侵犯到真皮组织，更没有发生浸润和远处转移。因此，原位癌有时也被称为"浸润前癌"或"0 期癌"，是癌的最早期，严格意义上而言，它算不上真正的癌症。由于原位癌具有发病率高、易于治愈、治疗费用低的特点，通常只要治疗及时，痊愈效果也较好。

因此，原位癌并不符合重疾"三高一低"（高死亡率、高发生率、高治疗费用与低治愈率）的标准。所以，不难理解为何大部分防癌险或重大疾病保险中不保障原位癌。

（2）对原位癌提供保障。一般防癌险产品的基本责任范围包括：恶性肿瘤给付、身故给付，有一些产品将原位癌（有些保险产品中称为轻症给付）单独作为一种轻症疾病列入保障范围内的保险产品。通过提供更为全面的保障来吸引消费者。

三、重疾险和防癌险的市场状况

（一）重疾险市场状况

重大疾病保险从 1995 年进入国内市场，在迄今 20 年的发展历程中取得了飞速的发展。1999 年健康险全年保费收入 36.54 亿元，到 2017 年已达到年入保费 2615.69 亿元，而重疾险在健康险业务量中占比达到 70%。

重大疾病保险已经成为中国保险市场上最重要的保障型产品，各个寿险公司都争相发售不同重疾责任的产品或产品组合。目前市场上的明星产品基本来自于中国人寿、平安、太平洋、新华人寿、阳光人寿等保险公司，中国人寿作为国有最大寿险公司，公司品牌是一大优势，但是目前重疾市场产品形式和销售渠道都很多样化，竞争压力显著。

（二）防癌险市场状况

我国 2013 年首次向市场推出了老年防癌产品，截至 2017 年 6 月 30 日，已为 144 万老年人提供了约 1560 亿元的癌症保障，年人均缴纳 2172 元，保额达 10.84 万元，累计已向 1.7 万人赔付 8.66 亿元，在提升老年人健康保障水平方面所发挥的作用初步显现。

防癌险市场呈现如下特点：一是业务呈持续增长态势。保费复合增长率达

120%，累计规模保费从 2015 年 6 月的 6.5 亿元增至 2017 年中的 31.38 亿元。二是产品设计人性化。老年防癌产品保障责任简单明了，聚焦于癌症诊断金赔付，投保手续简单便捷，大多数保单不需要体检便可投保。三是投保年龄大幅提升。传统健康保险投保年龄普遍为 60 岁以下，而老年防癌保险最高投保年龄通常设置为 70~75 岁。四是保障期限灵活多样，1 年到终身保障均有，通常为 10~20 年定期。五是购买渠道多元。可在代理人、网销、电销、团体、银行等渠道购买，据统计，目前代理人渠道占比较高，达 90%。六是子女投保积极性高。受传统孝道文化影响，子女为父母投保占比高达 55%。七是提供了附加值服务。在产品之外，部分保险公司还为被保险人提供了防癌咨询、癌症筛查、癌症二次诊疗意见、就诊预约等健康管理服务。

老年防癌疾病保险的发展趋势较为乐观，需要抓准老年人需求，加强数据积累和产品创新，进一步提升老年人保险意识，提高保障额度等建议，同时保险业需要集全行业之力积累数据，制定标准，为设计开发更多更好的老年健康保险产品提供有力支持。

第二节 传统型重疾产品的收集

一、重疾保险相关产品的描述性统计

本文选取了目前市场上具有代表性的一些重疾保险产品进行描述性统计，涵盖了百年人寿、复兴保德信、复兴联合健康、富德生命、工银安盛、光大永明、和谐健康、恒大人寿、弘康人寿、华夏人寿、君康人寿、泰康人寿、天安人寿、同方全球、信泰人寿、阳光人寿、长城人寿、中华联合、中英人寿共计 19 家保险公司的 28 款重大疾病保险产品。

表 6-1 中列出了我们收集到的 28 款传统重疾保险产品及其所属公司。

表 6-1 传统型重疾保险产品一览

所属公司	产品名称
阳光人寿	安康保（两全＋重疾） 乐童保
复星保德信	全星守护
复星联合健康	康乐 e 生

续表

所属公司	产品名称
百年人寿	康惠保（含特定疾病附加）
和谐健康	健康之享
富德生命	康健无忧 A
中英人寿	爱守护尊享版
百年人寿	康赢一生（团体）——方案 1 康赢一生（团体）——方案 2
工银安盛	御享人生
君康人寿	多倍保
长城人寿	吉祥人生（两全 + 重疾） 康健人生（两全 + 重疾）
恒大人寿	恒久健康 万年青
弘康人寿	多倍保
华夏人寿	华夏福
光大永明	吉瑞宝
弘康人寿	健康一生 A + B
同方全球	康健一生多倍保
泰康人寿	乐安康 乐安心
同方全球	康健一生
信泰人寿	百万健康
复星保德信	星满意
中华联合	中华怡康
天安人寿	健康源（优享）

（一）投保范围

投保范围指的是可以投保该重疾险的年龄范围，即被保险人的年龄范围。不同年龄的被保险人所面临的风险是不同的，也就意味着为了获得相同的保险保障他们所需支付的保险费是不同的。相同的保险保障，投保年龄越大的被保险人风险越大，因此需要交更高的保费。

我们收集整理的 28 款传统型重疾险产品中，最高可以投保的年龄范围是 65 周岁（3 款产品），最低可以投保的年龄范围都是 0 周岁（包括出生满 25 天、出生满 28 天、出生满 30 天）。其中，阳光人寿——乐童保的投保范围是出生满 30 天至 17 周岁，是专为未成年人设计的重疾保险产品。

表 6-2 中列出了我们收集到的 28 款传统型重疾险产品对应的投保范围的具体信息。

表 6-2 传统型重疾保险代表产品投保范围

投保范围	产品名称
出生满 30 天 ~ 50 周岁	阳光人寿——安康保（两全 + 重疾） 中英人寿——爱守护尊享版 复星联合健康——康乐 e 生
出生满 25 天 ~ 65 周岁	富德生命——康健无忧 A
出生满 28 天 ~ 65 周岁	百年人寿——康赢一生（团体）——方案 1 百年人寿——康赢一生（团体）——方案 2 君康人寿——多倍保
出生满 30 天 ~ 60 周岁	工银安盛——御享人生 长城人寿——康健人生（两全 + 重疾） 同方全球——康健一生多倍保 泰康人寿——乐安心 同方全球——康健一生 恒大人寿——万年青 复星保德信——星满意
出生满 30 天 ~ 55 周岁	长城人寿——吉祥人生（两全 + 重疾） 光大永明——吉瑞宝 弘康人寿——健康一生 A + B 复星保德信——全星守护
出生满 30 天 ~ 65 周岁	恒大人寿——恒久健康 弘康人寿——多倍保
出生满 28 天 ~ 55 周岁	华夏人寿——华夏福 百年人寿——康惠保（含特定疾病附加）
趸交/5 年交：0 ~ 60 周岁； 10 年交：0 ~ 55 周岁； 15/20 年交：0 ~ 50 周岁	泰康人寿——乐安康
出生满 30 天 ~ 17 周岁	阳光人寿——乐童保

投保范围	产品名称
出生满 28 天至 60 周岁	复星保德信——星满意 天安人寿——健康源（优享）
0 ~ 60 周岁	中华联合——中华怡康
出生满 28 天至 55 周岁	百年人寿——康惠保（含特定疾病附加）

（二）保险期间

1. 定期寿险

定期寿险是指以死亡为给付保险金条件，并且保险期限为固定年限的人寿保险。具体来讲，定期寿险在合同中规定：一定时期为保险有效期，若被保险人在约定期限内死亡，保险人即给付受益人约定的保险金；如果被保险人在保险期限届满时仍然生存，契约即行终止，保险人无给付义务，亦不退还已收的保险费。对于被保险人而言，定期寿险最大的优点是可以用极为低廉的保险费获得一定期限内较大的保险保障。其不足之处在于若被保险人在保险期限届满时仍然生存，则不能得到保险金的给付，而且已缴纳的保险费不再退还。

表 6 - 3、表 6 - 4 列出了我们收集到的 28 款传统型重疾保险产品对应的保险期间的具体信息。

表 6 - 3　定期重疾保险代表产品

所属公司	产品名称
阳光人寿	安康保（两全 + 重疾） 乐童保
复星保德信	全星守护
复星联合健康	康乐 e 生
百年人寿	康惠保（含特定疾病附加）
和谐健康	健康之享

表 6 - 4　终身重疾保险代表产品

所属公司	产品名称
富德生命	康健无忧 A
中英人寿	爱守护尊享版
百年人寿	康赢一生（团体）——方案 1 康赢一生（团体）——方案 2

续表

所属公司	产品名称
工银安盛	御享人生
君康人寿	多倍保
长城人寿	吉祥人生（两全＋重疾）
	康健人生（两全＋重疾）
恒大人寿	恒久健康
	万年青
弘康人寿	多倍保
华夏人寿	华夏福
光大永明	吉瑞宝
弘康人寿	健康一生 A＋B
同方全球	康健一生多倍保
泰康人寿	乐安康
	乐安心
同方全球	康健一生
信泰人寿	百万健康
复星保德信	星满意
中华联合	中华怡康
天安人寿	健康源（优享）

2. 终身寿险

终身寿险是指以死亡为给付保险金条件，并且保险期限为终身的人身保险。终身寿险是一种不定期的死亡保险，即保险合同中并不规定期限，自合同有效之日起，至被保险人死亡为止。也就是保险人对被保险人要终身负责，无论被保险人何时死亡，保险人都有给付保险金的义务。

终身寿险最大的优点是可以得到永久性保障，而且有退费的权利，若投保人中途退保，可以得到一定数额的现金价值（或称为退保金）。

（三）缴费方式

缴费方式指的是投保人为所购买的保险合同支付保险费的方式，可以分为趸交和期交两种方式，其中期交保险费又可以分为交一定年限和交至约定的年龄两种情况。

表6－5列出了我们收集到的28款传统型重疾保险产品对应的缴费方式的具体信息。

表 6 - 5　重疾保险产品的缴费方式

缴费方式	产品名称
5/10/20 年交	阳光人寿安康保（两全＋重疾）
趸交，3/5/10/15/20 年交。其中 趸交，3/5 年交：交清不得超过 70 周岁 10/15/20 年交：交清不得超过 65 周岁	富德生命健康无忧 A
趸交，5/10/15/20 年交	君康人寿多倍保 长城吉祥人生（两全＋重疾） 长城康健人生（两全＋重疾） 华夏人寿华夏福 光大永明吉瑞宝 同方全球健康一生多倍保 泰康人寿乐安康 泰康人寿乐安心 同方全球健康一生
5/10/15/20/30 年交	工银安盛御享人生 复星保德信星满意 中华联合中华怡康
趸交，3/5/10/15/20 年交	恒大人寿恒久健康 天安人寿健康源（优享）
趸交，3/5/10/15/20/30 年交	弘康人寿多倍保 信泰人寿百万健康
15/20/30 年交	弘康人寿健康一生 A＋B
3/5/10 年交	阳光人寿乐童保
5/10/15/20 年交	复星保德信全星守护
10/15/20/30 年交	恒大人寿万年青

（四）保险责任

这里的保险责任指的是保险合同中约定的当被保险人发生指定的保险事故时保险人所承担的给付责任，传统型重疾保险产品的保险责任一般都会包括重疾给付责任、轻症给付责任和身故给付责任，有些产品还会增加其他的保险责任。

重大疾病的发病率还在不断攀升，发病年龄日趋年轻化，但医疗技术水平的持续进步，使重大疾病的治愈率已显著提高。然而目前市场上的传统重疾险，普遍采用的规则是，被保险人首次被确诊罹患重大疾病，在发生重疾理赔后保险合同就终止了，而在现行的核保规则下，也基本再无法购买其他的重疾产品，他们的健康保障就产生了"缺口"。"多重给付"主要指的是为重大疾病风险提供的多次保障。

表6-6列出了我们收集到的28款传统型重疾保险产品对应的"多重给付"产品的具体信息。

表6-6　重疾"多重给付"型代表产品

多重给付次数	产品名称
"二重给付"	中英人寿——爱守护尊享版
	长城人寿——吉祥人生（两全＋重疾）
"三重给付"	工银安盛——御享人生
	弘康人寿——多倍保
	同方全球——康健一生多倍保
"四重给付"	天安人寿——健康源（优享）
	信泰人寿——百万健康
"五重给付"	君康人寿——多倍保
	复星保德信——星满意

随着医疗技术的发展，重大疾病的生存率越来越高，有相当一部分人可以长期生存。所以，如果希望后续更有保障，可以选择多次给付的重疾险。

重疾险多重给付的优点：

（1）一般的重疾险仅提供"一重保障"。一旦发生重疾赔付，保险合同立即终止。然而，得过重疾的人群再次罹患疾病的概率更高，此时更加需要重大疾病保险的保障。但是，由于风险较高，超过保险公司的承保上限，保险公司对有重疾病史的人群，往往是拒保的。多重给付型重大疾病保险能够避免"一旦患重疾就再无保障"的风险。

（2）"多重给付"对应的保费比"一重保障"高。举例说明，若"一重给付"对应的保费为10万元，被保险人能够获得20万元的重大疾病风险保障；而"三重给付"下20万元的重大疾病风险保障，保费约12万元。"多重给付"重疾保险保费较一般重疾险保费高20%。当然，预支相对应的是额外200%的风险保障，可见"多重给付"的性价比更高。

（3）"多重给付"经常会按种类分组。举例说明，假设重疾 A_1 和重疾 A_2 同属 A 组，重疾 B_1 属 B 组，若被保险人第一次患病为重疾 A_1，第二次患病为重疾 A_2，被保险人将无法获得第二次的给付；相对的，若被保险人第二次患病为重疾 B，则被保险人可根据合同约定获得第二次保险金给付。因此，消费者在投保前应着重了解重疾"多重给付"中关于组别的限制条件。

我们收集到的 28 款传统型重疾保险产品的保险责任都包括重疾给付责任、轻症给付责任和身故给付责任。

以工银安盛的御享人生的重疾保险为例，其保险责任如下：

（1）轻症疾病保险金：被保险人被首次确诊患有一种或多种合同定义的 30 种轻症，确认本次轻症所属组别（共 4 组），并给付 20% × 基本保险金额。在合同保险期间内，每组轻症最多给付 1 次轻症保险金，轻症重疾保险金累计给付以 3 次为限。

（2）重大疾病保险金：被保险人首次确诊患有一种或多种合同定义的 80 种重大疾病，确认本次重疾所属组别（共 4 组），并给付基本保险金额。在合同保险期间内，每组重大疾病最多给付 1 次重大疾病保险金，重大疾病保险金累计给付以 3 次为限。两次重大疾病的确诊之日需超过 180 天。

（3）身故保险金：被保险人身故，若被保险人未年满 18 周岁，给付 200% × 已交保费；若被保险人年满 18 周岁，给付基本保险金额。

本次考察的所有产品均包含非重疾风险保障，其中只有三款重疾险不包含轻症给付，分别是百年人寿——康惠保（含特定疾病附加）（百年人寿保险股份有限公司），中华联合——中华怡康（中华联合人寿保险股份有限公司），百年人寿——康赢一生（团体）——方案 1（百年人寿保险股份有限公司），其中保证轻症给付的保障次数 2 ~ 5 次不等。每款重疾保险产品的保险责任虽然类型相似，但其实细节差别很大，因而每款产品的价格也会有很大差别。

（五）除外责任

这里的除外责任也称责任免除，是指重疾保险合同中规定保险人不承担给付保险责任的范围，一般采用列举的方式，在保险条款中明文列出保险人不承担赔偿给付责任的范围。由前述内容知，传统型重疾保险产品的保险责任一般都会包括轻症给付责任、重疾给付责任和身故给付责任，因此除外责任也是一些常见的针对重大疾病和轻症的免责范围，有些重疾保险产品的除外责任中也规定了一些对意外身故或全残的情景。

通过分析这 28 款传统型重疾保险产品保险条款中规定的除外责任，我们可以将所有出现的除外责任情景汇总如下：

（1）投保人对被保险人的故意杀害、故意伤害。

（2）被保险人故意犯罪或抗拒依法采取的刑事强制措施。

（3）被保险人主动吸食或注射毒品。

（4）被保险人酒后驾驶，无合法有效驾驶证驾驶，或者驾驶无有效行驶证的机动车。

（5）战争、军事冲突、暴乱或武装叛乱。

（6）核爆炸、核辐射或核污染。

（7）被保险人故意行为而导致打斗或被袭击。

（8）被保险人醉酒。

（9）被保险人因猝死、妊娠（含宫外孕）、流产、分娩（含剖腹产）、药物过敏导致的伤害。

（10）被保险人因精神疾患导致的意外。

（11）因任何医疗行为导致的医疗事故，或未遵医嘱，私自使用处方药。

（12）因细菌、病毒等病原微生物或寄生虫等非意外伤害所致的感染。

（13）从事潜水、跳伞、攀岩运动、探险活动、武术比赛、摔跤比赛、特技表演、赛马、赛车、蹦极、驾驶滑翔机或滑翔伞等高风险运动。

注：每一条免责情景前面的序号是附录（除外责任具体情形）中所有保险产品除外责任情景汇总的序号，在之后的产品条款评估分析中我们将只写出免责情景的序号，不再重复免责情景的具体内容。

二、老年防癌险和青年防癌险相关产品的描述性统计

本文选取了目前市场上具有代表性的一些防癌保险产品进行描述性统计，涵盖了恒安标准、人保寿险、阳光人寿、复星保德信、中荷人寿、富德生命、同方全球、长城人寿、中英人寿、信泰人寿共计10家保险公司的14款重大疾病保险产品。

表6-7中列出了我们收集到的14款传统防癌保险产品及其所属公司。

表6-7　防癌险产品一览

所属公司	产品名称
人保寿险	金色重阳
富德生命	尊养无忧
恒安标准	附加恶性肿瘤危重疾病保险 A 老年恶性肿瘤危重疾病保险 一生无忧 附加终身恶性肿瘤危重疾病保险
中英人寿	爱无忧
信泰人寿	i 立方多次赔付防癌险
阳光人寿	孝顺保
复星保德信	孝顺康

所属公司	产品名称
中荷人寿	乐无忧
同方全球	康爱一生 康爱一生多倍保
长城人寿	福泰百万防癌

（一）投保范围

表6－8中列出了我们收集到的14款传统防癌保险产品及其投保范围。

表6－8　防癌险产品的投保范围

投保范围	产品名称
50～75周岁	恒安标准——老年恶性肿瘤危重疾病保险 阳光人寿——孝顺保 复星保德信——孝顺康 富德生命——尊养无忧
5、10、15年期：50～75周岁； 20年期：50～70周岁	人保寿险——金色重阳
46～75周岁	中荷人寿——乐无忧
0～49周岁	恒安标准——一生无忧 恒安标准——附加终身恶性肿瘤危重疾病保险
0～60周岁	恒安标准——附加恶性肿瘤危重疾病保险A
出生30天至60周岁	同方全球——康爱一生 同方全球——康爱一生多倍保 长城人寿——福泰百万防癌
出生30天至65周岁	中英人寿——爱无忧
出生28天至55周岁	信泰人寿——i立方多次赔付防癌险

（二）保险期间

1. 定期保险

表6－9、表6－10中列出了我们收集到的14款传统型防癌保险产品对应的保险期间的具体信息。

表 6 – 9　防癌险（定期）产品一览

保险期间	产品名称
5 年、10 年、15 年、20 年	人保寿险——金色重阳
5 年交，不超过 100 周岁；10 年交，不超过 90 周岁	富德生命——尊养无忧
至 60 周岁、70 周岁、80 周岁	恒安标准——附加恶性肿瘤危重疾病保险 A
至 75 周岁、85 周岁、终身	中英人寿——爱无忧
至 75 周岁、终身	信泰人寿——i 立方多次赔付防癌险

2. 终身保险

表 6 – 10　防癌险（终身）产品一览

所属公司	产品名称
恒安标准	老年恶性肿瘤危重疾病保险 一生无忧 附加终身恶性肿瘤危重疾病保险
阳光人寿	孝顺保
复星保德信	孝顺康
中荷人寿	乐无忧
同方全球	康爱一生 康爱一生多倍保
中英人寿	爱无忧
信泰人寿	i 立方多次赔付防癌险

（三）缴费方式

表 6 – 11 列出了我们收集到的 14 款传统型防癌保险产品对应的缴费方式的具体信息。

表 6 – 11　防癌险产品的缴费方式

缴费方式	产品名称
5/10/15/20 年交	恒安标准老年恶性肿瘤危重疾病保险 复星保德信孝顺康 恒安标准一生无忧 恒安标准附加终身恶性肿瘤危重疾病保险

续表

缴费方式	产品名称
趸交，3/5 年交	人保寿险金色重阳
5/10/20 年交	阳光人寿孝顺保 中荷乐无忧 恒安标准附加恶性肿瘤危重疾病保险 A 信泰人寿 i 立方多次赔付防癌险
5/10 年交	富德生命尊养无忧
趸交，5/10/15/20 年交	同方全球康爱一生 同方全球康爱一生多倍保 长城人寿福泰百万防癌
趸交，3/5/10/15/20 年交	中英人寿爱无忧

（四）保险责任

这里的保险责任指的是保险合同中约定的当被保险人发生指定的保险事故时保险人所承担的给付责任，防癌保险产品的保险责任一般都会包括恶性肿瘤给付责任和身故给付责任。

表 6-12 中列出了我们收集到的 14 款传统型防癌保险产品对应的保险责任的具体信息。

表 6-12 防癌保险（提供非防癌保障）代表产品

产品名称	保险责任
恒安标准——一生无忧	恶性肿瘤给付、原位癌额外给付、身故给付、全残给付
恒安标准——附加终身恶性肿瘤危重疾病保险	恶性肿瘤给付、身故给付、全残给付
恒安标准——老年恶性肿瘤危重疾病保险	恶性肿瘤给付、身故给付、全残给付
同方全球——康爱一生	癌症关爱给付、轻症癌症给付、身故给付
同方全球——康爱一生多倍保	恶性肿瘤给付、轻度恶性肿瘤给付、身故给付、全残给付
长城人寿——福泰百万防癌	轻症癌症给付、恶性肿瘤关爱给付、恶性肿瘤住院津贴给付、恶性肿瘤手术津贴给付、恶性肿瘤放化疗津贴给付、肝脏移植或造血干细胞津贴给付、身故保险

续表

产品名称	保险责任
中英人寿——爱无忧	癌症给付、轻症癌症给付、身故给付、全残给付
信泰人寿——i立方多次赔付防癌险	恶性肿瘤给付、身故给付
人保寿险——金色重阳	癌症给付、原位癌给付、身故或全残给付
阳光人寿——孝顺保	恶性肿瘤给付、身故给付
复星保德信——孝顺康	原位癌给付、恶性肿瘤给付、身故给付
中荷人寿——乐无忧	身故或全残给付、恶性肿瘤给付、特定恶性肿瘤额外给付
富德生命——尊养无忧	恶性肿瘤给付、原位癌给付、身故给付

有些产品还会增加其他的保险责任，如原位癌给付责任。

表6-13中列出了我们收集到的14款传统型防癌保险产品对应的未提供原位癌保障产品的具体信息。

表6-13 防癌保险（未提供原位癌保障）代表产品

所属公司	产品名称
恒安标准	老年恶性肿瘤危重疾病保险 附加终身恶性肿瘤危重疾病保险 附加恶性肿瘤危重疾病保险A
阳光人寿	孝顺保
中荷人寿	乐无忧
信泰人寿	i立方多次赔付防癌险

如前文所述，重疾险的标准是：高死亡率、高发生率、高治疗费用与低治愈率。而原位癌具有发病率高、易于治愈、治疗费用低的特点，通常只要治疗及时，痊愈效果也较好，不符合重疾险的标准，所以大多数防癌险不对原位癌提供保障。

我们收集到的14款传统型年金保险产品的保险责任都包括恶性肿瘤给付责任，除恒安标准——附加恶性肿瘤危重疾病保险A外，其余产品均提供了身故给付责任。还有几款产品包含"多重给付"，如同方全球——康爱一生多倍保、信泰人寿——i立方多次赔付防癌险，分别提供了3次保障。按某些调查数据显示，癌症患者的5年生存率已经达到了30%，不少罹患重疾的病人在得到及时有效的治疗后，治愈后效果良好，逐步恢复了正常的生活。但是，一般来说，罹患过重大疾病的人，由于身体机能受损，身体状况不如以前，再次患病的风险比普通人要大得多。"多重给付"条款则解决了患病之后不能获得保障的"缺口"。

原位癌保险金一般为基本保险金额的一定比例；恶性肿瘤保险金一般为基础保险金，有的产品是按基本保险金额的一定比例，该比例随当前保单年度的不同而发生变化；身故保险金一般为已交保费或已交保费与现金价值的较大值。

以人保寿险的金色重阳防癌保险为例，其保险责任如下：①原位癌保险金：被保险人被首次确诊患有一种或多种合同约定的原位癌，给付 20% × 基本保险金额。在合同保险期间内，原位癌保险金累计给付以 1 次为限。②癌症保险金：被保险人被首次确诊患有一种或多种合同约定的癌症，给付基本保险金额。③身故或全残保险金：被保险人身故或全残的，给付已交保费。

除上述常见的几种保险给付责任外，有 4 款产品为被保险人提供了轻症癌症的保障，如同方全球——康爱一生、同方全球——康爱一生多倍保、长城人寿——福泰百万防癌、中英人寿——爱无忧。有 4 款产品提供了全残给付，如恒安标准——一生无忧、恒安标准——附加恶性肿瘤危重疾病保险、同方全球——康爱一生多倍保、中英人寿——爱无忧。

（五）除外责任

这里的除外责任也称责任免除，是指年金保险合同中规定保险人不承担给付保险责任的范围，一般采用列举的方式，在保险条款中明文列出保险人不承担赔偿给付责任的范围。由前述内容可知，传统型年金保险产品的保险责任一般都会包括多次生存给付责任和身故给付责任，因此除外责任也是一些常见的针对身故免责的范围，有些年金保险产品的除外责任中也规定了一些对意外身故或全残的情景。

通过分析这 14 款传统型防癌保险产品保险条款中规定的除外责任，我们可以将所有出现的除外责任情景汇总如下：

（1）投保人对被保险人的故意杀害、故意伤害。

（2）被保险人故意犯罪或抗拒依法采取的刑事强制措施。

（3）被保险人自杀，或自合同生效日起 2 年内或最后复效日起 2 年内（以较迟者为准）自杀，但被保险人自杀时为无民事行为能力人的除外。

（4）被保险人主动吸食或注射毒品。

（5）被保险人酒后驾驶，无合法有效驾驶证驾驶，或驾驶无有效行驶证的机动车。

（6）战争、军事冲突、暴乱或武装叛乱。

（7）生化武器、核爆炸、核辐射或核污染。

（8）被保险人感染艾滋病病毒（HIV）或患艾滋病（AIDS）。

（9）遗传性疾病，先天性畸形、变形或染色体异常。

注：每一条免责情景前面的序号是附录（除外责任具体情形）中所有保险产品除外责任情景汇总的序号，在之后的产品条款评估分析中我们将只写出免责情景的序号，不再重复免责情景的具体内容。

第三节　传统型重疾保险产品性价比评估：方法、假设和步骤

一、评估模型与假设

（一）评估模型

本部分重点介绍计算产品净保费的模型，根据上文的计分规则可知，净保费是计算附加费用率的决定性因素，也是计算量化条款得分的关键因素。非量化条款得分与产品条款得分的计算相对简单，评估步骤见下一部分，因此本节中针对净保费计算进行建模，并作出说明。

1. 转移概率矩阵

状态：健康（H），生存但患过 n 次轻症（L_n），生存但患过 m 重疾（I_m），非因重疾死亡（D），因重疾死亡（DI）。

	H	L_1	…	L_n	I_1	…	I_m	D	DI
H	P_{HH}	P_{HL_1}	…	P_{HL_n}	P_{HI_1}	…	P_{HI_m}	P_{HD}	$P_{H,DI}$
L_1	P_{L_1H}	$P_{L_1L_1}$	…	$P_{L_1L_n}$	$P_{L_1I_1}$	…	$P_{L_1I_m}$	P_{L_1D}	$P_{L_1,DI}$
⋮	⋮	⋮	⋱	⋮	⋮	⋱	⋮	⋮	⋮
L_n	P_{L_nH}	$P_{L_nL_1}$	…	$P_{L_nL_n}$	$P_{L_nI_1}$	…	$P_{L_nI_m}$	P_{L_nD}	$P_{L_n,DI}$
I_1	P_{I_1H}	$P_{I_1L_1}$	…	$P_{I_1L_n}$	$P_{I_1I_1}$	…	$P_{I_1I_m}$	P_{I_1D}	$P_{I_1,DI}$
⋮	⋮	⋮	⋱	⋮	⋮	⋱	⋮	⋮	⋮
I_m	P_{I_mH}	$P_{I_mL_1}$	…	$P_{I_mL_n}$	$P_{I_mI_1}$	…	$P_{I_mI_m}$	P_{I_mD}	$P_{I_m,DI}$
D	P_{DH}	P_{DL_1}	…	P_{DL_n}	P_{DI_1}	…	P_{DI_m}	P_{DD}	$P_{D,DI}$
DI	$P_{DI,H}$	P_{DI,L_1}	…	P_{DI,L_n}	P_{DI,I_1}	…	P_{DI,I_m}	$P_{DI,D}$	$P_{DI,DI}$

在转移概率矩阵中，每个位置的概率都代表经过单位时间后，从某一状态转移成另一状态的可能性，如 $P_{i,j}$ 表示从 i 状态转移成 j 状态的概率。此外，转移概

率矩阵中的每行元素之和等于1，因为从某一状态转移后必然处于所有状态的其中一种。下面以上图矩阵为例说明，由于死亡率、重疾率等数据均以年龄为单位，此处的单位时间为一年。

H行中，所有概率的初始状态均为健康。P_{HH}表示一年后依然健康的概率；P_{HL_1}表示一年中由健康变为患过一次轻症的概率；P_{HL_n}表示一年中由健康变为患过n次轻症的概率（例如，个体患过一次轻症后恢复健康，再次患上轻症），模型中未考虑一年内发生多次重疾或多次轻症的情况，因为多次给付大多会要求两次之间有半年至一年的间隔，考虑一年多次发生会大大增加模型的复杂程度但对结果影响不大，故$P_{HL_n}=0$（n>1）；P_{HI_1}表示一年中由健康变为患过一次重疾的概率；P_{HI_m}表示一年中由健康变为患过m次重疾的概率，且$P_{HI_m}=0$（m>1）（原因同上）；P_{HD}表示一年中非因重疾死亡的概率；$P_{H,DI}$表示一年中因重疾死亡的概率。

其余位置概率的含义可以此类推，需要说明的是，D行中$P_{DD}=1$，$P_{Dj}=0$（j≠D），因为非因重疾死亡的个体必然始终处于该状态，而不可能转移到其他状态；DI行同理，$P_{DI,DI}=1$，$P_{DI,j}=0$（j≠DI）。

2. 保险责任

保险责任是指保险合同中载明的危险发生并造成约定的人身保险事件发生时，保险人所负的保险金给付责任。在重大疾病保险中，保险责任一般包括重疾给付、轻症给付、身故给付、额外给付、生存给付和保费豁免等责任。下面对各项保险责任的内容和发生率计算过程做出说明。

（1）重疾给付。被保险人被首次确诊患有一种或多种合同定义的重大疾病，给付基本保险金额。某些产品的责任中存在多重给付，重大疾病保险金累计给付以约定次数为限，并且相邻两次重大疾病的确诊之日需超过约定天数。此外，多重给付的产品责任一般会将重大疾病分组，每组疾病最多给付1次重疾保险金。

重疾给付的发生率等于转移概率矩阵中由其他状态转移至状态I_m的概率之和，即所有I_m列中去掉主对角线上的数值（位于主对角线上的概率代表维持在患过m次重疾的状态，不发生给付），如果存在"多重给付"责任，将患一次重疾、两次重疾至n次重疾的概率求和即可。若存在重疾分组的给付条件，则需引入有效性的概念，计算死亡率、重疾发生率等需乘以该有效性变量。将保险责任包括的重大疾病与中国保险行业协会规定中的25病种进行对比，并设置以0和1为元素、分组数为行数的矩阵，与分病种重疾发生率相乘后得出各组别的重疾发生率，计算第i次发生重疾时，前i−1次重疾发生所在组别的所有可能性和数量，再计算第i次发生重疾时剩余的有效组别占总数的比例，乘以此前每次重疾所在组别的占比，最后得出条件概率作为存在分组时的有效性变量。

（2）轻症给付。轻症给付的责任与重疾给付类似，即被保险人首次被确诊患有一种或多种合同定义的轻症疾病，给付约定的保险金额（如基本保险金额的20%）。某些产品的责任中同样存在"多重给付"的条款，轻症给付的发生率等于转移概率矩阵中由其他状态转移至状态 L_n 的概率之和，多重给付发生率将患一次轻症、两次轻症至 n 次轻症的概率求和即可。

（3）身故给付。一般而言，被保险人身故，若被保险人未年满18周岁，给付已交保费的倍数；若被保险人年满18周岁，给付基本保险金额或其倍数。不同产品的身故给付条件有所区别，最常见的条件是未患过重疾的个体发生非因重疾死亡，此类情况的身故给付责任发生率为由健康和患过轻症状态下转移至非因重疾死亡状态的概率之和。其他情况根据具体的责任条款进行灵活计算。

（4）额外给付。某些产品中包含特定的额外给付责任，如疾病终末保险金（被保险人初次确诊达到疾病终末期，给付合同基本保险金额）、少儿特定疾病保险金（被保险人未满18周岁，首次确诊患有一种或多种合同定义的少儿特定疾病，给付约定的保险金额）等。针对特定年龄或特定疾病的给付条件，需在该年龄范围内重新计算疾病发生率作为额外给付的发生率。

（5）生存给付。被保险人在约定时间（某个年龄或在某几个年龄中选择）生存，给付保险合同已交保费之和或其他约定金额。不同产品的生存给付条件有所区别，最常见的条件为生存且未患过重疾（保险责任中一般会规定患过重疾后终止其他保险责任），此类情况的生存给付责任发生率为由健康和轻症状态转移至健康和轻症状态的概率之和。其他情况根据具体的责任条款进行灵活计算。

（6）保费豁免。保费豁免责任指被首次确诊发生保险合同涵盖的轻症或重大疾病时，即可豁免此后的各期保险费。保费豁免责任的发生率等于轻症疾病与重大疾病的发生率之和。

3. 计算思路

计算净保费的核心思想是保险公司未来给付的总额与其收取的净保费总额相等，因此本章采取以下方式进行计算：

净保费＝未来所有给付的总现值÷未来各期单位保费的总现值。

下面对未来给付的总现值和各期单位保费的总现值的计算进行说明。

被保险人划分为以下（n＋m＋3）种状态：健康、患过 n 次轻症、患过 m 次重疾、正常死亡和重疾死亡，并且假设同一被保险人在保险期间的状态满足马尔可夫过程，被保险人参加保险时的初始状态均为健康，因此初始概率分布为（1，0，0，…，0，0）。结合轻症疾病发生率、重大疾病发生率和死亡比例、死亡率等数据，计算一步转移概率矩阵。需要说明的是，参考数据的重大疾病发生率和死亡比例中仅包含中国保险行业协会规定中的 6 病种和 25 病种数据，绝大多数产品的重大疾病种类大于 25 种，因此采用线性插值的方法估算不同产品的重疾种类对应的发生率和死亡比例。

接下来，利用初始概率分布和一步转移概率矩阵可以算出被保险人在保险期间的各个年龄所处状态的概率分布。

未来所有给付的总现值：由于不同年龄的疾病发生率、死亡率等均不同，因此每个年龄都需计算一步转移概率矩阵，并以本期的期末概率分布作为下期的初始概率分布。根据产品的保险责任算出每个年龄的给付金额期望值，以此类推循环计算被保险人在保险期间的各个年龄给付期望值，再将其按照定价利率进贴现即可。

未来各期单位保费的总现值[1]：在计算给付的总现值时，得出各年龄所处状态的概率分布，结合保费豁免条款，可以算出各年龄单位保费（1 元）的期望值，并将各期的单位保费期望值按照定价利率进行贴现即可。

净保费：保险合同的净保费为未来所有给付的总现值，除以未来各期单位保费的总现值。即：

净保费 = 未来所有给付的总现值 ÷ 未来各期单位保费的总现值

（二）评估假设

本次传统型重疾保险产品评估的基本精算假设如下：

（1）定价利率为 2.5%。根据保监发〔2013〕62 号文件《中国保监会关于普通型人身保险费率政策改革有关事项的通知》，预定利率[2]由保险公司按照审慎原则自行决定，并参考保险公司内部数据，将其设为 2.5%。

（2）现金价值计算利率为 3.5%。根据保监发〔2013〕62 号文件，2013 年 8 月 5 日后签发的普通型人身保险保单的法定评估利率[3]为 3.5%。

（3）死亡率采用《中国人身保险业 2010~2013 经验生命表》。

（4）重大疾病发生率及重大疾病死亡比例采用《中国人身保险业重大疾病经验发生率表（2006~2010）》。轻症疾病发生率和重大疾病等各病种占比来自公司内部数据，并根据重大疾病各病种占比计算出分病种的重大疾病发生率和死亡比例。

（三）计算程序

根据选取的 28 款重大疾病保险和 14 款防癌保险的条款和评估假设，使用 MATLAB 编写定价模型，计算产品净保费。为了方便了解测算过程，通用程序中包含了所有产品中可能涉及的产品责任，并且该程序对应的保险责任如下：

---

① 未来各组单位保费的总现值即为按照缴费规则每期缴费 1 元的总精算现值。

② 即定价利率，笔者注。

③ 即现金价值计算利率，笔者注。

基本保额 1000；0~55 周岁可以投保，保险期限终身；缴费期限可以选择 10、15、20、30 年四种。

轻症（未考虑病种数）分三组，给付 3 次，每次给付分别为 200、250、300，同一组只给付一次。

重疾（80 种）分四组，给付 3 次，每次给付分别为 1000 元、1500 元、2000 元，同一组只给付一次。18 岁前身故给付退还 2 倍的已交保费，18 岁后身故给付 1000 元，已发生过重疾给付的情况下身故无给付。发生恶性肿瘤的，额外给付 1000 元；18 岁前发生重疾的，额外给付 1000 元。生存至 60 岁、70 岁、80 岁且未发生过重疾给付时，分别给付 200 元、300 元、500 元。发生轻症或重疾后，豁免后续保费。

下面是通用的 MATLAB 模型，具体产品根据其保险责任进行细节性修改即可：

```
clear
load('表.mat');%cl：死亡率，ix25：25 种重疾发生率，ix6：6 种重疾发生率，ixl：轻症发生率，kx25：25 种重疾死亡占比，kx6：6 种重疾死亡占比，pro：病种占比，1 代表男性，2 代表女性
int = 0.025;%定价利率
age00 = 0;%可投保最小年龄
age01 = 55;%可投保最大年龄
bppt = 1;%保险期限类型，1 则 bpp 代表最大保障年龄，2 则 bpp 代表保障期限
bpp = 106;%最大保障年龄或保障期限
ppp0 = [10, 15, 20, 30];%可选缴费期限
sal = [200, 250, 300];%轻症给付保额，无轻症责任时设定为 0
timesl = 3;%轻症给付次数，无轻症责任时设定为 0
gln = 3;%轻症组数，不分则设定为 1
lage = [0, 106];%轻症给付最小年龄与最大年龄
sa = [1000, 1500, 2000];%重疾保额
timesi = 3;%重疾给付次数
in = 80;%重疾病种数
%重疾具体分组，一行代表一组
%每行前 25 个分量代表该组是否包含对应病种
%每行第 26 个分量代表该组包含的 25 种以外病种的数量
%单次给付视为所有疾病在同一组，不分组多次给付视为每一种病单独成一组
```

gi = [0 1 0 1 0 0 1 0 0 0 0 0 0 0 0 0 0 0 0 0 0 1 1 1 0 16

    1 0 0 0 0 1 0 1 1 1 0 0 1 0 1 1 1 0 0 1 1 0 0 0 0 14

    0 0 1 0 1 0 0 0 0 0 0 0 1 0 0 0 0 1 0 0 0 0 0 1 11

    0 0 0 0 0 0 0 0 0 1 1 0 0 0 0 0 1 0 0 0 0 0 0 0 14];

gin = 4;%重疾组数，单次给付时设定为 1，不分组多次给付时等于重疾病种数

clx = [1，10，100，1000，1000，1000];%死亡率调整，第 i 个分量为 x，代表个体患(i−1)次重疾后死亡率上升为正常个体的 x 倍(死亡率不超过 1)

db1 = 1000;%身故给付保额，无身故责任时设定为 0

db2 = 2;%年龄较小时身故给付的保费倍数，无身故责任时设定为 0

dbs = [1，1，0];%身故给付条件(三个分量分别代表健康、患过轻症、患过重疾条件下身故是否给付身故保险金)

dbage = 18;%身故给付最小年龄(小于该年龄返还已交保费)

exi = [0 1 0 0 0 0 0 0 0 0 0 0 0 0 0 0 0 0 0 0 0 0 0 0 0 0];%额外给付病种

saex = 1000;%额外给付保额

exage = [0，106];%额外给付最小年龄与最大年龄

exi2 = [1 1 1 1 1 1 1 1 1 1 1 1 1 1 1 1 1 1 1 1 1 1 1 1 1 55];%额外给付病种

saex2 = 1000;%额外给付保额

exage2 = [0，17];%额外给付最小年龄与最大年龄

abt = 2;%期间生存给付类型，0 代表无期间给付，1 代表返还已交保费的 ab 倍，2 代表给付为 ab

abs = 2;%期间生存给付条件，1 代表生存，2 代表健康或轻症，3 代表健康

abage = [60，70，80];%期间生存给付领取年龄

ab = [200，300，500];%期间生存给付

pres = [1，0，0];%保费豁免(三个分量分别代表健康、患过轻症、患过重疾条件下是否需要缴纳保险费)

%市场费率

pre0(:,:, 1) = load('市场费率表.mat'，male);

pre0(:,:, 2) = load('市场费率表.mat'，female);

gi(:, 26) = gi(:, 26)/13; exi(26) = exi(26)/13;%25 种重疾以外病种数量标准化(病种占比中第 26 个分量为 13 种其他重疾的发生率)

%根据重疾分组计算每一组重疾的发生率占比

```
prog(:,:, 1) = pro(:,:, 1) * gi';
prog(:,:, 2) = pro(:,:, 2) * gi';
```
% 计算额外重疾给付的发生率与一般重疾给付的发生率之比
```
proex(:, 1) = pro(:,:, 1) * exi';
proex(:, 2) = pro(:,:, 2) * exi';
proex2(:, 1) = pro(:,:, 1) * exi2';
proex2(:, 2) = pro(:,:, 2) * exi2';
```
% 每一组重疾发生率标准化(实际额外病种不是 13 种时，各组发生率占比之和不为 1)
```
for i = 1: 2% 性别
    for j = 1: 106% 年龄
        sum1 = 0;
        for k = 1: gin
            sum1 = sum1 + prog(j, k, i);% 各组求和
        end
        for k = 1: gin
            prog(j, k, i) = prog(j, k, i)/sum1;% 每组除以各组之和(保证相加为 1)
        end
        proex(j, i) = proex(j, i)/sum1;% 额外给付发生率标准化
    end
end
```
% 计算与实际病种数对应的重疾发生率与重疾死亡占比
```
ix = zeros(106, 2);
kx = zeros(106, 2);
for i = 1: 2% 性别
    for j = 1: 106% 年龄
        ix(j, i) = interp1([6, 25, 3112], [ix6(j, i), ix25(j, i), ix25(j, i)/0.5], in);% 实际重疾发生率
        kx(j, i) = interp1([6, 25, 3112], [kx6(j, i), kx25(j, i), kx25(j, i)/0.5], in);% 实际重疾死亡占比
    end
end
```
% 主循环

```
for age0 = age00：age01% 投保年龄
    for sex = 1：2% 性别
            pppn = 0;% 用于记录可选择的缴费期限次数
            for ppp = ppp0% 缴费期限
                pppn = pppn + 1;% 用于记录可选择的缴费期限次数
                % 根据保险期限类型，计算最大保障年龄
                if bppt = = 1
                    age1 = bpp - 1;
                else
                    age1 = age0 + bpp - 1;
                end
                stan = timesl + timesi + 3;% 状态个数，包括健康、患过 N 次轻
症、患过 M 次重疾、正常死亡、重疾死亡
                stapa = zeros(age1 - age0 + 2, stan);% 每年处于每个状态的概率
                cf = zeros(age1 - age0 + 1, 2);% 每年的现金流入与流出
                stapa(1, 1) = 1;% 初始一定处于健康
                stap = stapa(1, :);% 第一期的期初状态等于初始状态
                preu = pre0(age0 + 1, pppn, sex);% 实际保费
                % 主循环里的主循环
                for age = age0：age1% 保险起期到保险止期
                    % 确定当期的各种死亡率发生率
clu = cl(age + 1, sex); progu = prog(age + 1, :, sex);
ixu = ix(age + 1, sex); kxu = kx(age + 1, sex);
ixlu = ixl(age + 1, sex); proexu = proex(age + 1, sex); proexu2 = proex2(age +
1, sex);
                        effe = ones(1, timesi);% 发生过 N 次重疾后，再次发生重
疾的给付概率(如果是同一组则不给付)
                        for i = 2：timesi + 1% 从发生第一次重疾到发生第 timesi 次
重疾
                            com = nchoosek(progu, i - 1);% 第 i 次发生重疾时，
前 i - 1 次重疾发生组别的所有可能性
                            comn = nchoosek(gin, i - 1);% 第 i 次发生重疾时，
前 i - 1 次重疾发生组别的所有可能性的个数
                            nn = zeros(1, comn); n = zeros(1, comn);
```

for j = 1: comn% 对每一种可能性，第 i 次发生重疾时剩下的有效组别占总数的比例，乘上之前每一次重疾所在组别的占比

$$nn(j) = 1; \quad n(j) = 1;$$

   for k = 1: i − 1

$$nn(j) = nn(j) * com(j, k); \quad n(j) = n(j) - com(j, k);$$

end

$$n(j) = n(j) * nn(j);$$

  end

effe(i) = sum(n)/sum(nn);% sum(n) 为全概率公式，除以 sum(nn) 得到条件概率

end

stat = zeros(stan, stan);% 转移概率矩阵

% 已死亡个体不转移

for i = stan − 1: stan

 stat(i, i) = 1;

end

for i = 1: timesl + timesi

  stat(i, stan) = clu * kxu * effe(max(i − timesl, 1));% 各个状态发生重疾死亡的概率

stat(i, stan − 1) = min(clu * clx(max(i − timesl, 1)), 1) − stat(i, stan);% 各个状态发生非重疾死亡的概率

if i < timesl + timesi + 1

stat(i, max(i + 1, timesl + 2)) = min((ixu − clu * kxu) * effe(max(i − timesl, 1)), 1 − stat(i, stan) − stat(i, stan − 1));

% 各个状态发生重疾的概率

 end

 if i < = timesl% 各个状态发生轻症的概率

if gln = = 1;% 轻症不分组

stat(i, i + 1) = min(ixlu, 1 − stat(i, max(i + 1, timesl + 2)) − stat(i, stan) − stat(i, stan − 1));

     else % 轻症有分组

stat(i, i + 1) = min(ixlu * (gln − i + 1)/gln, 1 − stat(i, max(i + 1, timesl + 2)) − stat(i, stan) − stat(i, stan − 1));

 end

```
      end
      stat(i, i) = 1 - sum(stat(i, i+1：stan));%剩余概率为不发生疾病概率
  end
  stat(timesl + timesi + 1, stan - 1) = min(clu * (1 - kxu) * clx(timesi + 1),
1);%重疾次数到上限后发生正常死亡的概率
  stat(timesl + timesi + 1, stan - 2) = 1 - stat(timesl + timesi + 1, stan - 1);%重
疾次数到上限后依然生存的概率
      pl = zeros(1, timesl);
      if age > = lage(1)&&age < = lage(2)
        for i = 1：timesl
          pl(i) = stap(i) * stat(i, i+1);%计算当期发生第 i 次轻症给付的概率
        end
      end
    pi = zeros(1, timesi);
      for i = 1：timesl
  pi(1) = pi(1) + stap(i) * (stat(i, max(i+1, timesl + 2)) + stat(i,
stan));%计算健康状态或轻症次数未满时发生第一次重疾的概率
      end
  for i = timesl + 1：timesl + timesi
  pi(i - timesl) = pi(i - timesl) + stap(i) * (stat(i, max(i+1, timesl + 2)) +
stat(i, stan));%计算当期发生第 i - timesl 次重疾给付的概率
      end
      if age > = exage(1)&&age < = exage(2)
        piex = pi * proexu;%计算额外给付发生率
      else
        piex = 0;
      end
      if age > = exage2(1)&&age < = exage2(2)
        piex2 = pi * proexu2;%计算额外给付发生率
      else
        piex2 = 0;
      end
      pd0 = zeros(1, 3);%三个分量分别表示健康、轻症、重疾状态下死亡的概率
        pd0(1) = pd0(1) + stap(1) * stat(1, stan - 1);%健康死亡
```

$pd0(3) = pd0(3) + stap(1) * stat(1, stan);$%重疾死亡

　　　　for $i = 2: timesl + 1$

　　　　　　$pd0(2) = pd0(2) + stap(i) * stat(1, stan - 1);$%轻症
死亡

　　　　　　$pd0(3) = pd0(3) + stap(i) * stat(1, stan);$%重疾死亡

　　　　end

　　　　for $i = timesl + 2: timesl + timesi + 1$

　　　　　　$pd0(3) = pd0(3) + stap(i) * stat(1, stan - 1) + stap$
$(i) * stat(1, stan);$

　　　　end

　　　　$pd = dbs * pd0';$%根据身故给付条件得到获得身故给付的
概率

　　　　%pp0 三个分量处于健康、轻症、重疾状态的概率

　　　　$pp0(1) = stap(1);$

　　　　$pp0(2) = sum(stap(2: timesl + 1));$

　　　　$pp0(3) = sum(stap(timesl + 2: timesl + timesi + 1));$

　　$pp = pp0 * pres';$%结合保费豁免情况得到当期需要缴费的概率

　　%根据身故给付的不同形式，计算当期生存给付之外的各种给付的期望之和

　　if $age > = dbage$

　　$cf(age - age0 + 1, 1) = pl * sal' + pi * sa' + piex * saex + piex2 * saex2 + pd * db1;$

　　else

　　$cf(age - age0 + 1, 1) = pl * sal' + pi * sa' + piex * saex + piex2 * saex2 + db2 *$
$preu * min(age - age0 + 1, ppp) * pd;$

　　end

　　%当期需要缴费的概率

　　if $age - age0 + 1 < = ppp$

　　　　$cf(age - age0 + 1, 2) = pp;$

　　end

　　%期末各状态的占比

　　　　　　$stap = stap * stat;$

　　　　　　$stapa(age - age0 + 2, :) = stap;$

　　　　end

　　$abn = 0;$%生存给付次数

　　%根据生存给付条件得到每次生存给付发生的概率与贴现率

```
        for abage0 = abage
            abn = abn + 1;
        if abs = = 1
dcp(abn) = sum(stapa(abage0 - age0 + 1, 1: timesl + timesi + 1)) * (1 + int)^
(age0 - abage0);
        elseif abs = = 2
dcp(abn) = sum(stapa(abage0 - age0 + 1, 1: timesl + 1)) * (1 + int)^(age0 -
abage0);
        else
dcp(abn) = stapa(abage0 - age0 + 1, 1) * (1 + int)^(age0 - abage0);
        end
            end
            % 根据生存给付的方式，得到所有给付的总现值
            % cf(:, 1)代表现金流出，cf(:, 2)代表现金流入即保费
if abt = = 1
premium(age0 + 1, pppn, sex) = (pvvar(cf(:, 1), int) * (1 + int)^(-0.5) +
dcp * ab' * preu * ppp);
    elseif abt = = 2
premium(age0 + 1, pppn, sex) = (pvvar(cf(:, 1), int) * (1 + int)^(-0.5) +
dcp * ab');
    else
premium(age0 + 1, pppn, sex) = pvvar(cf(:, 1), int) * (1 + int)^(-0.5);
    end
premium(age0 + 1, pppn, sex) = premium(age0 + 1, pppn, sex)/pvvar(cf(:,
2), int);% 总现值除以单位保费的总现值得到净保费
        end
    end
end
premiumm = premium(:,:, 1);
premiumf = premium(:,:, 2);
```

二、评估步骤

这一部分我们将介绍传统型重大疾病保险和防癌保险产品性价比评估的具体方法，所有产品均遵照以下四个步骤进行评估，下面以保险责任较为全面的"君

康人寿——多倍保"为例进行说明。

（一）条款内容整理

收集产品的保险条款与市场价格，将保险条款进行拆分，对市场价格进行标准化处理，这两者是后文计算产品条款得分的核心依据。表6-14列出了"君康人寿——多倍保"拆分后的保险条款。

表6-14　"君康人寿——多倍保"产品信息

君康人寿——多倍保	
基本信息	
所属公司	君康人寿保险股份有限公司
责任范围	身故给付、轻症给付、重疾给付、疾病终末期给付、全残给付
投保范围	出生满28天至65周岁
保险期间	终身
量化条款对比	
保险责任	（1）轻症疾病保险金：被保险人首次确诊患有一种或多种合同定义的50种轻症，确认本次轻症所属组别（共5组），并给付20%×基本保险金额。在合同保险期间内，每组轻症最多给付1次轻症保险金，轻症重疾保险金累计给付以5次为限。 （2）重大疾病保险金：被保险人首次确诊患有一种或多种合同定义的100种重大疾病，确认本次重疾所属组别（共5组），并给付基本保险金额。在合同保险期间内，每组重大疾病最多给付1次重大疾病保险金，重大疾病保险金累计给付以5次为限。两次重大疾病的确诊之日需超过180天 （3）身故或全残保险金：被保险人身故，若被保险人未年满18周岁，给付200%×已交保费；若被保险人年满18周岁，给付基本保险金额 （4）疾病终末保险金：被保险人初次确诊达到疾病终末期，若被保险人未满18周岁，给付已交保费；若被保险人年满18周岁，给付合同基本保险金额
非量化条款对比	
非量化投保条款	犹豫期：犹豫期（10天）内退保，全额退还已交保费；犹豫期后退保，退还保单现金价值
非量化责任条款	（1）等待期：90天 （2）保费豁免：若被保险人首次确诊患有任何一种合同约定的任何一种或多种轻症疾病和重大疾病，则豁免疾病确诊日后本合同保险期间内的各期保险费 （3）除外责任：发生第（1）、（2）、（4）～（8）、（34）、（37）项导致被保险人发生保险事故的，不承担给付保险金的责任。其中，若发生第（1）项，投保人趸交保费或已交足2年以上保费的，向其他权利人退还合同现金价值；若发生第（2）（4）～（8）、（34）、（37）项，向投保人退还合同的现金价值
非量化其他条款	（1）宽限期：60天； （2）保单贷款：80%，6个月

（二）量化条款得分的计算

按照"君泰人寿——多倍保"条款中约定的年龄、性别、保障期限、缴费期限、保险金额等，采用上文的 MATLAB 定价模型，计算每一组合下的净费率，将各个组合的净费率平均值作为该款产品的净费率，将市场费率的平均值作为其市场费率，据此计算附加费用率和可量化条款得分，具体结果见表6－15 和表6－16。

表6－15　"君泰人寿——多倍保"费率及附加费用率

年龄	保障期限	缴费期限（年）	保险金额（元）	市场费率		净费率		附加费用率	
				男	女	男	女	男	女
0	终身	1	1000	123.82	109.26	199.25	180.68	−37.86%	−39.53%
0	终身	5	1000	29.06	25.64	41.92	38.02	−30.67%	−32.56%
0	终身	10	1000	16.15	14.25	22.28	20.21	−27.52%	−29.49%
0	终身	15	1000	11.78	10.39	15.77	14.30	−25.30%	−27.36%
0	终身	20	1000	9.46	8.34	12.54	11.37	−24.54%	−26.68%
1	终身	1	1000	127.31	112.06	203.68	184.44	−37.49%	−39.24%
1	终身	5	1000	29.87	26.29	42.84	38.80	−30.28%	−32.24%
1	终身	10	1000	16.60	14.61	22.77	20.62	−27.11%	−29.16%
1	终身	15	1000	12.11	10.65	16.12	14.60	−24.86%	−27.04%
1	终身	20	1000	9.72	8.55	12.81	11.61	−24.14%	−26.34%
2	终身	1	1000	131.04	115.16	208.29	188.45	−37.09%	−38.89%
2	终身	5	1000	30.75	27.01	43.81	39.63	−29.81%	−31.85%
2	终身	10	1000	17.09	15.00	23.29	21.07	−26.61%	−28.80%
2	终身	15	1000	12.46	10.94	16.48	14.91	−24.39%	−26.62%
2	终身	20	1000	10.00	8.79	13.10	11.86	−23.67%	−25.86%
3	终身	1	1000	135.01	118.52	213.08	192.67	−36.64%	−38.49%
3	终身	5	1000	31.68	27.79	44.81	40.52	−29.31%	−31.41%
3	终身	10	1000	17.60	15.44	23.82	21.53	−26.11%	−28.30%
3	终身	15	1000	12.83	11.26	16.85	15.24	−23.88%	−26.12%
3	终身	20	1000	10.31	9.04	13.40	12.12	−23.07%	−25.41%
4	终身	1	1000	139.19	122.11	218.03	197.07	−36.16%	−38.04%
4	终身	5	1000	32.65	28.63	45.85	41.44	−28.79%	−30.90%
4	终身	10	1000	18.14	15.90	24.37	22.02	−25.57%	−27.80%
4	终身	15	1000	13.23	11.59	17.24	15.59	−23.28%	−25.64%

年龄	保障期限	缴费期限（年）	保险金额（元）	市场费率		净费率		附加费用率	
				男	女	男	女	男	女
4	终身	20	1000	10.62	9.31	13.71	12.40	-22.55%	-24.90%
5	终身	1	1000	143.54	125.91	223.14	201.64	-35.67%	-37.56%
5	终身	5	1000	33.67	29.52	46.92	42.39	-28.25%	-30.37%
5	终身	10	1000	18.70	16.40	24.94	22.53	-25.01%	-27.21%
5	终身	15	1000	13.64	11.95	17.65	15.95	-22.70%	-25.07%
5	终身	20	1000	10.96	9.60	14.03	12.68	-21.90%	-24.31%
6	终身	1	1000	148.08	129.90	228.38	206.37	-35.16%	-37.05%
6	终身	5	1000	34.73	30.45	48.02	43.39	-27.68%	-29.82%
6	终身	10	1000	19.29	16.92	25.52	23.06	-24.42%	-26.63%
6	终身	15	1000	14.06	12.33	18.06	16.32	-22.14%	-24.46%
6	终身	20	1000	11.30	9.91	14.36	12.98	-21.33%	-23.67%
7	终身	1	1000	152.81	134.07	233.78	211.24	-34.64%	-36.53%
7	终身	5	1000	35.84	31.43	49.16	44.41	-27.09%	-29.23%
7	终身	10	1000	19.91	17.46	26.12	23.60	-23.78%	-26.03%
7	终身	15	1000	14.51	12.73	18.48	16.71	-21.50%	-23.81%
7	终身	20	1000	11.66	10.23	14.70	13.29	-20.70%	-23.03%
8	终身	1	1000	157.74	138.40	239.32	216.25	-34.09%	-36.00%
8	终身	5	1000	36.99	32.45	50.32	45.46	-26.49%	-28.62%
8	终身	10	1000	20.55	18.02	26.74	24.16	-23.14%	-25.43%
8	终身	15	1000	14.98	13.15	18.92	17.11	-20.84%	-23.13%
8	终身	20	1000	12.04	10.57	15.05	13.61	-20.02%	-22.32%
9	终身	1	1000	162.86	142.89	245.02	221.38	-33.53%	-35.46%
9	终身	5	1000	38.19	33.50	51.51	46.54	-25.86%	-28.02%
9	终身	10	1000	21.21	18.61	27.37	24.74	-22.51%	-24.77%
9	终身	15	1000	15.47	13.58	19.37	17.51	-20.15%	-22.46%
9	终身	20	1000	12.44	10.91	15.41	13.93	-19.30%	-21.70%
10	终身	1	1000	168.16	147.52	250.86	226.63	-32.97%	-34.91%
10	终身	5	1000	39.43	34.59	52.74	47.65	-25.23%	-27.40%
10	终身	10	1000	21.90	19.22	28.02	25.33	-21.85%	-24.11%
10	终身	15	1000	15.98	14.02	19.84	17.93	-19.45%	-21.82%

续表

年龄	保障期限	缴费期限（年）	保险金额（元）	市场费率		净费率		附加费用率	
				男	女	男	女	男	女
10	终身	20	1000	12.85	11.27	15.79	14.27	−18.60%	−21.01%
11	终身	1	1000	173.65	152.28	256.86	232.00	−32.40%	−34.36%
11	终身	5	1000	40.71	35.71	54.00	48.78	−24.60%	−26.79%
11	终身	10	1000	22.62	19.84	28.69	25.93	−21.16%	−23.48%
11	终身	15	1000	16.51	14.48	20.32	18.36	−18.73%	−21.13%
11	终身	20	1000	13.28	11.64	16.17	14.61	−17.87%	−20.32%
12	终身	1	1000	179.32	157.17	263.01	237.48	−31.82%	−33.82%
12	终身	5	1000	42.04	36.85	55.28	49.93	−23.96%	−26.20%
12	终身	10	1000	23.36	20.48	29.38	26.54	−20.49%	−22.85%
12	终身	15	1000	17.05	14.95	20.81	18.80	−18.06%	−20.46%
12	终身	20	1000	13.72	12.02	16.56	14.96	−17.16%	−19.64%
13	终身	1	1000	185.18	162.21	269.32	243.08	−31.24%	−33.27%
13	终身	5	1000	43.41	38.03	56.61	51.11	−23.31%	−25.59%
13	终身	10	1000	24.13	21.14	30.09	27.17	−19.81%	−22.20%
13	终身	15	1000	17.62	15.43	21.31	19.24	−17.33%	−19.82%
13	终身	20	1000	14.18	12.41	16.97	15.31	−16.43%	−18.96%
14	终身	1	1000	191.25	167.39	275.77	248.80	−30.65%	−32.72%
14	终身	5	1000	44.83	39.25	57.96	52.31	−22.65%	−24.97%
14	终身	10	1000	24.92	21.82	30.82	27.82	−19.14%	−21.56%
14	终身	15	1000	18.20	15.93	21.83	19.70	−16.64%	−19.14%
14	终身	20	1000	14.65	12.82	17.38	15.68	−15.73%	−18.24%
15	终身	1	1000	197.51	172.74	282.38	254.65	−30.06%	−32.17%
15	终身	5	1000	46.30	40.50	59.35	53.54	−21.99%	−24.36%
15	终身	10	1000	25.75	22.52	31.57	28.47	−18.43%	−20.91%
15	终身	15	1000	18.81	16.45	22.37	20.17	−15.90%	−18.43%
15	终身	20	1000	15.15	13.24	17.81	16.05	−14.95%	−17.53%
16	终身	1	1000	203.96	178.25	289.15	260.64	−29.46%	−31.61%
16	终身	5	1000	47.82	41.80	60.78	54.81	−21.33%	−23.73%
16	终身	10	1000	26.61	23.25	32.34	29.15	−17.71%	−20.24%
16	终身	15	1000	19.44	16.98	22.91	20.65	−15.16%	−17.76%

续表

年龄	保障期限	缴费期限（年）	保险金额（元）	市场费率		净费率		附加费用率	
				男	女	男	女	男	女
16	终身	20	1000	15.66	13.67	18.25	16.44	−14.20%	−16.84%
17	终身	1	1000	210.62	183.94	296.06	266.76	−28.86%	−31.05%
17	终身	5	1000	49.40	43.15	62.26	56.10	−20.65%	−23.08%
17	终身	10	1000	27.50	24.00	33.13	29.84	−16.98%	−19.57%
17	终身	15	1000	20.10	17.53	23.48	21.14	−14.39%	−17.07%
17	终身	20	1000	16.19	14.12	18.70	16.83	−13.44%	−16.11%
18	终身	1	1000	217.44	189.79	303.12	273.02	−28.27%	−30.49%
18	终身	5	1000	51.03	44.53	63.77	57.43	−19.98%	−22.46%
18	终身	10	1000	28.41	24.78	33.94	30.55	−16.29%	−18.89%
18	终身	15	1000	20.77	18.10	24.06	21.64	−13.66%	−16.37%
18	终身	20	1000	16.74	14.59	19.17	17.24	−12.67%	−15.35%
19	终身	1	1000	224.33	195.79	310.14	279.32	−27.67%	−29.90%
19	终身	5	1000	52.65	45.94	65.25	58.76	−19.31%	−21.81%
19	终身	10	1000	29.32	25.56	34.73	31.26	−15.58%	−18.22%
19	终身	15	1000	21.44	18.69	24.62	22.15	−12.93%	−15.61%
19	终身	20	1000	17.29	15.06	19.62	17.64	−11.89%	−14.63%
20	终身	1	1000	231.42	201.96	317.29	285.76	−27.06%	−29.32%
20	终身	5	1000	54.32	47.39	66.76	60.11	−18.64%	−21.16%
20	终身	10	1000	30.25	26.38	35.54	31.98	−14.88%	−17.51%
20	终身	15	1000	22.13	19.29	25.20	22.66	−12.18%	−14.88%
20	终身	20	1000	17.85	15.55	20.09	18.05	−11.14%	−13.87%
21	终身	1	1000	238.72	208.33	324.59	292.35	−26.46%	−28.74%
21	终身	5	1000	56.04	48.89	68.31	61.50	−17.96%	−20.50%
21	终身	10	1000	31.22	27.22	36.36	32.72	−14.15%	−16.81%
21	终身	15	1000	22.85	19.91	25.79	23.19	−11.40%	−14.14%
21	终身	20	1000	18.44	16.06	20.56	18.48	−10.33%	−13.10%
22	终身	1	1000	246.23	214.91	332.05	299.09	−25.84%	−28.15%
22	终身	5	1000	57.82	50.44	69.88	62.92	−17.26%	−19.83%
22	终身	10	1000	32.22	28.08	37.21	33.48	−13.40%	−16.12%
22	终身	15	1000	23.59	20.55	26.39	23.73	−10.62%	−13.41%

续表

年龄	保障期限	缴费期限（年）	保险金额（元）	市场费率		净费率		附加费用率	
				男	女	男	女	男	女
22	终身	20	1000	19. 05	16. 59	21. 05	18. 92	−9. 51%	−12. 31%
23	终身	1	1000	253. 96	221. 69	339. 66	306. 00	−25. 23%	−27. 55%
23	终身	5	1000	59. 64	52. 04	71. 49	64. 37	−16. 58%	−19. 16%
23	终身	10	1000	33. 24	28. 98	38. 07	34. 26	−12. 69%	−15. 40%
23	终身	15	1000	24. 35	21. 22	27. 01	24. 29	−9. 85%	−12. 64%
23	终身	20	1000	19. 68	17. 14	21. 55	19. 37	−8. 68%	−11. 51%
24	终身	1	1000	261. 91	228. 68	347. 43	313. 07	−24. 61%	−26. 96%
24	终身	5	1000	61. 52	53. 68	73. 13	65. 86	−15. 88%	−18. 50%
24	终身	10	1000	34. 30	29. 91	38. 95	35. 06	−11. 94%	−14. 68%
24	终身	15	1000	25. 14	21. 91	27. 64	24. 86	−9. 06%	−11. 88%
24	终身	20	1000	20. 33	17. 71	22. 06	19. 83	−7. 86%	−10. 71%
25	终身	1	1000	270. 10	235. 89	355. 35	320. 29	−23. 99%	−26. 35%
25	终身	5	1000	63. 45	55. 39	74. 81	67. 39	−15. 19%	−17. 81%
25	终身	10	1000	35. 39	30. 87	39. 85	35. 88	−11. 20%	−13. 95%
25	终身	15	1000	25. 95	22. 63	28. 29	25. 45	−8. 27%	−11. 09%
25	终身	20	1000	21. 00	18. 31	22. 59	20. 31	−7. 04%	−9. 85%
26	终身	1	1000	278. 52	243. 31	363. 45	327. 67	−23. 37%	−25. 75%
26	终身	5	1000	65. 45	57. 14	76. 53	68. 95	−14. 47%	−17. 13%
26	终身	10	1000	36. 52	31. 87	40. 78	36. 71	−10. 44%	−13. 20%
26	终身	15	1000	26. 80	23. 37	28. 95	26. 06	−7. 44%	−10. 31%
26	终身	20	1000	21. 71	18. 93	23. 13	20. 80	−6. 15%	−9. 00%
27	终身	1	1000	287. 19	250. 94	371. 70	335. 21	−22. 74%	−25. 14%
27	终身	5	1000	67. 50	58. 95	78. 28	70. 55	−13. 77%	−16. 44%
27	终身	10	1000	37. 68	32. 89	41. 72	37. 57	−9. 68%	−12. 46%
27	终身	15	1000	27. 67	24. 14	29. 63	26. 67	−6. 63%	−9. 50%
27	终身	20	1000	22. 44	19. 57	23. 69	21. 31	−5. 27%	−8. 15%
28	终身	1	1000	296. 11	258. 78	380. 13	342. 89	−22. 10%	−24. 53%
28	终身	5	1000	69. 61	60. 81	80. 06	72. 18	−13. 06%	−15. 75%
28	终身	10	1000	38. 88	33. 95	42. 68	38. 45	−8. 90%	−11. 71%
28	终身	15	1000	28. 57	24. 94	30. 33	27. 31	−5. 81%	−8. 67%

续表

年龄	保障期限	缴费期限（年）	保险金额（元）	市场费率		净费率		附加费用率	
				男	女	男	女	男	女
28	终身	20	1000	23.20	20.23	24.26	21.82	−4.38%	−7.31%
29	终身	1	1000	305.26	266.82	388.73	350.73	−21.47%	−23.92%
29	终身	5	1000	71.78	62.71	81.89	73.84	−12.34%	−15.07%
29	终身	10	1000	40.12	35.04	43.67	39.35	−8.12%	−10.95%
29	终身	15	1000	29.51	25.76	31.05	27.96	−4.95%	−7.87%
29	终身	20	1000	23.99	20.92	24.85	22.36	−3.47%	−6.43%
30	终身	1	1000	314.69	275.09	397.51	358.71	−20.84%	−23.31%
30	终身	5	1000	74.02	64.68	83.75	75.53	−11.62%	−14.37%
30	终身	10	1000	41.40	36.17	44.68	40.27	−7.33%	−10.18%
30	终身	15	1000	30.48	26.62	31.78	28.63	−4.10%	−7.01%
30	终身	20	1000	24.82	21.64	25.46	22.90	−2.53%	−5.52%
31	终身	1	1000	324.40	283.56	406.47	366.85	−20.19%	−22.70%
31	终身	5	1000	76.33	66.70	85.66	77.27	−10.89%	−13.67%
31	终身	10	1000	42.73	37.33	45.71	41.21	−6.52%	−9.41%
31	终身	15	1000	31.50	27.50	32.54	29.31	−3.19%	−6.18%
31	终身	20	1000	25.69	22.39	26.09	23.47	−1.55%	−4.59%
32	终身	1	1000	334.39	292.25	415.61	375.13	−19.54%	−22.09%
32	终身	5	1000	78.71	68.78	87.60	79.03	−10.15%	−12.97%
32	终身	10	1000	44.10	38.53	46.77	42.17	−5.71%	−8.63%
32	终身	15	1000	32.56	28.42	33.32	30.01	−2.28%	−5.30%
32	终身	20	1000	26.60	23.16	26.75	24.05	−0.55%	−3.68%
33	终身	1	1000	344.63	301.15	424.94	383.56	−18.90%	−21.49%
33	终身	5	1000	81.17	70.91	89.60	80.83	−9.40%	−12.27%
33	终身	10	1000	45.52	39.76	47.86	43.15	−4.89%	−7.86%
33	终身	15	1000	33.66	29.36	34.12	30.73	−1.35%	−4.46%
33	终身	20	1000	27.55	23.96	27.42	24.64	0.47%	−2.75%
34	终身	1	1000	355.17	310.22	434.44	392.12	−18.25%	−20.89%
34	终身	5	1000	83.70	73.09	91.63	82.66	−8.65%	−11.58%
34	终身	10	1000	47.00	41.03	48.98	44.15	−4.04%	−7.07%
34	终身	15	1000	34.81	30.33	34.95	31.46	−0.40%	−3.61%

续表

年龄	保障期限	缴费期限（年）	保险金额（元）	市场费率		净费率		附加费用率	
				男	女	男	女	男	女
34	终身	20	1000	28.55	24.79	28.12	25.25	1.52%	−1.81%
35	终身	1	1000	365.96	319.48	444.11	400.81	−17.60%	−20.29%
35	终身	5	1000	86.29	75.33	93.70	84.53	−7.91%	−10.88%
35	终身	10	1000	48.52	42.32	50.12	45.18	−3.20%	−6.32%
35	终身	15	1000	36.00	31.34	35.80	32.22	0.55%	−2.72%
35	终身	20	1000	29.59	25.64	28.85	25.87	2.57%	−0.90%
36	终身	1	1000	377.00	328.93	453.94	409.62	−16.95%	−19.70%
36	终身	5	1000	88.96	77.60	95.82	86.42	−7.16%	−10.21%
36	终身	10	1000	50.09	43.65	51.30	46.22	−2.35%	−5.56%
36	终身	15	1000	37.24	32.37	36.68	32.99	1.52%	−1.87%
36	终身	20	1000	30.69	26.53	29.60	26.51	3.67%	0.07%
37	终身	1	1000	388.29	338.53	463.93	418.55	−16.30%	−19.12%
37	终身	5	1000	91.69	79.92	97.98	88.35	−6.42%	−9.54%
37	终身	10	1000	51.72	45.01	52.50	47.28	−1.48%	−4.80%
37	终身	15	1000	38.53	33.43	37.59	33.77	2.49%	−1.01%
37	终身	20	1000	31.84	27.43	30.38	27.17	4.80%	0.97%
38	终身	1	1000	399.79	348.31	474.06	427.59	−15.67%	−18.54%
38	终身	5	1000	94.49	82.29	100.18	90.30	−5.68%	−8.87%
38	终身	10	1000	53.39	46.41	53.73	48.36	−0.64%	−4.04%
38	终身	15	1000	39.88	34.51	38.53	34.57	3.50%	−0.18%
38	终身	20	1000	33.04	28.37	31.19	27.84	5.92%	1.92%
39	终身	1	1000	411.57	358.25	484.33	436.74	−15.02%	−17.97%
39	终身	5	1000	97.38	84.70	102.41	92.28	−4.92%	−8.22%
39	终身	10	1000	55.14	47.83	55.00	49.46	0.26%	−3.30%
39	终身	15	1000	41.28	35.63	39.50	35.39	4.52%	0.67%
39	终身	20	1000	34.31	29.33	32.03	28.52	7.10%	2.83%
40	终身	1	1000	423.56	368.38	494.73	445.99	−14.39%	−17.40%
40	终身	5	1000	100.34	87.17	104.69	94.29	−4.16%	−7.55%
40	终身	10	1000	56.93	49.31	56.29	50.58	1.13%	−2.52%
40	终身	15	1000	42.75	36.79	40.49	36.23	5.57%	1.55%

续表

年龄	保障期限	缴费期限（年）	保险金额（元）	市场费率		净费率		附加费用率	
				男	女	男	女	男	女
40	终身	20	1000	35.64	30.34	32.91	29.23	8.30%	3.81%
41	终身	1	1000	435.72	378.67	505.24	455.34	−13.76%	−16.84%
41	终身	5	1000	103.35	89.69	107.01	96.33	−3.42%	−6.89%
41	终身	10	1000	58.78	50.81	57.62	51.73	2.01%	−1.77%
41	终身	15	1000	44.27	37.97	41.52	37.08	6.61%	2.40%
41	终身	20	1000	37.03	31.37	33.81	29.95	9.51%	4.76%
42	终身	1	1000	448.06	389.10	515.84	464.78	−13.14%	−16.28%
42	终身	5	1000	106.41	92.25	109.36	98.39	−2.70%	−6.24%
42	终身	10	1000	60.68	52.35	58.98	52.88	2.88%	−1.01%
42	终身	15	1000	45.84	39.18	42.58	37.95	7.64%	3.25%
42	终身	20	1000	38.49	32.44	34.75	30.68	10.76%	5.73%
43	终身	1	1000	460.55	399.69	526.52	474.31	−12.53%	−15.73%
43	终身	5	1000	109.53	94.85	111.75	100.48	−1.98%	−5.61%
43	终身	10	1000	62.63	53.92	60.37	54.06	3.74%	−0.26%
43	终身	15	1000	47.48	40.43	43.68	38.83	8.70%	4.12%
43	终身	20	1000	40.02	33.55	35.73	31.44	12.02%	6.73%
44	终身	1	1000	473.20	410.42	537.25	483.91	−11.92%	−15.19%
44	终身	5	1000	112.72	97.51	114.16	102.60	−1.26%	−4.96%
44	终身	10	1000	64.65	55.53	61.79	55.25	4.63%	0.50%
44	终身	15	1000	49.20	41.71	44.80	39.73	9.81%	4.98%
44	终身	20	1000	41.64	34.69	36.73	32.21	13.36%	7.70%
45	终身	1	1000	485.98	421.30	548.03	493.59	−11.32%	−14.65%
45	终身	5	1000	115.98	100.22	116.61	104.74	−0.54%	−4.31%
45	终身	10	1000	66.74	57.16	63.24	56.46	5.53%	1.24%
45	终身	15	1000	50.99	43.03	45.96	40.65	10.94%	5.86%
45	终身	20	1000	43.34	35.87	37.78	33.00	14.73%	8.69%
46	终身	1	1000	498.93	432.31	558.82	503.34	−10.72%	−14.11%
46	终身	5	1000	119.32	102.96	119.08	106.90	0.20%	−3.68%
46	终身	10	1000	68.90	58.83	64.72	57.69	6.46%	1.98%
46	终身	15	1000	52.86	44.38	47.15	41.58	12.11%	6.73%

续表

年龄	保障期限	缴费期限（年）	保险金额（元）	市场费率 男	市场费率 女	净费率 男	净费率 女	附加费用率 男	附加费用率 女
46	终身	20	1000	45.15	37.10	38.86	33.81	16.20%	9.72%
47	终身	1	1000	511.89	443.44	569.62	513.15	−10.13%	−13.58%
47	终身	5	1000	122.67	105.74	121.57	109.07	0.91%	−3.05%
47	终身	10	1000	71.10	60.52	66.22	58.92	7.36%	2.71%
47	终身	15	1000	54.79	45.76	48.37	42.53	13.27%	7.59%
47	终身	20	1000	47.03	38.37	39.97	34.65	17.66%	10.74%
48	终身	1	1000	524.93	454.72	580.40	523.04	−9.56%	−13.06%
48	终身	5	1000	126.07	108.55	124.08	111.27	1.60%	−2.44%
48	终身	10	1000	73.36	62.24	67.76	60.18	8.27%	3.42%
48	终身	15	1000	56.80	47.18	49.62	43.50	14.46%	8.46%
48	终身	20	1000	49.02	39.69	41.12	35.51	19.20%	11.77%
49	终身	1	1000	538.04	466.13	591.16	533.02	−8.99%	−12.55%
49	终身	5	1000	129.53	111.38	126.61	113.49	2.30%	−1.86%
49	终身	10	1000	75.70	63.99	69.32	61.46	9.21%	4.12%
49	终身	15	1000	58.91	48.64	50.91	44.50	15.72%	9.31%
49	终身	20	1000	51.14	41.07	42.32	36.40	20.84%	12.82%
50	终身	1	1000	551.24	477.75	601.88	543.10	−8.41%	−12.03%
50	终身	5	1000	133.06	114.28	129.16	115.74	3.02%	−1.26%
50	终身	10	1000	78.12	65.80	70.91	62.76	10.17%	4.84%
50	终身	15	1000	61.12	50.17	52.23	45.52	17.02%	10.21%
50	终身	20	1000	53.41	42.53	43.56	37.33	22.60%	13.92%
51	终身	1	1000	564.50	489.61	612.57	553.29	−7.85%	−11.51%
51	终身	5	1000	136.64	117.26	131.72	118.02	3.73%	−0.65%
51	终身	10	1000	80.61	67.69	72.52	64.09	11.15%	5.61%
51	终身	15	1000	63.43	51.78	53.59	46.58	18.37%	11.16%
52	终身	1	1000	577.73	501.71	623.20	563.60	−7.30%	−10.98%
52	终身	5	1000	140.26	120.32	134.30	120.34	4.43%	−0.02%
52	终身	10	1000	83.16	69.65	74.17	65.46	12.12%	6.40%
52	终身	15	1000	65.84	53.48	54.98	47.68	19.76%	12.16%
53	终身	1	1000	591.04	513.99	633.77	574.03	−6.74%	−10.46%

续表

年龄	保障期限	缴费期限（年）	保险金额（元）	市场费率		净费率		附加费用率	
				男	女	男	女	男	女
53	终身	5	1000	143.94	123.46	136.90	122.71	5.14%	0.61%
53	终身	10	1000	85.81	71.68	75.84	66.87	13.14%	7.20%
53	终身	15	1000	68.39	55.27	56.41	48.83	21.23%	13.20%
54	终身	1	1000	604.36	526.57	644.28	584.57	-6.20%	-9.92%
54	终身	5	1000	147.68	126.71	139.52	125.11	5.85%	1.28%
54	终身	10	1000	88.53	73.81	77.55	68.31	14.16%	8.05%
54	终身	15	1000	71.08	57.18	57.90	50.02	22.77%	14.31%
55	终身	1	1000	617.71	539.33	654.70	595.22	-5.65%	-9.39%
55	终身	5	1000	151.46	130.03	142.15	127.56	6.55%	1.93%
55	终身	10	1000	91.36	76.02	79.28	69.81	15.23%	8.90%
55	终身	15	1000	73.95	59.20	59.44	51.27	24.42%	15.46%
56	终身	1	1000	631.05	552.27	665.05	605.97	-5.11%	-8.86%
56	终身	5	1000	155.28	133.42	144.79	130.06	7.25%	2.58%
56	终身	10	1000	94.28	78.31	81.05	71.35	16.32%	9.75%
57	终身	1	1000	644.43	565.40	675.31	616.80	-4.57%	-8.33%
57	终身	5	1000	159.18	136.89	147.44	132.61	7.96%	3.23%
57	终身	10	1000	97.33	80.72	82.85	72.95	17.47%	10.64%
58	终身	1	1000	657.88	578.71	685.49	627.72	-4.03%	-7.81%
58	终身	5	1000	163.17	140.45	150.11	135.21	8.70%	3.88%
58	终身	10	1000	100.56	83.24	84.70	74.62	18.72%	11.55%
59	终身	1	1000	671.41	592.17	695.61	638.71	-3.48%	-7.29%
59	终身	5	1000	167.28	144.09	152.80	137.86	9.48%	4.52%
59	终身	10	1000	103.98	85.88	86.62	76.35	20.04%	12.48%
60	终身	1	1000	685.01	605.79	705.68	649.75	-2.93%	-6.77%
60	终身	5	1000	171.50	147.85	155.52	140.57	10.27%	5.18%
60	终身	10	1000	107.63	88.67	88.61	78.16	21.46%	13.44%
61	终身	1	1000	698.73	619.56	715.73	660.82	-2.37%	-6.24%
61	终身	5	1000	175.84	151.75	158.29	143.35	11.09%	5.86%
62	终身	1	1000	712.45	633.48	725.75	671.90	-1.83%	-5.72%
62	终身	5	1000	180.28	155.80	161.12	146.20	11.89%	6.57%

续表

年龄	保障期限	缴费期限（年）	保险金额（元）	市场费率		净费率		附加费用率	
				男	女	男	女	男	女
63	终身	1	1000	726.26	647.39	735.77	682.97	−1.29%	−5.21%
63	终身	5	1000	184.90	159.92	164.03	149.12	12.72%	7.24%
64	终身	1	1000	740.06	661.33	745.79	693.97	−0.77%	−4.70%
64	终身	5	1000	189.78	164.14	167.09	152.10	13.58%	7.92%
65	终身	1	1000	754.14	675.12	755.81	704.85	−0.22%	−4.22%
65	终身	5	1000	195.02	168.39	170.32	155.12	14.50%	8.55%

表 6-16 "君泰人寿——多倍保"量化条款得分

产品名称	君泰人寿——多倍保
市场费率	115.09
净费率	131.74
附加费用率	−12.64%
量化条款得分	91.21

（三）非量化条款得分的计算

根据非量化条款的计分规则计算"君泰人寿——多倍保"的非量化条款得分，相关条款明细见表6-17。表6-17展示了该产品的非量化条款得分计算过程。

表 6-17 "君泰人寿——多倍保"非量化条款得分

产品名称	君泰人寿——多倍保
非量化投保条款得分	90
非量化责任条款得分	90 + 10 − 10 = 90
非量化其他条款得分	80 + 3 × 2 = 86
非量化条款得分	90 × 20% + 90 × 40% + 86 × 40% = 88.4

（四）条款得分计算

将"君泰人寿——多倍保"的可量化条款得分和非量化条款得分按照设定的权重进行加权平均，得到该产品的条款总得分。条款得分包含个性得分和综合得分，个性得分指分年龄性别的得分，不同年龄和性别的市场费率和净费率均不同，因此具有不同的量化条款得分，与非量化条款得分加权后的条款得分也是不同的。表6-18展示了该款产品的个性得分情况，综合得分是根据平均附加费用率计算的量化条款得分与非量化条款得分加权的结果，"君泰人寿——多倍保"的综合得分 $=91.21 \times 90\% + 88.4 \times 10\% = 90.93$。

表6-18　"君泰人寿——多倍保"产品条款得分——个性得分

年龄	性别	保障期限	缴费期限（年）	保险金额（元）	市场费率	理论费率	附加费用率	量化得分	非量化得分	个性得分
0	男	终身	1	1000	123.82	199.25	-37.86%	93.66	88.40	93.14
0	男	终身	5	1000	29.06	41.92	-30.67%	92.96	88.40	92.50
0	男	终身	10	1000	16.15	22.28	-27.52%	92.65	88.40	92.22
0	男	终身	15	1000	11.78	15.77	-25.30%	92.43	88.40	92.03
0	男	终身	20	1000	9.46	12.54	-24.54%	92.36	88.40	91.96
1	男	终身	1	1000	127.31	203.68	-37.49%	93.63	88.40	93.10
1	男	终身	5	1000	29.87	42.84	-30.28%	92.92	88.40	92.47
1	男	终身	10	1000	16.60	22.77	-27.11%	92.61	88.40	92.19
1	男	终身	15	1000	12.11	16.12	-24.86%	92.39	88.40	91.99
1	男	终身	20	1000	9.72	12.81	-24.14%	92.32	88.40	91.93
2	男	终身	1	1000	131.04	208.29	-37.09%	93.59	88.40	93.07
2	男	终身	5	1000	30.75	43.81	-29.81%	92.87	88.40	92.42
2	男	终身	10	1000	17.09	23.29	-26.61%	92.56	88.40	92.14
2	男	终身	15	1000	12.46	16.48	-24.39%	92.34	88.40	91.95
2	男	终身	20	1000	10.00	13.10	-23.67%	92.27	88.40	91.89
3	男	终身	1	1000	135.01	213.08	-36.64%	93.54	88.40	93.03
3	男	终身	5	1000	31.68	44.81	-29.31%	92.82	88.40	92.38
3	男	终身	10	1000	17.60	23.82	-26.11%	92.51	88.40	92.10
3	男	终身	15	1000	12.83	16.85	-23.88%	92.29	88.40	91.90
3	男	终身	20	1000	10.31	13.40	-23.07%	92.21	88.40	91.83
4	男	终身	1	1000	139.19	218.03	-36.16%	93.50	88.40	92.99
4	男	终身	5	1000	32.65	45.85	-28.79%	92.77	88.40	92.33
4	男	终身	10	1000	18.14	24.37	-25.57%	92.46	88.40	92.05
4	男	终身	15	1000	13.23	17.24	-23.28%	92.23	88.40	91.85
4	男	终身	20	1000	10.62	13.71	-22.55%	92.16	88.40	91.79
5	男	终身	1	1000	143.54	223.14	-35.67%	93.45	88.40	92.94

续表

年龄	性别	保障期限	缴费期限（年）	保险金额（元）	市场费率	理论费率	附加费用率	量化得分	非量化得分	个性得分
5	男	终身	5	1000	33.67	46.92	−28.25%	92.72	88.40	92.29
5	男	终身	10	1000	18.70	24.94	−25.01%	92.40	88.40	92.00
5	男	终身	15	1000	13.64	17.65	−22.70%	92.18	88.40	91.80
5	男	终身	20	1000	10.96	14.03	−21.90%	92.10	88.40	91.73
6	男	终身	1	1000	148.08	228.38	−35.16%	93.40	88.40	92.90
6	男	终身	5	1000	34.73	48.02	−27.68%	92.66	88.40	92.24
6	男	终身	10	1000	19.29	25.52	−24.42%	92.35	88.40	91.95
6	男	终身	15	1000	14.06	18.06	−22.14%	92.12	88.40	91.75
6	男	终身	20	1000	11.30	14.36	−21.33%	92.05	88.40	91.68
7	男	终身	1	1000	152.81	233.78	−34.64%	93.34	88.40	92.85
7	男	终身	5	1000	35.84	49.16	−27.09%	92.61	88.40	92.19
7	男	终身	10	1000	19.91	26.12	−23.78%	92.28	88.40	91.90
7	男	终身	15	1000	14.51	18.48	−21.50%	92.06	88.40	91.70
7	男	终身	20	1000	11.66	14.70	−20.70%	91.98	88.40	91.63
8	男	终身	1	1000	157.74	239.32	−34.09%	93.29	88.40	92.80
8	男	终身	5	1000	36.99	50.32	−26.49%	92.55	88.40	92.13
8	男	终身	10	1000	20.55	26.74	−23.14%	92.22	88.40	91.84
8	男	终身	15	1000	14.98	18.92	−20.84%	92.00	88.40	91.64
8	男	终身	20	1000	12.04	15.05	−20.02%	91.92	88.40	91.57
9	男	终身	1	1000	162.86	245.02	−33.53%	93.24	88.40	92.75
9	男	终身	5	1000	38.19	51.51	−25.86%	92.49	88.40	92.08
9	男	终身	10	1000	21.21	27.37	−22.51%	92.16	88.40	91.78
9	男	终身	15	1000	15.47	19.37	−20.15%	91.93	88.40	91.58
9	男	终身	20	1000	12.44	15.41	−19.30%	91.85	88.40	91.50
10	男	终身	1	1000	168.16	250.86	−32.97%	93.18	88.40	92.70
10	男	终身	5	1000	39.43	52.74	−25.23%	92.42	88.40	92.02
10	男	终身	10	1000	21.90	28.02	−21.85%	92.10	88.40	91.73
10	男	终身	15	1000	15.98	19.84	−19.45%	91.86	88.40	91.52
10	男	终身	20	1000	12.85	15.79	−18.60%	91.78	88.40	91.44
11	男	终身	1	1000	173.65	256.86	−32.40%	93.12	88.40	92.65

续表

年龄	性别	保障期限	缴费期限（年）	保险金额（元）	市场费率	理论费率	附加费用率	量化得分	非量化得分	个性得分
11	男	终身	5	1000	40.71	54.00	−24.60%	92.36	88.40	91.97
11	男	终身	10	1000	22.62	28.69	−21.16%	92.03	88.40	91.67
11	男	终身	15	1000	16.51	20.32	−18.73%	91.79	88.40	91.45
11	男	终身	20	1000	13.28	16.17	−17.87%	91.71	88.40	91.38
12	男	终身	1	1000	179.32	263.01	−31.82%	93.07	88.40	92.60
12	男	终身	5	1000	42.04	55.28	−23.96%	92.30	88.40	91.91
12	男	终身	10	1000	23.36	29.38	−20.49%	91.96	88.40	91.61
12	男	终身	15	1000	17.05	20.81	−18.06%	91.73	88.40	91.40
12	男	终身	20	1000	13.72	16.56	−17.16%	91.64	88.40	91.32
13	男	终身	1	1000	185.18	269.32	−31.24%	93.01	88.40	92.55
13	男	终身	5	1000	43.41	56.61	−23.31%	92.24	88.40	91.85
13	男	终身	10	1000	24.13	30.09	−19.81%	91.90	88.40	91.55
13	男	终身	15	1000	17.62	21.31	−17.33%	91.66	88.40	91.33
13	男	终身	20	1000	14.18	16.97	−16.43%	91.57	88.40	91.25
14	男	终身	1	1000	191.25	275.77	−30.65%	92.95	88.40	92.50
14	男	终身	5	1000	44.83	57.96	−22.65%	92.17	88.40	91.80
14	男	终身	10	1000	24.92	30.82	−19.14%	91.83	88.40	91.49
14	男	终身	15	1000	18.20	21.83	−16.64%	91.59	88.40	91.27
14	男	终身	20	1000	14.65	17.38	−15.73%	91.50	88.40	91.19
15	男	终身	1	1000	197.51	282.38	−30.06%	92.90	88.40	92.45
15	男	终身	5	1000	46.30	59.35	−21.99%	92.11	88.40	91.74
15	男	终身	10	1000	25.75	31.57	−18.43%	91.76	88.40	91.43
15	男	终身	15	1000	18.81	22.37	−15.90%	91.52	88.40	91.21
15	男	终身	20	1000	15.15	17.81	−14.95%	91.43	88.40	91.13
16	男	终身	1	1000	203.96	289.15	−29.46%	92.84	88.40	92.39
16	男	终身	5	1000	47.82	60.78	−21.33%	92.05	88.40	91.68
16	男	终身	10	1000	26.61	32.34	−17.71%	91.69	88.40	91.37
16	男	终身	15	1000	19.44	22.91	−15.16%	91.45	88.40	91.14
16	男	终身	20	1000	15.66	18.25	−14.20%	91.36	88.40	91.06
17	男	终身	1	1000	210.62	296.06	−28.86%	92.78	88.40	92.34

续表

年龄	性别	保障期限	缴费期限（年）	保险金额（元）	市场费率	理论费率	附加费用率	量化得分	非量化得分	个性得分
17	男	终身	5	1000	49.40	62.26	−20.65%	91.98	88.40	91.62
17	男	终身	10	1000	27.50	33.13	−16.98%	91.62	88.40	91.30
17	男	终身	15	1000	20.10	23.48	−14.39%	91.37	88.40	91.08
17	男	终身	20	1000	16.19	18.70	−13.44%	91.28	88.40	91.00
18	男	终身	1	1000	217.44	303.12	−28.27%	92.72	88.40	92.29
18	男	终身	5	1000	51.03	63.77	−19.98%	91.91	88.40	91.56
18	男	终身	10	1000	28.41	33.94	−16.29%	91.56	88.40	91.24
18	男	终身	15	1000	20.77	24.06	−13.66%	91.31	88.40	91.01
18	男	终身	20	1000	16.74	19.17	−12.67%	91.21	88.40	90.93
19	男	终身	1	1000	224.33	310.14	−27.67%	92.66	88.40	92.24
19	男	终身	5	1000	52.65	65.25	−19.31%	91.85	88.40	91.51
19	男	终身	10	1000	29.32	34.73	−15.58%	91.49	88.40	91.18
19	男	终身	15	1000	21.44	24.62	−12.93%	91.23	88.40	90.95
19	男	终身	20	1000	17.29	19.62	−11.89%	91.13	88.40	90.86
20	男	终身	1	1000	231.42	317.29	−27.06%	92.60	88.40	92.18
20	男	终身	5	1000	54.32	66.76	−18.64%	91.79	88.40	91.45
20	男	终身	10	1000	30.25	35.54	−14.88%	91.42	88.40	91.12
20	男	终身	15	1000	22.13	25.20	−12.18%	91.16	88.40	90.89
20	男	终身	20	1000	17.85	20.09	−11.14%	91.06	88.40	90.80
21	男	终身	1	1000	238.72	324.59	−26.46%	92.54	88.40	92.13
21	男	终身	5	1000	56.04	68.31	−17.96%	91.72	88.40	91.39
21	男	终身	10	1000	31.22	36.36	−14.15%	91.35	88.40	91.06
21	男	终身	15	1000	22.85	25.79	−11.40%	91.09	88.40	90.82
21	男	终身	20	1000	18.44	20.56	−10.33%	90.98	88.40	90.73
22	男	终身	1	1000	246.23	332.05	−25.84%	92.48	88.40	92.08
22	男	终身	5	1000	57.82	69.88	−17.26%	91.65	88.40	91.33
22	男	终身	10	1000	32.22	37.21	−13.40%	91.28	88.40	90.99
22	男	终身	15	1000	23.59	26.39	−10.62%	91.01	88.40	90.75
22	男	终身	20	1000	19.05	21.05	−9.51%	90.91	88.40	90.66
23	男	终身	1	1000	253.96	339.66	−25.23%	92.42	88.40	92.02

续表

年龄	性别	保障期限	缴费期限（年）	保险金额（元）	市场费率	理论费率	附加费用率	量化得分	非量化得分	个性得分
23	男	终身	5	1000	59.64	71.49	−16.58%	91.59	88.40	91.27
23	男	终身	10	1000	33.24	38.07	−12.69%	91.21	88.40	90.93
23	男	终身	15	1000	24.35	27.01	−9.85%	90.94	88.40	90.69
23	男	终身	20	1000	19.68	21.55	−8.68%	90.83	88.40	90.58
24	男	终身	1	1000	261.91	347.43	−24.61%	92.36	88.40	91.97
24	男	终身	5	1000	61.52	73.13	−15.88%	91.52	88.40	91.21
24	男	终身	10	1000	34.30	38.95	−11.94%	91.14	88.40	90.87
24	男	终身	15	1000	25.14	27.64	−9.06%	90.86	88.40	90.62
24	男	终身	20	1000	20.33	22.06	−7.86%	90.75	88.40	90.51
25	男	终身	1	1000	270.10	355.35	−23.99%	92.30	88.40	91.91
25	男	终身	5	1000	63.45	74.81	−15.19%	91.45	88.40	91.15
25	男	终身	10	1000	35.39	39.85	−11.20%	91.07	88.40	90.80
25	男	终身	15	1000	25.95	28.29	−8.27%	90.79	88.40	90.55
25	男	终身	20	1000	21.00	22.59	−7.04%	90.67	88.40	90.44
26	男	终身	1	1000	278.52	363.45	−23.37%	92.24	88.40	91.86
26	男	终身	5	1000	65.45	76.53	−14.47%	91.38	88.40	91.08
26	男	终身	10	1000	36.52	40.78	−10.44%	91.00	88.40	90.74
26	男	终身	15	1000	26.80	28.95	−7.44%	90.71	88.40	90.48
26	男	终身	20	1000	21.71	23.13	−6.15%	90.59	88.40	90.37
27	男	终身	1	1000	287.19	371.70	−22.74%	92.18	88.40	91.80
27	男	终身	5	1000	67.50	78.28	−13.77%	91.31	88.40	91.02
27	男	终身	10	1000	37.68	41.72	−9.68%	90.92	88.40	90.67
27	男	终身	15	1000	27.67	29.63	−6.63%	90.63	88.40	90.41
27	男	终身	20	1000	22.44	23.69	−5.27%	90.50	88.40	90.29
28	男	终身	1	1000	296.11	380.13	−22.10%	92.12	88.40	91.75
28	男	终身	5	1000	69.61	80.06	−13.06%	91.25	88.40	90.96
28	男	终身	10	1000	38.88	42.68	−8.90%	90.85	88.40	90.60
28	男	终身	15	1000	28.57	30.33	−5.81%	90.55	88.40	90.34
28	男	终身	20	1000	23.20	24.26	−4.38%	90.42	88.40	90.21
29	男	终身	1	1000	305.26	388.73	−21.47%	92.06	88.40	91.69

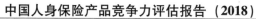

续表

年龄	性别	保障期限	缴费期限（年）	保险金额（元）	市场费率	理论费率	附加费用率	量化得分	非量化得分	个性得分
29	男	终身	5	1000	71.78	81.89	−12.34%	91.18	88.40	90.90
29	男	终身	10	1000	40.12	43.67	−8.12%	90.77	88.40	90.54
29	男	终身	15	1000	29.51	31.05	−4.95%	90.47	88.40	90.26
29	男	终身	20	1000	23.99	24.85	−3.47%	90.33	88.40	90.14
30	男	终身	1	1000	314.69	397.51	−20.84%	92.00	88.40	91.64
30	男	终身	5	1000	74.02	83.75	−11.62%	91.11	88.40	90.84
30	男	终身	10	1000	41.40	44.68	−7.33%	90.70	88.40	90.47
30	男	终身	15	1000	30.48	31.78	−4.10%	90.39	88.40	90.19
30	男	终身	20	1000	24.82	25.46	−2.53%	90.24	88.40	90.06
31	男	终身	1	1000	324.40	406.47	−20.19%	91.94	88.40	91.58
31	男	终身	5	1000	76.33	85.66	−10.89%	91.04	88.40	90.77
31	男	终身	10	1000	42.73	45.71	−6.52%	90.62	88.40	90.40
31	男	终身	15	1000	31.50	32.54	−3.19%	90.30	88.40	90.11
31	男	终身	20	1000	25.69	26.09	−1.55%	90.15	88.40	89.97
32	男	终身	1	1000	334.39	415.61	−19.54%	91.87	88.40	91.53
32	男	终身	5	1000	78.71	87.60	−10.15%	90.97	88.40	90.71
32	男	终身	10	1000	44.10	46.77	−5.71%	90.54	88.40	90.33
32	男	终身	15	1000	32.56	33.32	−2.28%	90.22	88.40	90.03
32	男	终身	20	1000	26.60	26.75	−0.55%	90.05	88.40	89.89
33	男	终身	1	1000	344.63	424.94	−18.90%	91.81	88.40	91.47
33	男	终身	5	1000	81.17	89.60	−9.40%	90.90	88.40	90.65
33	男	终身	10	1000	45.52	47.86	−4.89%	90.46	88.40	90.26
33	男	终身	15	1000	33.66	34.12	−1.35%	90.13	88.40	89.96
33	男	终身	20	1000	27.55	27.42	0.47%	89.96	88.40	89.80
34	男	终身	1	1000	355.17	434.44	−18.25%	91.75	88.40	91.41
34	男	终身	5	1000	83.70	91.63	−8.65%	90.82	88.40	90.58
34	男	终身	10	1000	47.00	48.98	−4.04%	90.38	88.40	90.19
34	男	终身	15	1000	34.81	34.95	−0.40%	90.04	88.40	89.87
34	男	终身	20	1000	28.55	28.12	1.52%	89.86	88.40	89.71
35	男	终身	1	1000	365.96	444.11	−17.60%	91.68	88.40	91.36

续表

年龄	性别	保障期限	缴费期限（年）	保险金额（元）	市场费率	理论费率	附加费用率	量化得分	非量化得分	个性得分
35	男	终身	5	1000	86.29	93.70	-7.91%	90.75	88.40	90.52
35	男	终身	10	1000	48.52	50.12	-3.20%	90.30	88.40	90.11
35	男	终身	15	1000	36.00	35.80	0.55%	89.95	88.40	89.79
35	男	终身	20	1000	29.59	28.85	2.57%	89.76	88.40	89.62
36	男	终身	1	1000	377.00	453.94	-16.95%	91.62	88.40	91.30
36	男	终身	5	1000	88.96	95.82	-7.16%	90.68	88.40	90.45
36	男	终身	10	1000	50.09	51.30	-2.35%	90.22	88.40	90.04
36	男	终身	15	1000	37.24	36.68	1.52%	89.86	88.40	89.71
36	男	终身	20	1000	30.69	29.60	3.67%	89.65	88.40	89.53
37	男	终身	1	1000	388.29	463.93	-16.30%	91.56	88.40	91.24
37	男	终身	5	1000	91.69	97.98	-6.42%	90.61	88.40	90.39
37	男	终身	10	1000	51.72	52.50	-1.48%	90.14	88.40	89.97
37	男	终身	15	1000	38.53	37.59	2.49%	89.76	88.40	89.63
37	男	终身	20	1000	31.84	30.38	4.80%	89.55	88.40	89.43
38	男	终身	1	1000	399.79	474.06	-15.67%	91.50	88.40	91.19
38	男	终身	5	1000	94.49	100.18	-5.68%	90.54	88.40	90.33
38	男	终身	10	1000	53.39	53.73	-0.64%	90.06	88.40	89.89
38	男	终身	15	1000	39.88	38.53	3.50%	89.67	88.40	89.54
38	男	终身	20	1000	33.04	31.19	5.92%	89.44	88.40	89.34
39	男	终身	1	1000	411.57	484.33	-15.02%	91.44	88.40	91.13
39	男	终身	5	1000	97.38	102.41	-4.92%	90.47	88.40	90.26
39	男	终身	10	1000	55.14	55.00	0.26%	89.98	88.40	89.82
39	男	终身	15	1000	41.28	39.50	4.52%	89.57	88.40	89.46
39	男	终身	20	1000	34.31	32.03	7.10%	89.33	88.40	89.24
40	男	终身	1	1000	423.56	494.73	-14.39%	91.37	88.40	91.08
40	男	终身	5	1000	100.34	104.69	-4.16%	90.40	88.40	90.20
40	男	终身	10	1000	56.93	56.29	1.13%	89.89	88.40	89.74
40	男	终身	15	1000	42.75	40.49	5.57%	89.47	88.40	89.37
40	男	终身	20	1000	35.64	32.91	8.30%	89.22	88.40	89.13
41	男	终身	1	1000	435.72	505.24	-13.76%	91.31	88.40	91.02

年龄	性别	保障期限	缴费期限（年）	保险金额（元）	市场费率	理论费率	附加费用率	量化得分	非量化得分	个性得分
41	男	终身	5	1000	103.35	107.01	-3.42%	90.32	88.40	90.13
41	男	终身	10	1000	58.78	57.62	2.01%	89.81	88.40	89.67
41	男	终身	15	1000	44.27	41.52	6.61%	89.38	88.40	89.28
41	男	终身	20	1000	37.03	33.81	9.51%	89.10	88.40	89.03
42	男	终身	1	1000	448.06	515.84	-13.14%	91.25	88.40	90.97
42	男	终身	5	1000	106.41	109.36	-2.70%	90.26	88.40	90.07
42	男	终身	10	1000	60.68	58.98	2.88%	89.73	88.40	89.59
42	男	终身	15	1000	45.84	42.58	7.64%	89.28	88.40	89.19
42	男	终身	20	1000	38.49	34.75	10.76%	88.99	88.40	88.93
43	男	终身	1	1000	460.55	526.52	-12.53%	91.20	88.40	90.92
43	男	终身	5	1000	109.53	111.75	-1.98%	90.19	88.40	90.01
43	男	终身	10	1000	62.63	60.37	3.74%	89.65	88.40	89.52
43	男	终身	15	1000	47.48	43.68	8.70%	89.18	88.40	89.10
43	男	终身	20	1000	40.02	35.73	12.02%	88.87	88.40	88.82
44	男	终身	1	1000	473.20	537.25	-11.92%	91.14	88.40	90.86
44	男	终身	5	1000	112.72	114.16	-1.26%	90.12	88.40	89.95
44	男	终身	10	1000	64.65	61.79	4.63%	89.56	88.40	89.45
44	男	终身	15	1000	49.20	44.80	9.81%	89.07	88.40	89.01
44	男	终身	20	1000	41.64	36.73	13.36%	88.74	88.40	88.71
45	男	终身	1	1000	485.98	548.03	-11.32%	91.08	88.40	90.81
45	男	终身	5	1000	115.98	116.61	-0.54%	90.05	88.40	89.89
45	男	终身	10	1000	66.74	63.24	5.53%	89.48	88.40	89.37
45	男	终身	15	1000	50.99	45.96	10.94%	88.97	88.40	88.91
45	男	终身	20	1000	43.34	37.78	14.73%	88.61	88.40	88.59
46	男	终身	1	1000	498.93	558.82	-10.72%	91.02	88.40	90.76
46	男	终身	5	1000	119.32	119.08	0.20%	89.98	88.40	89.82
46	男	终身	10	1000	68.90	64.72	6.46%	89.39	88.40	89.29
46	男	终身	15	1000	52.86	47.15	12.11%	88.86	88.40	88.81
46	男	终身	20	1000	45.15	38.86	16.20%	88.48	88.40	88.47
47	男	终身	1	1000	511.89	569.62	-10.13%	90.97	88.40	90.71

续表

年龄	性别	保障期限	缴费期限（年）	保险金额（元）	市场费率	理论费率	附加费用率	量化得分	非量化得分	个性得分
47	男	终身	5	1000	122.67	121.57	0.91%	89.91	88.40	89.76
47	男	终身	10	1000	71.10	66.22	7.36%	89.30	88.40	89.21
47	男	终身	15	1000	54.79	48.37	13.27%	88.75	88.40	88.72
47	男	终身	20	1000	47.03	39.97	17.66%	88.34	88.40	88.35
48	男	终身	1	1000	524.93	580.40	−9.56%	90.91	88.40	90.66
48	男	终身	5	1000	126.07	124.08	1.60%	89.85	88.40	89.70
48	男	终身	10	1000	73.36	67.76	8.27%	89.22	88.40	89.14
48	男	终身	15	1000	56.80	49.62	14.46%	88.64	88.40	88.62
48	男	终身	20	1000	49.02	41.12	19.20%	88.20	88.40	88.22
49	男	终身	1	1000	538.04	591.16	−8.99%	90.86	88.40	90.61
49	男	终身	5	1000	129.53	126.61	2.30%	89.78	88.40	89.64
49	男	终身	10	1000	75.70	69.32	9.21%	89.13	88.40	89.06
49	男	终身	15	1000	58.91	50.91	15.72%	88.52	88.40	88.51
49	男	终身	20	1000	51.14	42.32	20.84%	88.05	88.40	88.08
50	男	终身	1	1000	551.24	601.88	−8.41%	90.80	88.40	90.56
50	男	终身	5	1000	133.06	129.16	3.02%	89.71	88.40	89.58
50	男	终身	10	1000	78.12	70.91	10.17%	89.04	88.40	88.98
50	男	终身	15	1000	61.12	52.23	17.02%	88.40	88.40	88.40
50	男	终身	20	1000	53.41	43.56	22.60%	87.88	88.40	87.93
51	男	终身	1	1000	564.50	612.57	−7.85%	90.75	88.40	90.51
51	男	终身	5	1000	136.64	131.72	3.73%	89.65	88.40	89.52
51	男	终身	10	1000	80.61	72.52	11.15%	88.95	88.40	88.89
51	男	终身	15	1000	63.43	53.59	18.37%	88.27	88.40	88.29
52	男	终身	1	1000	577.73	623.20	−7.30%	90.69	88.40	90.47
52	男	终身	5	1000	140.26	134.30	4.43%	89.58	88.40	89.46
52	男	终身	10	1000	83.16	74.17	12.12%	88.86	88.40	88.81
52	男	终身	15	1000	65.84	54.98	19.76%	88.15	88.40	88.17
53	男	终身	1	1000	591.04	633.77	−6.74%	90.64	88.40	90.42
53	男	终身	5	1000	143.94	136.90	5.14%	89.51	88.40	89.40
53	男	终身	10	1000	85.81	75.84	13.14%	88.76	88.40	88.73

续表

年龄	性别	保障期限	缴费期限（年）	保险金额（元）	市场费率	理论费率	附加费用率	量化得分	非量化得分	个性得分
53	男	终身	15	1000	68.39	56.41	21.23%	88.01	88.40	88.05
54	男	终身	1	1000	604.36	644.28	−6.20%	90.59	88.40	90.37
54	男	终身	5	1000	147.68	139.52	5.85%	89.45	88.40	89.34
54	男	终身	10	1000	88.53	77.55	14.16%	88.67	88.40	88.64
54	男	终身	15	1000	71.08	57.90	22.77%	87.87	88.40	87.92
55	男	终身	1	1000	617.71	654.70	−5.65%	90.54	88.40	90.32
55	男	终身	5	1000	151.46	142.15	6.55%	89.38	88.40	89.28
55	男	终身	10	1000	91.36	79.28	15.23%	88.57	88.40	88.55
55	男	终身	15	1000	73.95	59.44	24.42%	87.71	88.40	87.78
56	男	终身	1	1000	631.05	665.05	−5.11%	90.49	88.40	90.28
56	男	终身	5	1000	155.28	144.79	7.25%	89.32	88.40	89.22
56	男	终身	10	1000	94.28	81.05	16.32%	88.47	88.40	88.46
57	男	终身	1	1000	644.43	675.31	−4.57%	90.43	88.40	90.23
57	男	终身	5	1000	159.18	147.44	7.96%	89.25	88.40	89.16
57	男	终身	10	1000	97.33	82.85	17.47%	88.36	88.40	88.36
58	男	终身	1	1000	657.88	685.49	−4.03%	90.38	88.40	90.18
58	男	终身	5	1000	163.17	150.11	8.70%	89.18	88.40	89.10
58	男	终身	10	1000	100.56	84.70	18.72%	88.24	88.40	88.26
59	男	终身	1	1000	671.41	695.61	−3.48%	90.33	88.40	90.14
59	男	终身	5	1000	167.28	152.80	9.48%	89.11	88.40	89.04
59	男	终身	10	1000	103.98	86.62	20.04%	88.12	88.40	88.15
60	男	终身	1	1000	685.01	705.68	−2.93%	90.28	88.40	90.09
60	男	终身	5	1000	171.50	155.52	10.27%	89.03	88.40	88.97
60	男	终身	10	1000	107.63	88.61	21.46%	87.99	88.40	88.03
61	男	终身	1	1000	698.73	715.73	−2.37%	90.23	88.40	90.04
61	男	终身	5	1000	175.84	158.29	11.09%	88.95	88.40	88.90
62	男	终身	1	1000	712.45	725.75	−1.83%	90.17	88.40	90.00
62	男	终身	5	1000	180.28	161.12	11.89%	88.88	88.40	88.83
63	男	终身	1	1000	726.26	735.77	−1.29%	90.12	88.40	89.95
63	男	终身	5	1000	184.90	164.03	12.72%	88.80	88.40	88.76

年龄	性别	保障期限	缴费期限（年）	保险金额（元）	市场费率	理论费率	附加费用率	量化得分	非量化得分	个性得分
64	男	终身	1	1000	740.06	745.79	−0.77%	90.07	88.40	89.91
64	男	终身	5	1000	189.78	167.09	13.58%	88.72	88.40	88.69
65	男	终身	1	1000	754.14	755.81	−0.22%	90.02	88.40	89.86
65	男	终身	5	1000	195.02	170.32	14.50%	88.64	88.40	88.61
0	女	终身	1	1000	109.26	180.68	−39.53%	93.83	88.40	93.28
0	女	终身	5	1000	25.64	38.02	−32.56%	93.14	88.40	92.67
0	女	终身	10	1000	14.25	20.21	−29.49%	92.84	88.40	92.40
0	女	终身	15	1000	10.39	14.30	−27.36%	92.63	88.40	92.21
0	女	终身	20	1000	8.34	11.37	−26.68%	92.57	88.40	92.15
1	女	终身	1	1000	112.06	184.44	−39.24%	93.80	88.40	93.26
1	女	终身	5	1000	26.29	38.80	−32.24%	93.11	88.40	92.64
1	女	终身	10	1000	14.61	20.62	−29.16%	92.81	88.40	92.37
1	女	终身	15	1000	10.65	14.60	−27.04%	92.60	88.40	92.18
1	女	终身	20	1000	8.55	11.61	−26.34%	92.53	88.40	92.12
2	女	终身	1	1000	115.16	188.45	−38.89%	93.76	88.40	93.23
2	女	终身	5	1000	27.01	39.63	−31.85%	93.07	88.40	92.60
2	女	终身	10	1000	15.00	21.07	−28.80%	92.77	88.40	92.34
2	女	终身	15	1000	10.94	14.91	−26.62%	92.56	88.40	92.14
2	女	终身	20	1000	8.79	11.86	−25.86%	92.49	88.40	92.08
3	女	终身	1	1000	118.52	192.67	−38.49%	93.72	88.40	93.19
3	女	终身	5	1000	27.79	40.52	−31.41%	93.03	88.40	92.57
3	女	终身	10	1000	15.44	21.53	−28.30%	92.72	88.40	92.29
3	女	终身	15	1000	11.26	15.24	−26.12%	92.51	88.40	92.10
3	女	终身	20	1000	9.04	12.12	−25.41%	92.44	88.40	92.04
4	女	终身	1	1000	122.11	197.07	−38.04%	93.68	88.40	93.15
4	女	终身	5	1000	28.63	41.44	−30.90%	92.98	88.40	92.52
4	女	终身	10	1000	15.90	22.02	−27.80%	92.68	88.40	92.25
4	女	终身	15	1000	11.59	15.59	−25.64%	92.46	88.40	92.06
4	女	终身	20	1000	9.31	12.40	−24.90%	92.39	88.40	91.99
5	女	终身	1	1000	125.91	201.64	−37.56%	93.63	88.40	93.11

续表

年龄	性别	保障期限	缴费期限（年）	保险金额（元）	市场费率	理论费率	附加费用率	量化得分	非量化得分	个性得分
5	女	终身	5	1000	29.52	42.39	-30.37%	92.93	88.40	92.47
5	女	终身	10	1000	16.40	22.53	-27.21%	92.62	88.40	92.20
5	女	终身	15	1000	11.95	15.95	-25.07%	92.41	88.40	92.01
5	女	终身	20	1000	9.60	12.68	-24.31%	92.34	88.40	91.94
6	女	终身	1	1000	129.90	206.37	-37.05%	93.58	88.40	93.06
6	女	终身	5	1000	30.45	43.39	-29.82%	92.87	88.40	92.43
6	女	终身	10	1000	16.92	23.06	-26.63%	92.56	88.40	92.14
6	女	终身	15	1000	12.33	16.32	-24.46%	92.35	88.40	91.95
6	女	终身	20	1000	9.91	12.98	-23.67%	92.27	88.40	91.89
7	女	终身	1	1000	134.07	211.24	-36.53%	93.53	88.40	93.02
7	女	终身	5	1000	31.43	44.41	-29.23%	92.81	88.40	92.37
7	女	终身	10	1000	17.46	23.60	-26.03%	92.50	88.40	92.09
7	女	终身	15	1000	12.73	16.71	-23.81%	92.29	88.40	91.90
7	女	终身	20	1000	10.23	13.29	-23.03%	92.21	88.40	91.83
8	女	终身	1	1000	138.40	216.25	-36.00%	93.48	88.40	92.97
8	女	终身	5	1000	32.45	45.46	-28.62%	92.76	88.40	92.32
8	女	终身	10	1000	18.02	24.16	-25.43%	92.44	88.40	92.04
8	女	终身	15	1000	13.15	17.11	-23.13%	92.22	88.40	91.84
8	女	终身	20	1000	10.57	13.61	-22.32%	92.14	88.40	91.77
9	女	终身	1	1000	142.89	221.38	-35.46%	93.43	88.40	92.92
9	女	终身	5	1000	33.50	46.54	-28.02%	92.70	88.40	92.27
9	女	终身	10	1000	18.61	24.74	-24.77%	92.38	88.40	91.98
9	女	终身	15	1000	13.58	17.51	-22.46%	92.16	88.40	91.78
9	女	终身	20	1000	10.91	13.93	-21.70%	92.08	88.40	91.71
10	女	终身	1	1000	147.52	226.63	-34.91%	93.37	88.40	92.87
10	女	终身	5	1000	34.59	47.65	-27.40%	92.64	88.40	92.21
10	女	终身	10	1000	19.22	25.33	-24.11%	92.32	88.40	91.92
10	女	终身	15	1000	14.02	17.93	-21.82%	92.09	88.40	91.72
10	女	终身	20	1000	11.27	14.27	-21.01%	92.01	88.40	91.65
11	女	终身	1	1000	152.28	232.00	-34.36%	93.32	88.40	92.83

续表

年龄	性别	保障期限	缴费期限（年）	保险金额（元）	市场费率	理论费率	附加费用率	量化得分	非量化得分	个性得分
11	女	终身	5	1000	35.71	48.78	−26.79%	92.58	88.40	92.16
11	女	终身	10	1000	19.84	25.93	−23.48%	92.25	88.40	91.87
11	女	终身	15	1000	14.48	18.36	−21.13%	92.03	88.40	91.66
11	女	终身	20	1000	11.64	14.61	−20.32%	91.95	88.40	91.59
12	女	终身	1	1000	157.17	237.48	−33.82%	93.26	88.40	92.78
12	女	终身	5	1000	36.85	49.93	−26.20%	92.52	88.40	92.11
12	女	终身	10	1000	20.48	26.54	−22.85%	92.19	88.40	91.81
12	女	终身	15	1000	14.95	18.80	−20.46%	91.96	88.40	91.61
12	女	终身	20	1000	12.02	14.96	−19.64%	91.88	88.40	91.53
13	女	终身	1	1000	162.21	243.08	−33.27%	93.21	88.40	92.73
13	女	终身	5	1000	38.03	51.11	−25.59%	92.46	88.40	92.05
13	女	终身	10	1000	21.14	27.17	−22.20%	92.13	88.40	91.76
13	女	终身	15	1000	15.43	19.24	−19.82%	91.90	88.40	91.55
13	女	终身	20	1000	12.41	15.31	−18.96%	91.82	88.40	91.47
14	女	终身	1	1000	167.39	248.80	−32.72%	93.16	88.40	92.68
14	女	终身	5	1000	39.25	52.31	−24.97%	92.40	88.40	92.00
14	女	终身	10	1000	21.82	27.82	−21.56%	92.07	88.40	91.70
14	女	终身	15	1000	15.93	19.70	−19.14%	91.83	88.40	91.49
14	女	终身	20	1000	12.82	15.68	−18.24%	91.75	88.40	91.41
15	女	终身	1	1000	172.74	254.65	−32.17%	93.10	88.40	92.63
15	女	终身	5	1000	40.50	53.54	−24.36%	92.34	88.40	91.95
15	女	终身	10	1000	22.52	28.47	−20.91%	92.01	88.40	91.64
15	女	终身	15	1000	16.45	20.17	−18.43%	91.77	88.40	91.43
15	女	终身	20	1000	13.24	16.05	−17.53%	91.68	88.40	91.35
16	女	终身	1	1000	178.25	260.64	−31.61%	93.05	88.40	92.58
16	女	终身	5	1000	41.80	54.81	−23.73%	92.28	88.40	91.89
16	女	终身	10	1000	23.25	29.15	−20.24%	91.94	88.40	91.59
16	女	终身	15	1000	16.98	20.65	−17.76%	91.70	88.40	91.37
16	女	终身	20	1000	13.67	16.44	−16.84%	91.61	88.40	91.29
17	女	终身	1	1000	183.94	266.76	−31.05%	92.99	88.40	92.53

续表

年龄	性别	保障期限	缴费期限（年）	保险金额（元）	市场费率	理论费率	附加费用率	量化得分	非量化得分	个性得分
17	女	终身	5	1000	43.15	56.10	−23.08%	92.22	88.40	91.83
17	女	终身	10	1000	24.00	29.84	−19.57%	91.88	88.40	91.53
17	女	终身	15	1000	17.53	21.14	−17.07%	91.63	88.40	91.31
17	女	终身	20	1000	14.12	16.83	−16.11%	91.54	88.40	91.23
18	女	终身	1	1000	189.79	273.02	−30.49%	92.94	88.40	92.48
18	女	终身	5	1000	44.53	57.43	−22.46%	92.16	88.40	91.78
18	女	终身	10	1000	24.78	30.55	−18.89%	91.81	88.40	91.47
18	女	终身	15	1000	18.10	21.64	−16.37%	91.57	88.40	91.25
18	女	终身	20	1000	14.59	17.24	−15.35%	91.47	88.40	91.16
19	女	终身	1	1000	195.79	279.32	−29.90%	92.88	88.40	92.43
19	女	终身	5	1000	45.94	58.76	−21.81%	92.09	88.40	91.72
19	女	终身	10	1000	25.56	31.26	−18.22%	91.74	88.40	91.41
19	女	终身	15	1000	18.69	22.15	−15.61%	91.49	88.40	91.18
19	女	终身	20	1000	15.06	17.64	−14.63%	91.40	88.40	91.10
20	女	终身	1	1000	201.96	285.76	−29.32%	92.82	88.40	92.38
20	女	终身	5	1000	47.39	60.11	−21.16%	92.03	88.40	91.67
20	女	终身	10	1000	26.38	31.98	−17.51%	91.68	88.40	91.35
20	女	终身	15	1000	19.29	22.66	−14.88%	91.42	88.40	91.12
20	女	终身	20	1000	15.55	18.05	−13.87%	91.33	88.40	91.03
21	女	终身	1	1000	208.33	292.35	−28.74%	92.77	88.40	92.33
21	女	终身	5	1000	48.89	61.50	−20.50%	91.97	88.40	91.61
21	女	终身	10	1000	27.22	32.72	−16.81%	91.61	88.40	91.29
21	女	终身	15	1000	19.91	23.19	−14.14%	91.35	88.40	91.06
21	女	终身	20	1000	16.06	18.48	−13.10%	91.25	88.40	90.97
22	女	终身	1	1000	214.91	299.09	−28.15%	92.71	88.40	92.28
22	女	终身	5	1000	50.44	62.92	−19.83%	91.90	88.40	91.55
22	女	终身	10	1000	28.08	33.48	−16.12%	91.54	88.40	91.23
22	女	终身	15	1000	20.55	23.73	−13.41%	91.28	88.40	90.99
22	女	终身	20	1000	16.59	18.92	−12.31%	91.17	88.40	90.90
23	女	终身	1	1000	221.69	306.00	−27.55%	92.65	88.40	92.23

续表

年龄	性别	保障期限	缴费期限（年）	保险金额（元）	市场费率	理论费率	附加费用率	量化得分	非量化得分	个性得分
23	女	终身	5	1000	52.04	64.37	−19.16%	91.84	88.40	91.49
23	女	终身	10	1000	28.98	34.26	−15.40%	91.47	88.40	91.17
23	女	终身	15	1000	21.22	24.29	−12.64%	91.21	88.40	90.93
23	女	终身	20	1000	17.14	19.37	−11.51%	91.10	88.40	90.83
24	女	终身	1	1000	228.68	313.07	−26.96%	92.59	88.40	92.17
24	女	终身	5	1000	53.68	65.86	−18.50%	91.77	88.40	91.43
24	女	终身	10	1000	29.91	35.06	−14.68%	91.40	88.40	91.10
24	女	终身	15	1000	21.91	24.86	−11.88%	91.13	88.40	90.86
24	女	终身	20	1000	17.71	19.83	−10.71%	91.02	88.40	90.76
25	女	终身	1	1000	235.89	320.29	−26.35%	92.53	88.40	92.12
25	女	终身	5	1000	55.39	67.39	−17.81%	91.70	88.40	91.37
25	女	终身	10	1000	30.87	35.88	−13.95%	91.33	88.40	91.04
25	女	终身	15	1000	22.63	25.45	−11.09%	91.06	88.40	90.79
25	女	终身	20	1000	18.31	20.31	−9.85%	90.94	88.40	90.69
26	女	终身	1	1000	243.31	327.67	−25.75%	92.47	88.40	92.07
26	女	终身	5	1000	57.14	68.95	−17.13%	91.64	88.40	91.32
26	女	终身	10	1000	31.87	36.71	−13.20%	91.26	88.40	90.97
26	女	终身	15	1000	23.37	26.06	−10.31%	90.98	88.40	90.72
26	女	终身	20	1000	18.93	20.80	−9.00%	90.86	88.40	90.61
27	女	终身	1	1000	250.94	335.21	−25.14%	92.42	88.40	92.01
27	女	终身	5	1000	58.95	70.55	−16.44%	91.57	88.40	91.26
27	女	终身	10	1000	32.89	37.57	−12.46%	91.19	88.40	90.91
27	女	终身	15	1000	24.14	26.67	−9.50%	90.91	88.40	90.65
27	女	终身	20	1000	19.57	21.31	−8.15%	90.78	88.40	90.54
28	女	终身	1	1000	258.78	342.89	−24.53%	92.36	88.40	91.96
28	女	终身	5	1000	60.81	72.18	−15.75%	91.51	88.40	91.20
28	女	终身	10	1000	33.95	38.45	−11.71%	91.12	88.40	90.85
28	女	终身	15	1000	24.94	27.31	−8.67%	90.83	88.40	90.58
28	女	终身	20	1000	20.23	21.82	−7.31%	90.70	88.40	90.47
29	女	终身	1	1000	266.82	350.73	−23.92%	92.30	88.40	91.91

续表

年龄	性别	保障期限	缴费期限（年）	保险金额（元）	市场费率	理论费率	附加费用率	量化得分	非量化得分	个性得分
29	女	终身	5	1000	62.71	73.84	−15.07%	91.44	88.40	91.14
29	女	终身	10	1000	35.04	39.35	−10.95%	91.04	88.40	90.78
29	女	终身	15	1000	25.76	27.96	−7.87%	90.75	88.40	90.51
29	女	终身	20	1000	20.92	22.36	−6.43%	90.61	88.40	90.39
30	女	终身	1	1000	275.09	358.71	−23.31%	92.24	88.40	91.85
30	女	终身	5	1000	64.68	75.53	−14.37%	91.37	88.40	91.08
30	女	终身	10	1000	36.17	40.27	−10.18%	90.97	88.40	90.71
30	女	终身	15	1000	26.62	28.63	−7.01%	90.67	88.40	90.44
30	女	终身	20	1000	21.64	22.90	−5.52%	90.53	88.40	90.31
31	女	终身	1	1000	283.56	366.85	−22.70%	92.18	88.40	91.80
31	女	终身	5	1000	66.70	77.27	−13.67%	91.31	88.40	91.02
31	女	终身	10	1000	37.33	41.21	−9.41%	90.90	88.40	90.65
31	女	终身	15	1000	27.50	29.31	−6.18%	90.59	88.40	90.37
31	女	终身	20	1000	22.39	23.47	−4.59%	90.44	88.40	90.23
32	女	终身	1	1000	292.25	375.13	−22.09%	92.12	88.40	91.75
32	女	终身	5	1000	68.78	79.03	−12.97%	91.24	88.40	90.95
32	女	终身	10	1000	38.53	42.17	−8.63%	90.82	88.40	90.58
32	女	终身	15	1000	28.42	30.01	−5.30%	90.50	88.40	90.29
32	女	终身	20	1000	23.16	24.05	−3.68%	90.35	88.40	90.15
33	女	终身	1	1000	301.15	383.56	−21.49%	92.06	88.40	91.69
33	女	终身	5	1000	70.91	80.83	−12.27%	91.17	88.40	90.89
33	女	终身	10	1000	39.76	43.15	−7.86%	90.75	88.40	90.51
33	女	终身	15	1000	29.36	30.73	−4.46%	90.42	88.40	90.22
33	女	终身	20	1000	23.96	24.64	−2.75%	90.26	88.40	90.08
34	女	终身	1	1000	310.22	392.12	−20.89%	92.00	88.40	91.64
34	女	终身	5	1000	73.09	82.66	−11.58%	91.11	88.40	90.83
34	女	终身	10	1000	41.03	44.15	−7.07%	90.67	88.40	90.45
34	女	终身	15	1000	30.33	31.46	−3.61%	90.34	88.40	90.15
34	女	终身	20	1000	24.79	25.25	−1.81%	90.17	88.40	89.99
35	女	终身	1	1000	319.48	400.81	−20.29%	91.94	88.40	91.59

续表

年龄	性别	保障期限	缴费期限（年）	保险金额（元）	市场费率	理论费率	附加费用率	量化得分	非量化得分	个性得分
35	女	终身	5	1000	75.33	84.53	−10.88%	91.04	88.40	90.77
35	女	终身	10	1000	42.32	45.18	−6.32%	90.60	88.40	90.38
35	女	终身	15	1000	31.34	32.22	−2.72%	90.26	88.40	90.07
35	女	终身	20	1000	25.64	25.87	−0.90%	90.09	88.40	89.92
36	女	终身	1	1000	328.93	409.62	−19.70%	91.89	88.40	91.54
36	女	终身	5	1000	77.60	86.42	−10.21%	90.97	88.40	90.72
36	女	终身	10	1000	43.65	46.22	−5.56%	90.53	88.40	90.32
36	女	终身	15	1000	32.37	32.99	−1.87%	90.18	88.40	90.00
36	女	终身	20	1000	26.53	26.51	0.07%	89.99	88.40	89.83
37	女	终身	1	1000	338.53	418.55	−19.12%	91.83	88.40	91.49
37	女	终身	5	1000	79.92	88.35	−9.54%	90.91	88.40	90.66
37	女	终身	10	1000	45.01	47.28	−4.80%	90.46	88.40	90.25
37	女	终身	15	1000	33.43	33.77	−1.01%	90.10	88.40	89.93
37	女	终身	20	1000	27.43	27.17	0.97%	89.91	88.40	89.76
38	女	终身	1	1000	348.31	427.59	−18.54%	91.78	88.40	91.44
38	女	终身	5	1000	82.29	90.30	−8.87%	90.85	88.40	90.60
38	女	终身	10	1000	46.41	48.36	−4.04%	90.38	88.40	90.19
38	女	终身	15	1000	34.51	34.57	−0.18%	90.02	88.40	89.86
38	女	终身	20	1000	28.37	27.84	1.92%	89.82	88.40	89.68
39	女	终身	1	1000	358.25	436.74	−17.97%	91.72	88.40	91.39
39	女	终身	5	1000	84.70	92.28	−8.22%	90.78	88.40	90.54
39	女	终身	10	1000	47.83	49.46	−3.30%	90.31	88.40	90.12
39	女	终身	15	1000	35.63	35.39	0.67%	89.94	88.40	89.78
39	女	终身	20	1000	29.33	28.52	2.83%	89.73	88.40	89.60
40	女	终身	1	1000	368.38	445.99	−17.40%	91.67	88.40	91.34
40	女	终身	5	1000	87.17	94.29	−7.55%	90.72	88.40	90.49
40	女	终身	10	1000	49.31	50.58	−2.52%	90.24	88.40	90.06
40	女	终身	15	1000	36.79	36.23	1.55%	89.85	88.40	89.71
40	女	终身	20	1000	30.34	29.23	3.81%	89.64	88.40	89.52
41	女	终身	1	1000	378.67	455.34	−16.84%	91.61	88.40	91.29

续表

年龄	性别	保障期限	缴费期限（年）	保险金额（元）	市场费率	理论费率	附加费用率	量化得分	非量化得分	个性得分
41	女	终身	5	1000	89.69	96.33	−6.89%	90.66	88.40	90.43
41	女	终身	10	1000	50.81	51.73	−1.77%	90.17	88.40	89.99
41	女	终身	15	1000	37.97	37.08	2.40%	89.77	88.40	89.64
41	女	终身	20	1000	31.37	29.95	4.76%	89.55	88.40	89.44
42	女	终身	1	1000	389.10	464.78	−16.28%	91.56	88.40	91.24
42	女	终身	5	1000	92.25	98.39	−6.24%	90.59	88.40	90.37
42	女	终身	10	1000	52.35	52.88	−1.01%	90.10	88.40	89.93
42	女	终身	15	1000	39.18	37.95	3.25%	89.69	88.40	89.56
42	女	终身	20	1000	32.44	30.68	5.73%	89.46	88.40	89.35
43	女	终身	1	1000	399.69	474.31	−15.73%	91.50	88.40	91.19
43	女	终身	5	1000	94.85	100.48	−5.61%	90.53	88.40	90.32
43	女	终身	10	1000	53.92	54.06	−0.26%	90.02	88.40	89.86
43	女	终身	15	1000	40.43	38.83	4.12%	89.61	88.40	89.49
43	女	终身	20	1000	33.55	31.44	6.73%	89.36	88.40	89.27
44	女	终身	1	1000	410.42	483.91	−15.19%	91.45	88.40	91.15
44	女	终身	5	1000	97.51	102.60	−4.96%	90.47	88.40	90.26
44	女	终身	10	1000	55.53	55.25	0.50%	89.95	88.40	89.80
44	女	终身	15	1000	41.71	39.73	4.98%	89.53	88.40	89.42
44	女	终身	20	1000	34.69	32.21	7.70%	89.27	88.40	89.19
45	女	终身	1	1000	421.30	493.59	−14.65%	91.40	88.40	91.10
45	女	终身	5	1000	100.22	104.74	−4.31%	90.41	88.40	90.21
45	女	终身	10	1000	57.16	56.46	1.24%	89.88	88.40	89.73
45	女	终身	15	1000	43.03	40.65	5.86%	89.45	88.40	89.34
45	女	终身	20	1000	35.87	33.00	8.69%	89.18	88.40	89.10
46	女	终身	1	1000	432.31	503.34	−14.11%	91.35	88.40	91.05
46	女	终身	5	1000	102.96	106.90	−3.68%	90.35	88.40	90.15
46	女	终身	10	1000	58.83	57.69	1.98%	89.81	88.40	89.67
46	女	终身	15	1000	44.38	41.58	6.73%	89.36	88.40	89.27
46	女	终身	20	1000	37.10	33.81	9.72%	89.08	88.40	89.01
47	女	终身	1	1000	443.44	513.15	−13.58%	91.30	88.40	91.01

续表

年龄	性别	保障期限	缴费期限（年）	保险金额（元）	市场费率	理论费率	附加费用率	量化得分	非量化得分	个性得分
47	女	终身	5	1000	105.74	109.07	−3.05%	90.29	88.40	90.10
47	女	终身	10	1000	60.52	58.92	2.71%	89.74	88.40	89.61
47	女	终身	15	1000	45.76	42.53	7.59%	89.28	88.40	89.19
47	女	终身	20	1000	38.37	34.65	10.74%	88.99	88.40	88.93
48	女	终身	1	1000	454.72	523.04	−13.06%	91.25	88.40	90.96
48	女	终身	5	1000	108.55	111.27	−2.44%	90.23	88.40	90.05
48	女	终身	10	1000	62.24	60.18	3.42%	89.68	88.40	89.55
48	女	终身	15	1000	47.18	43.50	8.46%	89.20	88.40	89.12
48	女	终身	20	1000	39.69	35.51	11.77%	88.89	88.40	88.84
49	女	终身	1	1000	466.13	533.02	−12.55%	91.20	88.40	90.92
49	女	终身	5	1000	111.38	113.49	−1.86%	90.18	88.40	90.00
49	女	终身	10	1000	63.99	61.46	4.12%	89.61	88.40	89.49
49	女	终身	15	1000	48.64	44.50	9.31%	89.12	88.40	89.05
49	女	终身	20	1000	41.07	36.40	12.82%	88.79	88.40	88.75
50	女	终身	1	1000	477.75	543.10	−12.03%	91.15	88.40	90.87
50	女	终身	5	1000	114.28	115.74	−1.26%	90.12	88.40	89.95
50	女	终身	10	1000	65.80	62.76	4.84%	89.54	88.40	89.43
50	女	终身	15	1000	50.17	45.52	10.21%	89.04	88.40	88.97
50	女	终身	20	1000	42.53	37.33	13.92%	88.69	88.40	88.66
51	女	终身	1	1000	489.61	553.29	−11.51%	91.10	88.40	90.83
51	女	终身	5	1000	117.26	118.02	−0.65%	90.06	88.40	89.90
51	女	终身	10	1000	67.69	64.09	5.61%	89.47	88.40	89.36
51	女	终身	15	1000	51.78	46.58	11.16%	88.95	88.40	88.89
52	女	终身	1	1000	501.71	563.60	−10.98%	91.05	88.40	90.78
52	女	终身	5	1000	120.32	120.34	−0.02%	90.00	88.40	89.84
52	女	终身	10	1000	69.65	65.46	6.40%	89.40	88.40	89.30
52	女	终身	15	1000	53.48	47.68	12.16%	88.85	88.40	88.81
53	女	终身	1	1000	513.99	574.03	−10.46%	91.00	88.40	90.74
53	女	终身	5	1000	123.46	122.71	0.61%	89.94	88.40	89.79
53	女	终身	10	1000	71.68	66.87	7.20%	89.32	88.40	89.23

续表

年龄	性别	保障期限	缴费期限（年）	保险金额（元）	市场费率	理论费率	附加费用率	量化得分	非量化得分	个性得分
53	女	终身	15	1000	55.27	48.83	13.20%	88.76	88.40	88.72
54	女	终身	1	1000	526.57	584.57	−9.92%	90.95	88.40	90.69
54	女	终身	5	1000	126.71	125.11	1.28%	89.88	88.40	89.73
54	女	终身	10	1000	73.81	68.31	8.05%	89.24	88.40	89.16
54	女	终身	15	1000	57.18	50.02	14.31%	88.65	88.40	88.63
55	女	终身	1	1000	539.33	595.22	−9.39%	90.89	88.40	90.65
55	女	终身	5	1000	130.03	127.56	1.93%	89.82	88.40	89.68
55	女	终身	10	1000	76.02	69.81	8.90%	89.16	88.40	89.08
55	女	终身	15	1000	59.20	51.27	15.46%	88.55	88.40	88.53
56	女	终身	1	1000	552.27	605.97	−8.86%	90.84	88.40	90.60
56	女	终身	5	1000	133.42	130.06	2.58%	89.76	88.40	89.62
56	女	终身	10	1000	78.31	71.35	9.75%	89.08	88.40	89.01
57	女	终身	1	1000	565.40	616.80	−8.33%	90.79	88.40	90.55
57	女	终身	5	1000	136.89	132.61	3.23%	89.69	88.40	89.56
57	女	终身	10	1000	80.72	72.95	10.64%	89.00	88.40	88.94
58	女	终身	1	1000	578.71	627.72	−7.81%	90.74	88.40	90.51
58	女	终身	5	1000	140.45	135.21	3.88%	89.63	88.40	89.51
58	女	终身	10	1000	83.24	74.62	11.55%	88.91	88.40	88.86
59	女	终身	1	1000	592.17	638.71	−7.29%	90.69	88.40	90.46
59	女	终身	5	1000	144.09	137.86	4.52%	89.57	88.40	89.46
59	女	终身	10	1000	85.88	76.35	12.48%	88.82	88.40	88.78
60	女	终身	1	1000	605.79	649.75	−6.77%	90.64	88.40	90.42
60	女	终身	5	1000	147.85	140.57	5.18%	89.51	88.40	89.40
60	女	终身	10	1000	88.67	78.16	13.44%	88.73	88.40	88.70
61	女	终身	1	1000	619.56	660.82	−6.24%	90.59	88.40	90.37
61	女	终身	5	1000	151.75	143.35	5.86%	89.45	88.40	89.34
62	女	终身	1	1000	633.48	671.90	−5.72%	90.54	88.40	90.33
62	女	终身	5	1000	155.80	146.20	6.57%	89.38	88.40	89.28
63	女	终身	1	1000	647.39	682.97	−5.21%	90.50	88.40	90.29
63	女	终身	5	1000	159.92	149.12	7.24%	89.32	88.40	89.22

续表

年龄	性别	保障期限	缴费期限（年）	保险金额（元）	市场费率	理论费率	附加费用率	量化得分	非量化得分	个性得分
64	女	终身	1	1000	661.33	693.97	-4.70%	90.45	88.40	90.24
64	女	终身	5	1000	164.14	152.10	7.92%	89.25	88.40	89.17
65	女	终身	1	1000	675.12	704.85	-4.22%	90.40	88.40	90.20
65	女	终身	5	1000	168.39	155.12	8.55%	89.19	88.40	89.11

第四节　传统型重疾保险产品性价比评估结果与分析

一、综合得分结果分析

（一）综合排名

1. 重大疾病保险

重大疾病保险见表6–19。

表6–19　重大疾病保险产品综合得分及排名

排名	重大疾病保险	综合得分	量化得分排名	非量化得分排名
1	复星联合健康——康乐e生	92.20	1	2
2	弘康人寿——多倍保	92.03	3	3
3	百年人寿——康惠保（含特定疾病附加）	91.83	2	13
4	百年人寿——康赢一生（团体）——方案1	91.69	6	6
5	同方全球——康健一生多倍保	91.63	4	16
6	百年人寿——康赢一生（团体）——方案2	91.62	8	7
7	泰康人寿——乐安康	91.62	5	12
8	弘康人寿——健康一生A+B	91.52	7	14
9	天安人寿——健康源（优享）	91.17	18	4
10	华夏人寿——华夏福	91.10	11	17
11	中华联合——中华怡康	91.10	12	18
12	信泰人寿——百万健康	91.06	14	19

排名	重大疾病保险	综合得分	量化得分排名	非量化得分排名
13	长城人寿——吉祥人生（两全＋重疾）	90.98	13	23
14	长城人寿——康健人生（两全＋重疾）	90.93	9	27
15	君康人寿——多倍保	90.93	15	24
16	光大永明——吉瑞宝	90.85	10	28
17	工银安盛——御享人生	90.77	19	22
18	恒大人寿——恒久健康	90.75	17	25
19	同方全球——康健一生	90.72	16	26
20	阳光人寿——乐童保	90.65	20	8
21	复星保德信——星满意	90.58	21	11
22	富德生命——康健无忧 A	90.58	22	9
23	泰康人寿——乐安心	90.20	24	5
24	恒大人寿——万年青	89.96	23	20
25	阳光人寿——安康保（两全＋重疾）	89.34	26	10
26	复星保德信——全星守护	89.32	27	1
27	中英人寿——爱守护尊享版	89.24	25	21
28	和谐健康——健康之享	87.64	28	15

重大疾病保险评估中选取了 18 家公司的 28 款产品，从产品条款总得分来看，各款产品的整体表现较为接近，得分超过 90 分的产品共计 23 款，最高为 92.20 分，最低为 90.20 分；所有产品中，条款综合得分最高为 92.20 分，最低分为 87.64 分，极差仅为 4.56 分。

结合量化条款得分和非量化条款得分两项而言，总得分与量化条款得分的排名情况基本一致，与非量化条款得分排名可能出现较大差异，主要原因是量化条款得分占产品条款总得分的 90%，非量化条款得分仅占 10%，因此前者对于总得分具有决定性的影响。例如，"百年人寿——康惠保（含特定疾病附加）"在非量化条款得分中排在第 13 位，但其量化条款得分排名第 2 位，最终的产品条款总得分排名第 3 位；非量化条款得分排名第 1 位的"复星保德信——全星守护"，其量化条款得分排在倒数第 2 位，导致其产品条款总得分排名为倒数第 3 位。同时，量化条款得分的差距也很接近，28 款产品的分数极差为 4.68 分，非量化条款得分的范围相对广一些，其分数极差为 8.40 分，这种情况可能导致量化条款得分稍低、排名靠后的产品，因其非量化条款得分较高而总排名大幅提升的结果。例如，"天安人寿——健康源（优享）"的量化条款得分排名第 18 位，但非量化条款得分排在第 4 位，因此产品条款总得分提升至第 9 位。

2. 防癌保险

防癌保险见表 6-20。

表 6-20　防癌保险产品综合得分及排名

排名	防癌保险	综合得分	量化得分排名	非量化得分排名
1	信泰人寿——i 立方多次赔付防癌险	92.94	1	1
2	同方全球——康爱一生	92.33	2	6
3	中英人寿——爱无忧	92.25	3	7
4	恒安标准——一生无忧	91.88	5	4
5	恒安标准——附加终身恶性肿瘤危重疾病保险	91.71	4	11
6	同方全球——康爱一生多倍保	91.63	6	5
7	复星保德信——孝顺康	91.13	10	2
8	恒安标准——老年恶性肿瘤危重疾病保险	90.98	7	9
9	恒安标准——附加恶性肿瘤危重疾病保险 A	90.70	8	12
10	中荷人寿——乐无忧	90.58	9	13
11	阳光人寿——孝顺保	90.51	11	8
12	长城人寿——福泰百万防癌	89.62	13	3
13	人保寿险——金色重阳	89.61	12	10
14	富德生命——尊养无忧	88.73	14	14

防癌保险评估中选取了 10 家公司的 14 款产品，产品条款总得分的整体情况与重疾险类似，得分超过 90 分的产品共计 11 款，所有产品中，条款综合得分最高为 92.94 分，最低分为 88.73 分，极差为 4.21 分。

产品条款总得分与量化条款得分的排名情况高度一致，总得分排名中前 5 位、第 6~10 位和第 11~14 位的产品在量化条款得分排名中位列同样的分段内。非量化条款得分的排名情况与总得分排名相差较多，进一步说明量化条款得分对总得分具有决定性作用。例如，非量化条款得分排在第 3 位的"长城人寿——福泰百万防癌"保险，因其量化条款得分排名第 13 位，总得分排名只能位列第 12 位。但非量化条款得分取得较大优势时，仍能够为产品在总得分排名中赢得一定提升。例如，"复星保德信——孝顺康"的非量化条款得分为 93.6 分，比量化条款得分位列其前三位的防癌保险平均高出 5.73 分，故该产品的总得分超越这三款产品，排名第 7 位。

从投保范围来看，防癌保险可分为青年防癌险和老年防癌险两种，前者的投保年龄一般为 0 周岁（或出生 28 天）至某个特定年龄（如 55 周岁、60 周岁等），后者的投保年龄一般为前述的某个特定年龄至 75 周岁（或 70 周岁）。本文选取的 14 款防癌保险中，青年防癌险的排名是第 1～6 位、第 9 位和第 12 位，老年防癌险则排在第 7 位、第 8 位、第 10 位、第 11 位、第 13 位、第 14 位。因为青年防癌险的参保人群的出险概率和风险程度显著低于老年防癌险的参保人群，前者的附加费用率更低，具有更高的量化条款得分，进而导致产品的条款总得分排位靠前。

（二）量化条款得分排名

1. 重大疾病保险

重大疾病保险见表 6－21。

表 6－21　重大疾病保险量化条款得分及排名

排名	重大疾病保险	量化条款得分
1	复星联合健康——康乐 e 生	91.93
2	百年人寿——康惠保（含特定疾病附加）	91.90
3	弘康人寿——多倍保	91.86
4	同方全球——康健一生多倍保	91.86
5	泰康人寿——乐安康	91.62
6	百年人寿——康赢一生（团体）——方案 1	91.61
7	弘康人寿——健康一生 A＋B	91.55
8	百年人寿——康赢一生（团体）——方案 2	91.53
9	长城人寿——康健人生（两全＋重疾）	91.43
10	光大永明——吉瑞宝	91.34
11	华夏人寿——华夏福	91.27
12	中华联合——中华怡康	91.27
13	长城人寿——吉祥人生（两全＋重疾）	91.27
14	信泰人寿——百万健康	91.22
15	君康人寿——多倍保	91.21
16	同方全球——康健一生	91.11
17	恒大人寿——恒久健康	91.10
18	天安人寿——健康源（优享）	90.97
19	工银安盛——御享人生	90.92
20	阳光人寿——乐童保	90.46
21	复星保德信——星满意	90.45
22	富德生命——康健无忧 A	90.38

续表

排名	重大疾病保险	量化条款得分
23	恒大人寿——万年青	90.00
24	泰康人寿——乐安心	89.91
25	中英人寿——爱守护尊享版	89.20
26	阳光人寿——安康保（两全＋重疾）	89.00
27	复星保德信——全星守护	88.71
28	和谐健康——健康之享	87.25

量化条款得分与产品的附加费用率呈反相关关系：

附加费用率 =（市场保费 – 净保费）÷净保费

因此，量化条款得分实际取决于市场保费与净保费之间的差异。净保费相同时，市场保费低导致附加费用率低，因此量化条款得分较高；市场保费相同时，净保费低导致附加费用率高，因此量化条款得分较低。

整体而言，因为保险责任的覆盖范围有所不同，各类产品的净费率均表现出较大差异。其中，净费率最低的"复星联合——康乐 e 生"仅包含轻症给付和重疾给付责任；净费率最高的"光大永明——吉瑞宝"，除轻症和重疾给付外，还包含身故、全残、满期生存、疾病终末期、少儿特定疾病等额外给付。尽管 28 款产品的净费率变化范围较大，但其市场费率与净费率基本吻合，因此量化条款得分并未出现大幅波动。

从表 6–21 中可看出，量化条款得分排名前三的产品分别为"复星联合——康乐 e 生""百年人寿——康惠保（含特定疾病附加）"和"弘康人寿——多倍保"；后三名分别为"阳光人寿——安康保（两全十重疾）""复星保德信——全星守护"和"和谐健康——健康之享"。前三名的产品包含的保险责任较少，以轻症给付和重疾给付为主，后三名的产品责任在此基础上还附加了身故给付、全残给付以及其他额外给付。进一步分析可知，保险责任较少使得该产品经营管理费用较低，缩小了净费率与市场费率间的差距，获得较高的量化条款得分。

此外，附加费用率与保险公司本身的经营状况、发展战略等有关，将产品按照公司进行归类后发现，百年人寿的三款产品量化条款得分均位列前十位，而复星保德信的两款产品均排在第 20 位之后。

2. 防癌保险

防癌条款见表 6–22。

量化条款得分的计分规则与上文介绍的相同，取决于市场保费与净保费之间的差异。

表 6 - 22　防癌保险量化条款得分及排名

排名	防癌保险	量化条款得分
1	信泰人寿——i 立方多次赔付防癌险	92.84
2	同方全球——康爱一生	92.63
3	中英人寿——爱无忧	92.55
4	恒安标准——附加终身恶性肿瘤危重疾病保险	92.21
5	恒安标准——一生无忧	91.96
6	同方全球——康爱一生多倍保	91.74
7	恒安标准——老年恶性肿瘤危重疾病保险	91.18
8	恒安标准——附加恶性肿瘤危重疾病保险 A	91.09
9	中荷人寿——乐无忧	90.95
10	复星保德信——孝顺康	90.86
11	阳光人寿——孝顺保	90.62
12	人保寿险——金色重阳	89.76
13	长城人寿——福泰百万防癌	89.31
14	富德生命——尊养无忧	88.90

　　防癌保险的净费率同样有较大差异，符合保障较低导致费率低的规律。其中，净费率最低的"恒安标准——附加恶性肿瘤危重疾病保险 A"仅有恶性肿瘤给付责任，净费率最高的"同方全球——康爱一生多倍保"还包含轻度恶性肿瘤给付、身故给付和全残给付。

　　市场费率的高低与净费率基本一致，但附加费用率的整体水平比重疾保险低。可能的原因如下：①防癌保险的责任较少，经营管理费用更低。②防癌保险的客户群体是经过严格核保筛选的，其整体健康状况必然优于国民平均状况，保险公司在基于自身客户群体确定产品费率时会更有自信，这使得市场费率与净费率之间存在较大差异。不同公司间对客户群体的选择也将造成公司间附加费用率不同。③国内健康险市场目前处于快速发展阶段，各家公司可能会采用承保亏损的较低市场费率抢占市场份额。

　　（三）非量化条款得分排名

　　1. 重大疾病保险

　　重大疾病保险见表 6 - 23。

　　非量化条款得分由非量化投保条款得分、非量化责任条款得分和非量化其他条款得分三部分构成。其中，投保条款得分依据犹豫期的期限长短确定，犹豫期

表 6 - 23 重大疾病保险非量化条款得分及排名

排名	重大疾病保险	非量化条款得分
1	复星保德信——全星守护	94.80
2	复星联合健康——康乐 e 生	94.60
3	弘康人寿——多倍保	93.60
4	天安人寿——健康源（优享）	93.00
5	泰康人寿——乐安心	92.80
6	百年人寿——康赢一生（团体）——方案 1	92.40
7	百年人寿——康赢一生（团体）——方案 2	92.40
8	阳光人寿——乐童保	92.40
9	富德生命——康健无忧 A	92.40
10	阳光人寿——安康保（两全 + 重疾）	92.40
11	复星保德信——星满意	91.80
12	泰康人寿——乐安康	91.60
13	百年人寿——康惠保（含特定疾病附加）	91.20
14	弘康人寿——健康一生 A + B	91.20
15	和谐健康——健康之享	91.20
16	同方全球——康健一生多倍保	89.60
17	华夏人寿——华夏福	89.60
18	中华联合——中华怡康	89.60
19	信泰人寿——百万健康	89.60
20	恒大人寿——万年青	89.60
21	中英人寿——爱守护尊享版	89.60
22	工银安盛——御享人生	89.40
23	长城人寿——吉祥人生（两全 + 重疾）	88.40
24	君康人寿——多倍保	88.40
25	恒大人寿——恒久健康	87.60
26	同方全球——康健一生	87.20
27	长城人寿——康健人生（两全 + 重疾）	86.40
28	光大永明——吉瑞宝	86.40

越长的产品留给消费者选择和考虑的空间越大，因此该项评分越高；责任条款得分中包含除外责任、保费豁免条款、不含附加险且等待期越长的产品，该项得分越高；其他条款得分关注的是除了风险保障之外，产品为消费者提供的额外权

利，"增值服务"越多，该项评分越高。

本次选取的 28 款重疾险产品的非量化投保条款得分均在 90～95 分之间，即所有产品的犹豫期都在 10 天（含）～20 天（不含）之间，并且投保条款得分仅占产品总得分的 2%，犹豫期对于总得分的影响很小。

非量化责任条款得分在 85～100 分之间，所有产品均包括除外责任，差距仅产生于等待期的时长、是否包含附加险和保费豁免条款，其中，11 款产品得到100 分，3 款产品得到 85 分。

非量化其他条款得分在 95～83 分之间，以此项评分最高的"天安人寿——健康源"为例，该产品包含 5 条有效条款：

（1）宽限期：如到期未交纳保费，自保险单所载明的交费日期的次日零时起 60 日为宽限期。宽限期内发生保险事故的，公司承担保险责任，但在给付保险金时将扣减欠交的保险费。即消费者忘记或短期内难以交纳保费时，可在约定交费日期后的 60 天内进行补交，此期间内合同有效，保险公司为消费者额外提供 60 天的保障。

（2）保单质押贷款：在合同有效期内，经被保险人同意，投保人可凭保险单向保险公司申请保单质押贷款，贷款金额以"现金价值净额"的 80% 为限，并且每次期限不超过六个月，利息与本金到期一并归还。即消费者能够利用保单进行短期贷款，不必提供其他的抵押或担保。

（3）减保：交足两年以上保险费且保险合同生效两年后，可申请减保，减保后基本保险金额和保险费按照比例减少，并领取减少部分的现金价值。即消费者可根据自身需要和经济情况，在两年后申请减保，享受更低的基本保险金额保障，交纳更少的保险费，还能够领取减少部分对应的现金价值。

（4）保费自动垫交：若在投保时选择保费自动垫交，续期保险费超过宽限期仍未缴纳，并且合同现金价值扣除未还款项及利息后的余额足以垫交当期保险费，保险公司将以该余额自动垫交应缴纳的保险费，合同继续有效，垫交的保险费视为保单质押贷款。即消费者可以用合同的现金价值自动贷款并缴纳保险费，使其在无法缴纳保险费时仍能够享受保险保障。

（5）年金转换选择：合同有效期内，经被保险人同意，投保人可于被保险人年满 66 周岁起的任一保单生效对应日将保单的现金价值部分或全部转换为年金保险。即当被保险人年龄较大时，可以选择将本合同中的重疾给付等保障转换为年金保险，将对疾病的不确定性保障转换为定期领取的经济支持，在一定程度上提升老年时的生活质量。

2. 防癌保险

防癌保险非量化条款得分及排名见表 6-24。

表6-24　防癌保险非量化条款得分及排名

排名	防癌保险	非量化条款得分
1	信泰人寿——i立方多次赔付防癌险	93.80
2	复星保德信——孝顺康	93.60
3	长城人寿——福泰百万防癌	92.40
4	恒安标准——一生无忧	91.20
5	同方全球——康爱一生多倍保	90.60
6	同方全球——康爱一生	89.60
7	中英人寿——爱无忧	89.60
8	阳光人寿——孝顺保	89.60
9	恒安标准——老年恶性肿瘤危重疾病保险	89.20
10	人保寿险——金色重阳	88.20
11	恒安标准——附加终身恶性肿瘤危重疾病保险	87.20
12	恒安标准——附加恶性肿瘤危重疾病保险A	87.20
13	中荷人寿——乐无忧	87.20
14	富德生命——尊养无忧	87.20

防癌保险是重大疾病保险的一种，将恶性肿瘤从重大疾病中提取出来，单独设立的保障，因此两者的非量化条款得分的特点非常相似。其中，非量化投保条款得分在90~95分之间，差距很小；非量化责任条款得分在90~100分之间，同样是所有产品都具有除外责任，仅在等待期的时长、是否包含附加险和保费豁免条款等方面有所差异；非量化其他条款得分在92~83分之间，以该项得分最高的"信泰人寿——i立方多次赔付防癌险"为例，这款产品的有效条款包括宽限期、保单质押贷款、减保和保费自动垫交。

（四）第一名与最后一名的差异分析

1. 重大疾病保险

重大疾病保险中分别选取"复星联合健康——康乐e生"和"和谐健康——健康之享"两款产品进行得分分析，前者是所有产品中条款总得分、量化条款得分和非量化条款得分，综合表现最好的产品，后者的条款总得分和量化条款得分均排在最后1位，非量化条款得分排名第15位，是综合表现最差的产品。在此，对第1位与最后1位的产品进行差异分析。

下面结合表6-25中对两款产品的得分情况和原因进行逐一比较。

表6－25　两款重疾产品的得分及重要指标对比

产品名称	复星联合健康——康乐e生	和谐健康——健康之享
产品条款总得分（排名）	92.20（1）	87.64（28）
量化条款得分（排名）	91.93（1）	87.25（28）
市场保费	8.06	72.49
净保费	10.10	56.00
附加费用率	－20.17%	29.46%
非量化条款得分（排名）	94.60（2）	91.20（15）
非量化投保条款得分（排名）	95	90
非量化责任条款得分（排名）	100	100
非量化其他条款得分（排名）	89	83

　　"康乐e生"和"健康之享"的量化条款得分、市场保费和净保费均相差较大。前者的费率很低，保险责任仅包含35种轻症给付（给付次数以3次为限）和80种重疾给付（给付次数以1次为限）；后者的费率较高，包含10种轻症疾病给付（给付次数以1次为限）、50种重疾给付（给付次数以1次为限）、身故给付和全残给付。

　　"康乐e生"的附加费用率为－20.17%，"健康之享"为29.46%，两款产品的附加费用率相差近50%，这也是造成其量化条款得分差距悬殊的关键原因。"康乐e生"的附加费用率是负值，原因可能是：①本书采用的是国民生命表和重大疾病发生率表，但保险公司的客户经过筛选后，其客户群体的健康状况会优于国民平均状况，因此公司计算的净保费将低于文中计算的数值；②当前我国的健康保险正处于快速发展阶段，可能存在保险公司采取承保亏损的费率以占据市场份额的情况。"健康之享"的附加费用率约为30%，可能与公司战略和管理有关。

　　两款产品的非量化条款得分相差较多，下面逐项进行对比。

　　从非量化投保条款得分来看，"康乐e生"的犹豫期是15天，"健康之享"的犹豫期是10天，因此前者的此项得分要高出5分；从非量化责任条款得分来看，两者分数相同，具体的条款内容也基本一致，等待期均为180天，均包含保费豁免条款和除外责任；从非量化其他条款得分来看，"康乐e生"具有三条有效条款，分别是60天宽限期、保单质押贷款和保费自动垫交，能够给予消费者一定额度的贷款，或以该贷款交纳保险费，某种程度上提供额外的保障，而"健康之享"仅具有60天的宽限期，前者得分89分，后者只有83分。

2. 防癌保险

防癌保险中分别选取"信泰人寿——i 立方多次赔付防癌险"和"富德生命——尊养无忧"两款产品进行得分分析，前者是所有防癌保险产品中条款总得分、量化条款得分和非量化条款得分均排名第一的产品，后者的这三项得分均排在最后 1 位，将这两款保险进行分析对比，以探析其差距悬殊的具体原因。

下面结合表 6 – 26 对两款产品的得分情况和原因进行逐一比较。

表 6 – 26　两款防癌产品的得分及重要指标对比

产品名称	信泰人寿——i 立方多次赔付防癌险	富德生命——尊养无忧
产品条款总得分（排名）	92. 94（1）	88. 73（14）
量化条款得分（排名）	92. 84（1）	88. 90（14）
市场保费	21. 05	66. 37
净保费	29. 87	59. 46
附加费用率	– 29. 53%	11. 63%
非量化条款得分（排名）	93. 80（1）	87. 20（14）
非量化投保条款得分（排名）	95	90
非量化责任条款得分（排名）	95	90
非量化其他条款得分（排名）	92	83

"i 立方多次赔付防癌险"和"尊养无忧"的量化条款得分、市场保费和净保费均相差较大。前者的保险责任包含恶性肿瘤给付（给付次数以 3 次为限）和身故给付（仅给付保单现金价值），尽管该产品提供的多重给付比较具有吸引力和优势，但存在更多的限制条件；后者的保险责任包含原位癌给付（基本保额的40%）、恶性肿瘤给付和身故给付（仅给付已交保费）。

从投保范围来看，"i 立方多次赔付防癌险"涵盖了从出生 28 天到 55 周岁的前半段生命周期，属于青年防癌险；"尊养无忧"属于老年防癌险，其投保范围是 50 ~ 70 周岁。因此，前者的投保人群明显具有较低的风险，并且出险概率低便于保单管理，经营管理费用也较低；后者的投保人群年龄较大，高风险造成了较高的市场保费。综上，"i 立方多次赔付防癌险"的附加费用率约为 – 30%，"尊养无忧"的附加费用率约为 12%，两者比较悬殊的差距导致了量化条款得分相差近 4 分。

两款产品的非量化条款得分同样具有一定差距，下面逐项进行对比。

从非量化投保条款得分来看，"i 立方多次赔付防癌险"的犹豫期是 15 天，"尊养无忧"的犹豫期是 10 天，因此前者的此项得分高出 5 分；从非量化责任条款得分来看，"i 立方多次赔付防癌险"具有 180 天等待期、保费豁免条款和除外责任，"尊养无忧"不包含保费豁免条款，因此前者的此项得分高出 5 分；从非量化其他条款得分来看，"i 立方多次赔付防癌险"具有四条有效条款，分别是 60 天宽限期、保单质押贷款、减保和保费自动垫交，消费者可以利用保单获得一定额度的贷款，或以该贷款交纳保险费。此外，还可选择通过减保，按比例调整保险金额和保费的数额，并领取减保部分的现金价值，该款产品给予消费者的"增值服务"更为优厚，"尊养无忧"仅具有 60 天的宽限期，前者得分 92 分，后者只有 83 分。

二、个性得分结果分析

（一）重大疾病保险

上一部分的综合得分及排名反映的是 28 款重大疾病保险产品的整体性价比高低，是综合了所有年龄、性别、保险期间等组合的结果。但是在实际情况中，消费者购买保险产品时，往往具有某种特定的需求场景。即使消费者对保险责任中规定的保险金额、缴费期限、满期生存给付时间等内容没有具体要求，但是最基本的被保险人年龄、性别以及保险期间的长短等一定是可以确定的。在这种情况下，仅仅关注 28 款重疾保险产品的综合得分及排名是不够准确的，因此，本文进一步计算了各款产品的个性得分与排名，更有针对性地为消费者提供参考。

在此举例进行说明，假设被保险人是 40 周岁的男性，他想投保一款保险期间为终身的传统型重疾保险。根据上述需求，我们对符合其购买需求的产品进行性价比评估之后可以得到表 6 – 27 所示的保险产品个性得分及排名（表 6 – 27 只写出了排名在前 20 位的产品名称）。

表 6 – 27　重大疾病保险产品个性得分及排名

个性排名	重疾保险产品名称	个性得分
1	弘康人寿——多倍保	91.62
2	百年人寿——康赢一生（团体）——方案 2	91.47
3	百年人寿——康惠保（含特定疾病附加）	91.33
4	百年人寿——康赢一生（团体）——方案 1	91.28
5	同方全球——康健一生多倍保	91.26
6	泰康人寿——乐安康	91.20
7	天安人寿——健康源（优享）	90.81
8	君康人寿——多倍保	90.66
9	信泰人寿——百万健康	90.55

续表

个性排名	重疾保险产品名称	个性得分
10	富德人寿——康健无忧 A	90.53
11	华夏人寿——华夏福	90.50
12	长城人寿——康健人生（两全＋重疾）	90.49
13	中华联合——中华怡康	90.46
14	恒大人寿——恒久健康	90.42
15	工银安盛——御享人生	90.29
16	长城人寿——吉祥人生（两全＋重疾）	90.27
17	光大永明——吉瑞宝	90.25
18	同方全球——康健一生	90.14
19	复星保德信——星满意	89.91
20	泰康人寿——乐安心	89.84

（二）防癌保险

对于 14 款防癌保险同样进行个性得分与排名的测算，下面举例进行说明。

假设被保险人是 50 周岁的女性，她想投保一款保险期间为终身的防癌保险。根据上述需求，我们对符合其购买需求的产品进行性价比评估之后可以得到表 6－28 所示的保险产品个性得分及排名（只写出排名前 8 位的产品名称）。

表6－28　防癌保险产品个性得分及排名

个性排名	防癌保险产品名称	个性得分
1	信泰人寿——i 立方多次赔付防癌险	92.50
2	中英人寿——爱无忧	92.07
3	恒安标准——老年恶性肿瘤危重疾病保险	91.96
4	同方全球——康爱一生	91.69
5	复星保德信——孝顺康	91.43
6	中荷人寿——乐无忧	91.01
7	同方全球——康爱一生多倍保	90.98
8	阳光人寿——孝顺保	90.71

根据上述对重疾保险、防癌保险的综合得分与个性得分的对比分析，可以看出，年龄、性别、保险期间、缴费方式等因素的不同，均会导致各款产品的得分与排名发生变化，因此在对比保险产品时，应将综合得分与个性得分相结合，以自身需求为出发点，从多个维度进行全面比较。

第七章　医疗保险产品性价比评估分析

第一节　引言

一、医疗保险的定义及作用

医疗保险，是相对于社会保险而言的，是以被保险人身体的健康状况为基本出发点，对被保险人因疾病或意外伤害造成的医疗费用和收入损失进行补偿为目的的一类保险。我国医疗保险制度的改革，为商业医疗保险的发展提供了空间。首先，从保障人口来看，除城镇在职职工以外，职工家属、城市流动人口、部分企业的职工以及未覆盖在社会保障体系中的人员等，都将成为商业保险的重要目标人群。其次，从保障水平看，城镇职工基本医疗保险只能提供最基本的医疗服务，重病、大病和特殊疾病的费用支出为商业医疗保险的发展提供了可能性。最后，从投保单位来看，外资企业、合资和独资企业、部分效益较好的国有企业等，可以多缴纳保费以获得其他社会统筹中未覆盖的服务。此外，对保险公司而言，所有基本医疗不列入或不支付费用的医疗和药品项目，都是商业医疗保险的市场空间。新形式的商业化医疗保险公司可以填补社会医疗保障中的空白。保险公司通过投资并提供管理，可以很好地进行风险控制，保证业务的良性发展。具体而言，商业医疗保险的作用体现在以下几方面。

1. 利于健全社会保障体系，完善市场经济体制

发达国家市场经济经验证明，健全的社会保障体系是完善市场经济体制的基本支柱之一。我国近年来基本医疗保险改革的实践表明，单靠政府力量难以满足广大人民群众快速增长的多元化健康保障需求。发展商业医疗保险，可以充分发挥市场机制的调节作用，建立健全社会保障体系，促进社会市场经济体制的

完善。

2. 利于促进卫生体制改革

建立商业医疗保险制度和改革医疗卫生管理体制是完善社会保障体制相辅相成的重要方面，发展商业医疗保险可带动医药卫生产业发展，促进医疗卫生资源的合理配置，改善医疗服务质量，提高医疗服务水平。在推进城镇医疗卫生体制改革的进程中，通过发展商业医疗保险，可以改善医疗保险的风险控制机制，减少医疗费用支出。

3. 利于满足健康保障需求，提高人民生活质量

随着居民收入水平的不断提高，人民群众的健康保险意识逐步增强，对健康保障的需求也日益高涨。据国务院发展研究中心在全国 50 个城市的保险需求调查表示，居民对健康保险的预期需求高达76％，在各类人身险种中居第 1 位。发展商业医疗保险，不仅可以满足人们日益增长的健康保障需求，减小人口老龄化趋势对社会基本保障的压力，还可以通过提供医疗管理服务，有效提高全民健康素质和生活质量。

4. 利于拉动消费，促进国民经济发展

商业医疗保险通过建立疾病风险保障和建立经济补偿制度，解除人们疾病风险的后顾之忧，促进健康消费，利于人群消费结构的转变，改善已经形成的超储蓄和有效需求不足的倾向，增强消费信心，拉动消费，支持国民经济的持续健康发展。

二、医疗保险的分类

（一）按照病种分类

按照病种分类，商业医疗保险可以分成普通医疗保险、意外伤害医疗保险、住院医疗保险，手术医疗保险和特种疾病医疗保险。

1. 普通医疗保险

这是医疗保险中保险责任最广泛的一种，负责被保险人因疾病和意外伤害支出的门诊医疗费和住院医疗费。普通医疗保险一般采用补偿方式给付医疗保险金，对门诊医疗费规定每次门诊的最高给付限额，对住院医疗费规定每次连续住院期间的最高给付限额，在限额之内，按被保险人实际支出的医疗费给付医疗保险金。

2. 意外伤害医疗保险

该险种负责被保险人因遭受意外伤害支出的医疗费。意外伤害医疗保险一般作为意外伤害保险（基本险）的附加责任，个人和团体都可以投保，不检查被保险人的身体。意外伤害医疗保险为附加险时。保险期限与基本险相同，保险金

额可以与基本险相同，也可以另外约定。意外伤害医疗保险一般采用补偿方式给付医疗保险金，不但要规定保险金额即给付限额，还要规定等待期限。等待期一般为 90 天、180 天或 360 天，自被保险人遭受意外伤害日起算，可以延迟到保险期限结束之后。该类保险不在本文分析、评估范围内。

3. 住院医疗保险

该险种在被保险人因疾病或意外伤害需要住院治疗时负担其支出的医疗费，不负责被保险人的门诊医疗费，可以团体投保，也可以个人投保。住院医疗保险既可以采用补偿给付方式，也可以采用定额给付方式。补偿给付方式的住院医疗保险，要规定对每名被保险人的保险金额，累计最高给付限额。被保险人在保险期内因疾病或意外伤害需要住院治疗时，每次住院支出的医疗费，保险公司都予补偿，但一次或多次医疗保险金给付的累计总额不超过保险金额。超过保险金额的住院医疗费，由被保险人自行承担。

4. 手术医疗保险

手术医疗保险属于单项医疗保险，只负责被保险人因施行手术而支出的医疗费，不论是门诊手术治疗还是住院手术治疗，手术医疗保险可以单独承担，也可以作为意外保险或人寿保险的附加险承保。手术医疗保险可以采用补偿给付方式，也可以采用定额给付方式。采用补偿方式给付的手术医疗保险，只规定作为累计最高给付限额的保险金额，被保险人在保险期内无论一次施行手术治疗还是多次施行手术治疗，只要实际支出的手术治疗费未超过保险金额，保险公司就要按实际支出的手术医疗费给付医疗保险费。定额给付的手术医疗保险，不论被保险人为施行手术实际支付的医疗费多少，保险公司只按被保险人施行手术的种类定额给付医疗保险费。因此，这种医疗保险首先要列出各种手术的详细目录，然后一一规定各种手术的给付定额。

5. 特种疾病保险

特种疾病保险以被保险人患特定疾病为保险标的。当被保险人被确诊为患某种特定疾病时，保险人按约定的金额给付保险金，以满足被保险人的经济需要。特种疾病保险所承保的疾病，一般是那些对人的生命威胁大、治愈的可能性极小的疾病，如恶性肿瘤、艾滋病、严重的心血管疾病等。一份特种疾病保险的保单可以仅承保某一种特定疾病，也可以承保若干种特定疾病。被保险人一旦被确诊患有保险合同中约定的特种疾病，保险人按照保险金额一次性给付保险金，保险责任即行终止。

（二）按照费用的偿付方式分类

按照医疗保险费用的补偿方式不同，商业医疗保险可以分为定额给付类医疗保险、费用报销类医疗保险。

1. 定额给付类医疗保险

定额给付类医疗保险，指保险金的给付是针对保险事故本身，当保险事故发生，不管具体花费多少费用，都可以获得约定保险金额。

2. 费用报销类医疗保险

费用报销类医疗保险，指保险公司按被保险人的医药费用或住院费用等实际医疗支出的一定比例给付保险金。费用保险类险种要受补偿原则的约束，即投保人或被保险人不能因此而受益。如果投保人同时在几家保险公司投保，根据补偿原则，投保人最多获得的回报是全部医疗费用支出，而不能超过这个限额。

三、我国医疗保险的现状与发展

（一）我国医疗保险的现状

目前，我国保险市场发展蓬勃，以医疗险为代表的健康险保费增长较快，如图 7－1，从 2010 年的 677.4 亿元增长到 2017 年的 4389.46 亿元，年复合增长率高达 30.60%，增长率远高于其他人身保险产品。健康险保费占人身保险总保费的比例也在不断上升，如图 7－2 所示，从 2010 年的 6.37% 上升到了 2016 年的 18.18%，在 2017 年有小幅度下降，为 16.41%，可以看出，距发达国家健康险保费占人身险总保费 20%～30% 的状态还有很大的差距。我国健康险的市场发展前景广阔，在这样的大背景下，保险公司不断加强对医疗保险的创新力度，市场上的医疗保险产品越来越多，产品竞争越来越激烈，形态越来越多样化，形成"百花齐放"的局面。但多样化的产品增加了消费者对保险产品认识和选择难度。如何从纷繁芜杂的保险产品中挑选出性价比高的保险产品成了消费者面临的一个主要难题。通过对市场上主要的医疗保险产品进行对比和评估，本书帮助消费者选择出性价比最高的医疗保险产品。

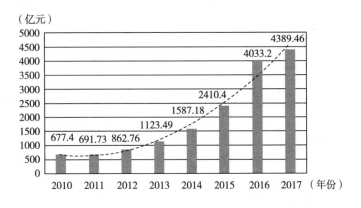

图 7－1　健康险保费

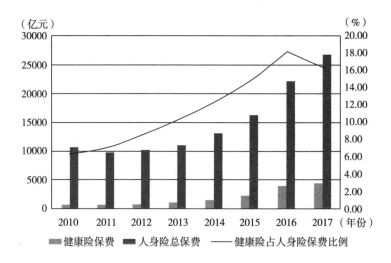

图7-2 健康险保费占人身险总保费比例

（二）我国医疗保险发展的趋势

随着国务院《关于加快发展现代保险服务业的若干意见》和国务院办公厅《关于加快发展商业健康保险的若干意见》等利好政策的出台，在"健康中国"整体战略的推进下，预计未来几年我国医疗保险年均增速可以保持在25%以上，总体上，呈现出如下的趋势性特征。

1. 供需关系逐步分层

随着市场环境的日趋完善以及消费群体的理性成长，健康保险需求将逐渐分化出三个层次：一是高收入阶层，如效益较好的企事业单位、金融资产较高的家庭和追求高品质服务感受的人群，购买商业医疗保险的比例将越来越高。其中，住院医疗和重大疾病保险成为首选，占据主要的市场份额，而以高端医疗为代表的管理式医疗产品将崭露头角，成为成长最快的业务。二是中等收入阶层，如已经享受基本医疗保险的城镇职工和部分富裕居民，随着政府职能转型，其"大病医疗"需求越来越多地通过商业机构满足，保险公司借助该类业务接触到大量的中等收入人群。三是低收入阶层，如针对流动人口、城乡居民等的基本医疗保险结算服务也部分委托到商业机构，保险公司以普惠保险方式提供服务，发挥社会管理功能。

2. 市场主体更加多元

在商业医疗保险领域，除专业健康险公司外，寿险公司均设有专门的健康险管理组织，大中型财险公司成立了健康险部门，部分养老险公司也充实了医疗服务职能，将对医疗保险存量业务进行更加充分的竞争。随着国家鼓励政策的出台，外资健康保险公司和各类健康管理公司也将凭借自身的专业技术优势，积极开展高端医疗和管理式医疗服务，将对医疗保险增量业务带来更有效的产品和服务。在社会保险领域，整合后的城乡居民医疗保险将更广泛地采取社保与商保的合作模式，部分特殊行业和流动性大的企业，可能采取自办保险、购买健康管理公司提供的服务包，或借助职工互助保险制度等方式，加剧医疗保险存量和增量市场的竞争。

3. 产品种类逐渐丰富

随着市场经验的积累和参与主体的增多，商业机构可以提供的产品日益丰富，加上大健康产业配套环境和政策法规体系的逐步完善，医疗保险的产品种类将更加丰富。医疗保险产品的保费占人身险总保费的比重进一步提高。医疗保险的保险责任将从住院门诊等事后环节延伸到健康维护、健康促进等事前和事中环节，伴随互联网和大数据技术的普及，新型管理式医疗产品将会显著增加。针对疾病保险的产品创新不断涌现，长期或终身重大疾病保险的占比将显著降低，细分人群和特定疾病的保险产品成为主流。

4. 技术创新快速普及

医疗保险对数据信息的依赖程度将进一步提高，尤其是针对细分人群的健康危险因素，区分生理、心理、行为等风险要素，进行精细化定价和差异化开发的新型医疗保险产品，除了需要满足群体统计特征的历史数据外，还需要海量、动态、及时的个人健康信息。目前，专业健康险公司推出的活力（Vitality）计划保险方案，寿险公司为客户提供的运动健身信息监控服务，财险公司提供的海外救援以及健康管理服务等业务模式将得到快速发展。同时，随着互联网科技和健康医疗技术的进步，既往制约医疗保险产品创新的数据障碍逐渐被打破，新型健康保险将与各种可穿戴设备、移动互联工具、大数据分析技术的普及一起，相互促进、共同推动医疗和保险行业向前发展。

第二节　医疗产品的收集

一直以来，国内医疗保险市场处于一个十分尴尬的处境，高端医疗保险需要支付的保费过于高昂，很多人买不起。低端的医疗保险能够保障的范围太小，保障作用有限。随着医疗费用成本的高企，市场对于医疗保险的需要一直在提升，很多家庭需要医疗保险来补充家庭的医疗费用保障。2016 年，平安率先推出了一款门槛较低的中高端医疗保险"平安 e 生保"，紧随其后，众安在线财产保险公司推出了"尊享 e 生医疗保险"这款产品，产品一经推出就火遍互联网，也引爆了中高端医疗险市场，众多保险公司纷纷跟进，开发出了更多中高端医疗保险，医疗保险市场开始蓬勃。

本书从市场火爆程度、销售范围、购买是否方便、公司规模及知名度等角度选取了包括了平安人寿、众安保险、泰康人寿、阳光人寿、中国人寿在内的 16 家保险公司的 33 款主打产品进行了分析、评估，如表 7 - 1 所示，这 33 款医疗保险产品是目前市场上比较具有代表性的医疗保险产品，其销售量占据各主流 APP，保险公司销售排行榜的前列，可以给消费者提供较为全面的性价比分析、评估。

表 7 - 1 医疗保险产品一览

所属公司	产品名称
安联财险	安联臻爱医疗保险
安心财险	一起慧99——百万医疗保险
	安心综合医疗保险
大地保险	天地关爱百万医疗保险（基础款）
	大地康行百万医疗保险
工银安盛人寿	工银安盛康至惠选医疗保险
	工银安盛康至臻选医疗保险
华夏人寿	华夏医保通医疗保险
	医保通医疗保险
利安人寿	利安畅想人生医疗保险
民生保险	民生优医保医疗保险
平安保险	平安 e 生保医疗保险
	平安 e 生保医疗保险（2017 版）
	平安安康住院医疗保险
太平人寿	太平人寿康裕医疗保险
	太平康悦医疗保险
	太平超 e 保医疗保险
太平洋人寿	太健康——百万全家桶个人款
	心安——怡医疗保险
	心安质重医疗保险
泰康人寿	泰康泰安宝医疗保险
	泰康健康尊享 B 款医疗保险
	泰康人寿悦享中华 B 款医疗保险
	健康优享医疗保险

续表

所属公司	产品名称
阳光人寿	阳光融和医疗保险 C 款
永安保险	永安乐健一生医疗保险
中国人寿	康悦医疗保险 A 款 康悦医疗保险 B 款
中英人寿	康悦年华医疗保险 百医百顺医疗保险
众安保险	众安个人住院医疗保险 尊享 e 生医疗保险（2016） 尊享 e 生医疗保险（2017）

（一）投保范围

医疗保险产品投保年龄基本上为出生满 30 天到 60 周岁，部分有调整为 18 周岁开始承保以及最高承保年龄为 65 周岁。部分医疗保险对被保险人的从事职业有要求，以及为了降低逆向选择问题，部分医疗保险在承保前需要对被保险人进行体检。医疗保险为一年期的短期保险，每年需要重新购买，保险公司一般会承诺可续保至一定年龄。随着年龄的增长，被保险人获得医疗保险的成本也越来越高，甚至一些公司对高龄人群直接拒保。所以理论上来说最高续保年龄越高越好。

（二）保险期间

医疗保险作为一款短期人身保险，其保险责任期限为 1 年，期满后被保险人可以选择续保，保险公司根据被保险人的年龄、健康状况等因素做出的是否同意续保以及续保保险费是否调整。目前医疗保险的续保信息主要可以从以下四个方面来分析：①健康状况是否影响连续投保；②保险使用情况是否影响连续投保；③是否可以单独调整被保险人的续保保费；④是否可以全部调整被保险人的续保保费。

（三）保险责任

1. 主要保险责任信息

这 34 款医疗保险产品主要保险责任如下：

（1）住院医疗保险金。住院医疗保险金，指被保险人经医院确诊必须住院治疗时，实际支出的、必要且合理的属于医疗保险合同约定内的医疗费用，包括：床位费、加床费、膳食费、护理费、重症监护室床位费、诊疗费、检查检验费、治疗费、药品费、医生费、手术费、救护车费、透析费、注射费、输血费、输氧费、化验费、输液费和材料费（敷料、石膏、夹板及固定支架费）。

（2）特殊门诊医疗保险金。特殊门诊医疗保险金，指被保险人在医院接受特殊门诊治疗时，实际支出的、必需且合理的属于医疗保险合同约定范围内的医疗费用，包括：因肾透析而发生的门诊费用、因恶性肿瘤而发生的门诊费用，包括化学疗法、放射疗法、肿瘤免疫疗法、肿瘤内分泌疗法、肿瘤靶向疗法的治疗费用、因器官移植后的门诊抗排异治疗而产生的门诊费用。

（3）住院前后门急诊医疗保险金。住院前后门急诊医疗保险金，指被保险人经医院确诊必须住院治疗，在住院前及出院后一段时间内，因与该次住院相同原因而接受门急诊治疗时，实际支出的、必需且合理的属于医疗保险合同约定范围内的门急诊医疗费用，但不包括特殊门诊医疗费用和门诊手术医疗费用。

（4）门诊手术保险金。门诊手术保险金，指被保险人经医院确诊必须接受门诊手术治疗时，实际支出的、必需且合理的属于医疗保险合同约定范围内的手术费。

（5）恶性肿瘤医疗保险金。恶性肿瘤医疗保险金，指被保险人在等待期后初次发生并被专科医生确诊患恶性肿瘤，在医院接受治疗所支出的住院医疗费用、门诊医疗费用、门诊手术医疗费用以及住院前后门急诊医疗保险金等。

（6）恶性肿瘤住院津贴保险金。恶性肿瘤住院津贴保险金，指被保险人在等待期后因患有恶性肿瘤经医院诊断必须住院治疗，对被保险人在保险期间内的住院按以下方式给付恶性肿瘤住院津贴保险金：

恶性肿瘤住院津贴保险金 = 实际住院天数 × 恶性肿瘤住院津贴日额

（7）重大疾病保险金。重大疾病保险金，指被保险人因意外伤害或在等待期后因意外伤害以外的原因导致初次患医疗保险合同中所列的重大疾病，并经医疗机构诊断必须住院治疗或接受特殊门诊治疗而在医院接受治疗所支出的住院医疗费用、门诊医疗费用等。不同的医疗保险中，包含重大疾病的数目不同，但必须至少包含监管规定的 25 中重大疾病。

2. 其他保险责任信息

（1）保险金额。保险金额，指被保险人能够从保险公司获得赔偿的最高限额。保险金额的大小可以反应出医疗保险保障的大小。随着医疗费用的不断提升，较低的保额已经很难为家庭提供较好的医疗费用保障。医疗保险的保险金额通常有三种：①年度保额，指 1 年内被保险人能够从保险公司获得赔偿的最高限额，赔付金额达到该金额后，合同终止。②终身保额，指连续购买同一款医疗保险时，被保险人获得赔偿的累计值的最高限额，达到该限额后，合同终止，且不能再续保。③重疾保额，重大疾病医疗费用较高，为更好地提供保障，对重大疾病的治疗费用提高保险金额，重疾保额一般有两种形式：一是单独计算，重疾治疗费用达到该限额，合同终止；二是重疾治疗费用赔偿先在年度保额中计算，达到年度保额后，再按重疾保额计算，但达到年度保额后，普通疾病的治疗不再给予赔偿。从上述可以看出保额的大小对医疗保险的保障作用有着较大的影响。

（2）犹豫期。犹豫期是指保险合同签订后的一段时间，在这段时间内投保人可以无条件退保，保险公司退还保费。犹豫期的设置是为例减少投保人因考虑不充分、销售误导等原因导致的非理性投保。投保人在犹豫期内退保，保险公司因退还扣除工本费外的全部保费，犹豫期后退保，消费者仅得到约定的现金价值。犹豫期的设定一定程度上保护了投保人的利益，所以在同等条件下，应选择犹豫期长的产品。

选取的34款医疗保险产品犹豫期统计如表7-2所示：

表7-2　医疗保险犹豫期统计

犹豫期	0 天	10 天
占比	79.41%	20.59%

（3）等待期。等待期是保险公司的保护盾，在刚投保后的一段时间内如发生了要赔偿的事件，保险公司可以按照合同约定不赔付基本保额，但通常会退还已交保费。等待期的设置主要是为了规避带病投保等逆向选择风险。

例如，王先生给自己购买了一份等待期为30天的医疗保险，如果在投保后的第25天，王先生因非意外原因产生医疗费用，那么保险公司可以拒绝赔偿，退还已交保费，合同终止。

等待期主要防止的是疾病的医疗费用的赔偿，意外原因造成的医疗费用不设有等待期。等待期的设置一定程度上阻碍了医疗保险的保障作用，所以购买时应选择等待期较短的保险产品。

选取的34款医疗保险产品等待期统计如表7-3所示：

表7-3　医疗保险等待期统计

等待期	30 天	60 天	90 天
占比	76.47%	14.71%	8.82%

（4）是否限社保用药。社保用药是指按当地《药品目录》划分出甲、乙、丙类药品，然后给予不同比例的报销。通常基本医疗保险对甲类报销比例为100%；乙类70%～80%，丙类药品一般不予以报销，当然各省份地区会有所不同。如果是超出药品目录的，一般是不能报销的。限社保用药主要就是报销乙类

和丙类药品个人自付的部分，但一些先进的昂贵的药品，如进口药、靶向药等是不在药品目录，不限社保用药就是这些超出药品目录的药品的费用也给予报销，更好地保障了被保险人的治疗费用。本章选取的 34 款医疗保险均不限社保用药

（5）报销比例。指可以报销的医疗费用中，保险公司承担的比例，剩余部分由个人承担。医疗保险的报销比例会根据被保险人有无基本医疗保险以及是否从基本医疗保险中获得赔偿而不同，报销比例会分为三种：①有社保用社保，指被保险人拥有基本医疗保险，并且报销时先从基本医疗保险中获得了赔偿；②有社保未用社保，指被保险人拥有基本医疗保险，但报销时未先从基本医疗保险中获得赔偿；③无社保，指被保险人没有基本医疗。

例如，若一个医疗保险三个报销比例分别为 100%、60%、80%，王先生住院可报销的花费一共为 10 万元，其中公费医疗、社会医疗保险或其他医疗保险可报销的部分为 6 万元，若王先生在申请医疗保险金之前已经通过公费医疗、社会医疗保险或其他医疗保险取得医疗费用补偿，现在个人承担的部分为 4 万元，则保险公司对这 4 万元给予全额报销；若王先生有公费医疗、社会医疗保险或其他医疗保险，但在申请医疗保险金之前还没通过公费医疗、社会医疗保险或其他医疗保险取得医疗费用补偿，则保险公司对可报销的金额 10 万元，赔付 60%，即 6 万元；若王先生没有公费医疗、社会医疗保险或其他医疗保险，则保险公司赔付 10 万元的 80%，即 8 万元。

补偿型医疗保险最终理赔的数额根据以下公式计算得出：

理赔数额 = （实际费用 - 其他途径补偿 - 免赔额） × 报销比例

选取的 34 款医疗保险对于有社保用社保的报销比例均为 100%，对于有社保未用社保的报销比例统计如表 7 - 4 所示：

表 7 - 4　有社保未用社保报销比例统计　　　　　　单位:%

报销比例	0	60	70	75	80	100
占比	5.88	61.76	5.88	2.94	14.71	8.82

34 款医疗保险产品，无社保的报销比例统计如表 7 - 5 所示：

表 7 - 5　无社保报销比例统计　　　　　　单位:%

报销比例	0	60	70	80	100
占比	17.65	2.94	2.94	20.59	55.88

（6）认可医院。指经国家卫生行政部门审核的综合性或专科医院，但不包

括作为诊所、康复、联合病房、家庭病房、护理、休养或戒酒、戒毒等医疗机构。该医院必须具有系统的、充分的诊断设备，全套外科手术设备即提供 24 小时医疗与护理服务。不同医疗保险的报销范围也有所不同，主要分为以下五类：①少于二级及以上医院普通部；②二级及以上医院普通部；③二级及以上医院普通部及特需部；④多于二级及以上医院普通部；⑤私立医院。

（7）免赔额。指由保险人和被保险人事先约定，损失额在规定数额之内，被保险人自行承担损失，保险人不负责赔偿的额度。因为免赔额能消除许多小额索赔，损失理赔费用就大为减少，从而可以降低保险公司的经营成本，同时降低被保险人要缴纳的保费。免赔额有绝对免赔额和相对免赔额之分。绝对免赔额，是指保险合同中规定的保险人对约定数额以下的损失绝对不承担赔偿责任的免赔限额。在保险标的发生损失时，必须超过一定金额，保险人才对超过部分承担赔偿责任，损失在规定限额以下的，保险人不予赔偿。相对免赔额，是指保险合同中规定保险人承担赔偿责任的起点限额。在保险标的发生损失时，必须达到规定的金额，保险人才对全部损失承担赔偿责任，未达到规定金额时，保险人不予赔偿。其与绝对免赔额不同之处在于，当损失达到规定数额后，对规定数额下的损失部分也予赔偿。医疗保险产品采用的多为绝对免赔额，所以免赔额会一定程度上增加被保险人的医疗支出负担，所以免赔额不是越高越好。

例如，王先生购买了一份年度免赔额为 1 万元的医疗保险，若王先生这一年的可报销的医疗费用支出为 6000 元，则保险公司不给予补偿；若王先生这一年的可报销医疗费用支出为 2 万元，则保险公司对超过 1 万元的部分给予补偿，赔付王先生 1 万元。

（8）床位费。指被保险人住院期间使用医院床位产生的费用，此类费用的限额过低可能会限制住院医院的选择以及相应的住院服务的选择，并且部分医疗保险会对单次住院报销床位费的天数有上限，一次出院天数超过上限的部分需要个人自己负担。

（9）合同期满延长天数。指若医疗保险合同不再续保时，对等待期后至保险期间届满前发生的且延续至保险期间届满之后一段时间内的医疗费用，保险公司依然承担给付医疗费用的责任。合同期满延长天数可以较好地保障合同到期后，但被保险人治疗还仍未结束而产生的医疗费用。所以，合同期满延长天数越长越好。

（10）门诊医疗费用限额。指被保险在保险期间发生的门诊医疗费用报销的上限，超过该上限后，保险公司不承担门诊医疗费用给付的责任。该限额应越高越好。医疗费用中，门诊治疗发生的频率较高，累计费用较高，该单项医疗费用的限额较为重要。

（11）门诊手术医疗费用。门诊手术医疗费用，指被保险在保险期间发生的门诊手术医疗费用报销的上限，超过该上限后，保险公司不承担门诊手术医疗费用给付的责任。该限额应越高越好。

（12）住院前后门急诊医疗费用。指被保险人确诊必须住院，在住院前后一段时间与住院相同原因而接受门急诊治疗而产生的费用，住院前后急诊医疗费用覆盖的天数越长，被保险人承担的医疗费用费用越低。住院前后因相同原因接受门急诊的概率较高，累计费用也较多，故此项覆盖天数的长短比较重要。

（13）恶性肿瘤医疗费用。指因患有恶性肿瘤而产生的相关的医疗费用，其费用类型与上述相同，在医疗保险合同，对恶性肿瘤医疗费用会额外增加保险金额。

（14）增值服务。指不归于医疗费用报销范畴之类的保险公司额外提供的服务。医疗保险中，通常的增值有：医疗费用的提前垫付，很多家庭有房贷、车贷，手头的现金较少，一时半会儿难以筹集到资金，医疗费用的提前垫付可以帮助缓解大额医疗费用支出的压力；绿色就医通道，国内的医疗资源一直都较为紧张，二级以上公立医院常常人满为患，优质的医疗资源严重供应不足。这个时候，可以通过绿色就医通道，较为快速方便地获得部分医疗资源；电话医生、线上医疗咨询，可以给被保险人提供健康方面的咨询服务，为被保险人解答饮食、养生、运动、疾病治疗、就医、用药、康复等方面的健康困惑并提供改善建议。

选取的 34 款医疗保险产品有无增值服务统计如表 7 - 6 所示：

表 7 - 6　有无增值服务统计

有无增值服务	有增值服务	无增值服务
占比	35.29%	64.71%

（四）除外责任

除外责任，指保单列明的不负赔偿责任的范围。除外责任可以以列举式的方式在保单中列举除外事项，也可以以不列举方式明确除外责任，即凡未列入承保范围的灾害事故均为除外责任。任何保险商品都不是万能的，总有一些不能赔付的责任内容。这是因为，保险公司都是经营性的，以营利为目的，要考虑承担的风险的问题。保险公司要对风险认真考察，避免承保风险过大，造成保险公司的亏损。对应的，保险公司对风险进行筛选，把一些发生的可能性较大，损失较多的风险列为除外责任。但过多的除外责任会影响保险的保障功能，投保人在购买保险时应关注保险合同中列示的除外责任。收集到的 34 款医疗产品的除外责任如表 7 - 7 所示：

表7-7　除外责任

除外责任	出现频率
战争、军事行动、暴乱、武装叛乱、核爆炸、核辐射、核污染	100%
疗养、康复治疗、心理治疗、美容、矫形、视力矫正手术、牙齿治疗、安装假肢、非意外事故所致的整容手术	97%
投保人对被保险人的故意杀害、故意伤害	97%
被保险人故意自伤、故意犯罪、抗拒依法采取的刑事强制措施或者自杀（但被保险人自杀时为无民事行为能力人的除外）	97%
被保险人醉酒，主动吸食或者注射毒品	97%
被保险人酒后驾驶、无合法有效驾驶证驾驶，或者驾驶无合法有效行驶证的机动车	97%
被保险人从事下列高风险运动：潜水、跳伞、攀岩、驾驶滑翔机或者滑翔伞、探险、摔跤、武术比赛、特技表演、赛马、赛车	97%
感染艾滋病病毒或者患艾滋病（经输血导致的感染艾滋病病毒或者患艾滋病除外）、性病、精神和行为障碍（以世界卫生组织颁布的《疾病和有关健康问题的国际统计分类（ICD-10）》为准）	93%
不孕不育治疗、避孕、节育（含绝育）、子宫体腔内妊娠、产前产后检查、流产、堕胎、分娩（含难产）、变性手术、人体试验、人工生殖，或者由前述任一原因引起的并发症	93%
未书面告知的既往症、本合同特别约定除外的疾病	86%
遗传性疾病、先天性畸形、变形和染色体异常（以世界卫生组织颁布的《疾病和有关健康问题的国际统计分类（ICD-10）》为准）	83%

第三节　医疗保险产品性价比评估：以两款产品为例

　　以众安保险"尊享e生医疗保险（2017款）"和平安健康的"平安e生保医疗保险（2017款）"为例演示如何计算得分，首先对"尊享e生医疗保险（2017款）"和平安健康的"平安e生保医疗保险（2017款）"的保险条款进行拆解，拆解结果如表7-8所示。

表7-8　案例演示条款拆解

项目名称	尊享e生医疗保险（2017款）	平安e生保医疗保险（2017款）
年度保额（万元）	300	300
终身保额（万元）		
重疾保额（万元）		
犹豫期（天）	0	10
等待期（天）	30	30
限社保	否	否
有社保用社保	100%	100%
有社保未用社保	60%	60%
无社保	100%	100%
少于二级及以上医院普通部		
二级及以上医院普通部	1	1
二级及以上公立医院含特需		
多于二级及以上医院普通部		
私立医院		
是否包含进口药物	是	是
免赔额（万元）	1	1
恶性肿瘤医疗费用免赔额（元）		
床位费限额（元/天）		180
最高给付天数限制（天）		
合同期满延长天数（天）		30
门诊医疗费用限额（万元）	0	100
门诊手术医疗费用	无	有
覆盖天数	37	14
恶性肿瘤住院医疗费用（万元）	300	100
最高给付天数限制（天）		180
合同期满延长天数（天）		30
恶性肿瘤特殊门诊医疗费用		100
恶性肿瘤特殊门诊医疗费用说明		
恶性肿瘤门诊手术医疗费用		
恶性肿瘤门诊手术医疗费用说明		
恶性肿瘤住院前后急诊医疗费用		

项目名称	尊享e生医疗保险（2017款）		平安e生保医疗保险（2017款）	
覆盖天数	37		14	
住院前后急诊医疗费用说明				
增值服务	有		有	
按年龄千元保额费率（元）	有社保	无社保	有社保	无社保
0～5	0.25	0.53	0.33	0.71
6～10	0.11	0.22	0.14	0.25
11～15	0.05	0.10	0.11	0.19
16～20	0.06	0.11	0.07	0.13
21～25	0.08	0.16	0.09	0.17
26～30	0.10	0.21	0.11	0.24
31～35	0.13	0.29	0.14	0.34
36～40	0.16	0.40	0.18	0.45
41～45	0.19	0.56	0.21	0.51
46～50	0.29	0.87	0.33	0.83
51～55	0.36	1.17	0.41	1.34
56～60	0.48	1.46	0.53	1.36
按年龄千元保额各年龄简单加权费率（元）	0.19	0.50	0.22	0.54
按年龄千元保额各年龄统一简单加权费率（元）	0.34		0.38	

利用编程得出分项的分数，算分流程如下：

1. 将信息插入表

将拆解出的信息内容插入表cent_ cal_ origin（测试库cif用户下，插入前需要清空该表）；

注：如果新增产品，则原始表需要增加对应的产品，码表中也需要增加对应的产品，然后再计算，后边涉及产品字段的都需要调整（包括程序）；如果新增算分项目，则程序需要从头到尾调整。

truncate table cent_ cal_ origin；

select * from cent_ cal_ origin t for update；

插入数据之后需要将创建日期更新为当天。

update cent_ cal_ origin set createdate = sysdate；

结果如图 7 - 3 所示。

	ITEMTYPE	R01	R02	R03	R04	R05	R06	R07	R08	R09	R10	R11	R12	R13	R14	R15	R16
1	I01	0	0	0	0	1.5	0	100	300	300	300	0	0	0	0	0	0
2	I02	0	0	0	0	0.1	0	0	0	10	100	0	0	100	0	0	0
3	I03	0	0	0	0	0.1	0	0	0	0	10	0	0	0	0	0	0
4	I04	10	10	0	0	0	0	0	0	0	0	0	0	0	10	0	10
5	I05	30	30	30	30	30	30	30	30	30	30	60	60	30	30	30	30
6	I06	1	1	1	1	1	1	1	1	1	1	1	1	1	1	1	1
7	I07	1	0	1	1	1	1	1	1	1	1	1	1	1	1	1	1
8	I08	1	0	1	1	1	1	1	1	1	0	0	1	1	1	1	1
9	I09	0	0	1	1	1	1	0	1	0	0	1	1	0	1	0	0
10	I10	1	0	0	0	0	0	0	0	0	0	0	0	0	0	1	0
11	I11	0	0	1	1	1	1	1	1	1	1	0	1	1	1	0	1
12	I12	0	0	1	1	1	0	0	0	0	0	0	1	0	0	0	0
13	I13	0	1	0	0	1	0	0	0	0	0	0	0	0	0	0	0
14	I14	0	0	1	0	1	0	0	0	0	0	0	0	0	0	0	0
15	I15	1	1	1	1	1	1	1	1	1	1	1	1	1	1	1	1
16	I16	3	3	2	0	0	1	1	1	1	0	1	0	1	1	0	1
17	I17	0	0	0	0	0	0	0	0	10000	0	0	0	20000	8000	0	0
18	I18	3000	5000	999999999	1000	999999999	2000	999999999	999999999	999999999	999999999	200	200	999999999	180	180	180

图 7 - 3　信息录入结果

2. 行列转换

点击 Sql 中的"ue"按钮将表格进行行列转换。

3. 计算得分

执行 cif 测试环境 cif 用户下的存储过程：call P_ CENT_ CAL_ SCORE（）；查看得分

select ∗ from CENT_ CAL_ SCORE t where trunc（cal_ date）= trunc（sysdate）

4. 将得分转换成 Excel 需求的形式

执行 cif 测试环境 cif 用户下的存储过程：call P_ CENT_ CAL_ EXCEL（）；

将 CENT_ CAL_ EXCEL 结果粘贴到 Excel 即可。

select ∗ from CENT_ CAL_ EXCEL t

计算出来的结果如表 7 - 9 所示。

表 7 - 9　案例演示结果

项目名称	尊享 e 生医疗保险	平安 e 生保医疗保险
年度保额（万元）	5	5
终身保额（万元）	0	0
重疾保额（万元）	0	0
犹豫期（天）	0	5
等待期（天）	0	0
限社保	5	5

续表

项目名称	尊享 e 生医疗保险	平安 e 生保医疗保险
有社保用社保	5	5
有社保未用社保	5	5
无社保	5	5
少于二级及以上医院普通部	5	5
二级及以上医院普通部	5	5
二级及以上公立医院含特需	0	0
多于二级及以上医院普通部	0	0
私立医院	0	0
是否包含进口药物	5	0
免赔额（万元）	2	2
恶性肿瘤医疗费用免赔额（元）	5	5
床位费限额（元/天）	5	0
最高给付天数限制（天）	5	5
合同期满延长天数（天）	0	2.5
门诊医疗费用限额（万元）	0	4.09
门诊手术医疗费用	0	5
覆盖天数	3	1
恶性肿瘤住院医疗费用（万元）	5	4.09
最高给付天数限制（天）	5	0
合同期满延长天数（天）	0	5
恶性肿瘤特殊门诊医疗费用	0	3.75
恶性肿瘤特殊门诊医疗费用说明	0	0
恶性肿瘤门诊手术医疗费用	0	0
恶性肿瘤门诊手术医疗费用说明	0	0
恶性肿瘤住院前后急诊医疗费用	0	0
覆盖天数	3.75	1.25
住院前后急诊医疗费用说明	0	0
增值服务	5	5
按年龄千元保额各年龄统一简单加权费率（元）	0.34	0.38
得分汇总	77.5	83.68
最终得分	231.62	220.21

假定众安保险的"尊享 e 生医疗保险（2017）"是 33 款保险产品中得分最高为 231.62，标准化得分为 95 分，最低得分为某公司产品，得分为 20，标准化得分为 60，平安健康的"平安 e 生保医疗保险（2017）"得分汇总为 220.21，标准得分为 95 − (231.62 − 220.21) ÷ (231.62 − 20) × (95 − 60) = 93.11。其他产品得分以此类推。

第四节　医疗保险产品性价比评估结果与分析

一、综合得分结果分析

（一）综合排名

33 款医疗保险的排名与得分如表 7 − 10 所示。

表 7 − 10　医疗保险产品性价比得分排名

排名	产品名称	所属公司	得分
1	太平超 e 保医疗保险	太平人寿	95.00
2	尊享 e 生医疗保险（2017）	众安保险	92.28
3	平安健康 e 生保（2017）	平安保险	90.68
4	大地康行百万医疗保险	大地保险	89.79
5	安联财险臻爱医疗保险	安联财险	86.32
6	医保通医疗保险	华夏人寿	81.74
7	华夏医保通医疗保险	华夏人寿	78.27
8	民生优医保医疗保险	民生保险	78.20
9	太健康·百万全家桶个人款	太平洋人寿	77.44
10	平安健康 e 生保医疗	平安保险	75.40
11	百医百顺医疗保险	中英人寿	73.58
12	天地关爱百万医疗保险（基础款）	大地保险	73.45
13	阳光人寿融和医疗保险 C 款	阳光人寿	73.25
14	安心综合医疗保险	安心财险	71.56
15	泰康泰安宝医疗保险	泰康人寿	70.78
16	泰康人寿悦享中华 B 款	泰康人寿	69.97
17	尊享 e 生医疗保险（2016）	众安保险	69.30

续表

排名	产品名称	所属公司	得分
18	康悦医疗保险 A 款	中国人寿	66.11
19	利安畅想人生医疗	利安人寿	65.35
20	众安个人住院医疗险	众安保险	64.20
21	一起慧99——百万医疗险	安心财险	63.81
22	康悦医疗保险 B 款	中国人寿	63.49
23	健康优享医疗保险	泰康人寿	63.33
24	康悦年华医疗保险	中英人寿	63.07
25	康裕医疗保险	太平人寿	62.55
26	泰康健康尊享 B 款医疗保险	泰康人寿	62.25
27	太平康悦医疗保险	太平人寿	61.16
28	心安质重医疗保险	太平洋人寿	60.98
29	永安乐健一生医疗保险	永安保险	60.34
30	平安安康住院医疗保险	平安保险	60.26
31	康至臻选医疗保险	工银安盛	60.17
32	心安·怡医疗保险	太平洋人寿	60.15
33	康至惠选医疗保险	工银安盛	60.00

排名比较靠前的保险公司有规模较大的保险公司，如平安保险、太平人寿，也有规模较小的保险公司，如安联财险、中英人寿；有老牌保险公司，如华夏人寿，也有新兴保险公司，如众安保险；有本土的保险公司，如大地财险，有中外合资保险工资，如中英人寿。没有出现一方独大的情况，消费者在购买医疗保险时可以根据自身需求来选择保险产品，保险公司的选择没有太大区别。

（二）第一名与最后一名的差异分析

1. 差异分析

为更好地对比、分析出医疗产品性价比差距的原因，将选择性价比排行榜上的第1名（太平超e保）和最后1名（康至惠选医疗保险）两款医疗产品来进行深度分析。这两款医疗保险的34条信息如表7-11所示。

表7-11 两款医疗保险产品内容

项目名称	太平超e保	康至惠选
年度保额（万元）	300	10
终身保额（万元）		
重疾保额（万元）		

续表

项目名称	太平超 e 保	康至惠选
犹豫期（天）	0	0
等待期（天）	30	60
限社保	否	否
有社保用社保	100%	100%
有社保未用社保	60%	80%
无社保	100%	80%
少于二级及以上医院普通部		
二级及以上医院普通部	1	1
二级及以上公立医院含特需		
多于二级及以上医院普通部		
私立医院		
是否包含进口药物	是	是
免赔额（万元）	1	0
恶性肿瘤医疗费用免赔额（元）	0	0
床位费限额（元/天）		200
最高给付天数限制（天）	180	无
合同期满延长天数（天）	60	30
门诊医疗费用限额（万元）		2
门诊手术医疗费用	有	有
覆盖天数		30
恶性肿瘤住院医疗费用（万元）	300	2
最高给付天数限制（天）	200	
合同期满延长天数（天）		
恶性肿瘤特殊门诊医疗费用		
恶性肿瘤特殊门诊医疗费用说明	住院津贴 200 元/天，最高 200 天	
恶性肿瘤门诊手术医疗费用		
恶性肿瘤门诊手术医疗费用说明		
恶性肿瘤住院前后急诊医疗费用	有	
覆盖天数		
住院前后急诊医疗费用说明		
增值服务	无	无
按年龄千元保额各年龄统一简单加权费率（元）	0.35	29.76

（1）保额。第一名太平超 e 保的保额比较高，达到了 300 万元，完全可以覆盖一年内个人可以报销的所有医疗费用，保障能力比较充足，并且都没有设置终

身保额，提高了医疗保险持续的保障能力，而最后康至惠选的保额较低，只有10万元，其保障能力较差。

（2）犹豫期。这两款产品均没有设置犹豫期。

（3）等待期。第一名的等待期为30天，与市场上的其他医疗保险相比，其等待期的时长都处于较好的水平，而最后一名的等待期长达60天，对于一年期的短期人身保险而言，60天的等待期过于长久。

（4）用药范围。两者均不限社保用药，比较符合目前市场上医疗保险的通常设定，目前市场上的中高端医疗保险为响应监管号召更好地提高保障作用，基本不再限于社保用药。

（5）报销比例。两者的报销比例各有千秋，但综合而言第一名的报销比例更为合理，有社保用社保和无社保的报销比例均达到100%，虽然当被保险人有基本医疗但没有使用时，报销比例比较低，只有60%，但考虑到被保险人从商业医疗保险获得赔偿后，还依然可能从基本医疗中获得一定补偿，所以被保险人实际自身需要承担的比例依旧不是特别高。康至惠选在无社保的情况下报销比例较低，仅为80%，考虑无社保人群的经济情况，80%的报销比例过低了，其在有社保未用社保情况下报销比例为80%，高于第一名，但有社保未用社保的报销比例差距对医疗保险的保障作用影响有限。

（6）认可医院。两款保险产品均只认可二级及以上医院的普通部，基本上可以覆盖被保险人实际治疗的可选范围，但缺少对特需部门以及私人医院的保障，两款保险产品据高端产品仍存在一定的差距。

（7）免赔额。免赔额上康至惠选存在一定优势，其没有设置免赔额，而太平超e保对普通医疗费用设置了1万元的免赔额，对恶性肿瘤的医疗费用不设免赔额，基本上与市场上的医疗产品保持了一致，但考虑到个人医疗支出频率最高的多为1万元以下的费用，免赔额的设置可以适当下调。

（8）保障范围。两款保险产品覆盖范围比较全面，均包含了普通疾病的各项医疗支出以及恶性肿瘤的各项医疗支出，如住院费用，门诊费用、门诊手术费用。但两款产品依然有差别，综合而言，太平超e保的各项保障限制较少，并且太平超e保在合同期满后的延长天数较长，达到60天，而康至惠选只有30天，此外太平超e保还提供了恶性肿瘤住院津贴，进一步提高了保障功能。

（9）增值服务。两款医疗保险产品均没有提供了增值服务，这与市场上其他产品相比还存在一定的差距，有进一步提高的空间。

（10）保费。两者在保费上差距十分明显，保费也是工银安盛这款产品性价比较低的主要原因之一。太平超e保按年龄千元保额各年龄统一简单加权费率仅为0.35元，而工银安盛的康至惠选保费达到了29.76元，较市场上的医疗保险而言，该保费十分高昂。

综上所述，在各项信息对比中，康至惠选均处于较为不利的状态，比较有优势的主要为其没有设置免赔额，其主要劣势为保费较高，保额较低，保障能力一般，因此其性价比较低。

2. 改善与建议

第 1 名与最后 1 名保险产品的对比可以发下，两款医疗保险在保障内容上差距不是十分明显，只是最后 1 名产品保额比较低，同时产品价格较高，为提高相应医疗保险产品的竞争力，应适当降低自身产品的价格。医疗保险的定价主要根据赔付数据来进行的。我国近年健康保险的赔付数据如图 7 - 4 所示。

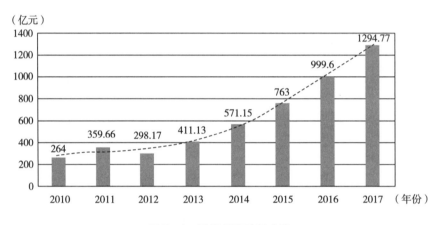

图 7 - 4　健康保险赔付支出

我国健康保险赔付支出从 2010 年的 264 亿元增长到 2017 年的 1294.77 亿元，年复合增长为 25.5%，低于健康保险保费的年复合增长率 30.6%，我国健康保险的价格存在一定的降价空间。

二、医疗保险产品性价比评估方法的创新与不足

（一）医疗保险产品性价比评估方法的创新

与传统人身保险相比，医疗保险的定价主要依据历史数据来厘定。我国商业医疗保险发展起步晚，长期以来都是以传统人身保险的附加险的形式进行出售，保险公司对相应的数据收集相对不足，加之相比传统人身保险而言，医疗保险产品内容较为繁杂，缺乏统一衡量标准，不便于直接进行量化评分。本书创新的从产品条款拆解出发，将医疗保险条款的主要内容拆解成 18 部分的信息，并从中挑选出对医疗保险保障作用影响较大的部分，进一步对拆解出的信息进行筛选，最终筛选 34 条信息，在缺乏统一衡量标准的情况下，以每条信息的排名来作为衡量依据，创造性地将保障内容转换为数值，为对比提供了较为明确的规则，然后按排名高低赋予不同分值，从而计算出医疗保险的条款内容的得分，再结合千元保额保费，来计算出最终得分。为医疗保险产品性比价分析提供了可能，解决了医疗保险产品缺乏统一衡量标准，难以量化带来的困扰。

（二）医疗保险产品性价比评估方法的不足与改进

该医疗保险产品性价比评估方法也存在一定的不足，主要集中体现在两部分：

1. 简单按照排名赋予分值

对每条信息进行评估时，只简单的根据排名来计算分数，当医疗保险产品在该信息上差异比较小时，该计算方式会夸大分值差距，当该信息差异较大时，该种计算方式会低估分值差距。此外当信息出现大的波动时，最终得分也无法体现出。例如，在对保额进行评分时，若几款医疗保险产品的保额分别为500万元、300万元、30万元、10万元、5万元，其对应的排名分别为第5位、第4位、第3位、第2位、第1位，分项得分分别为5分、4分、3分、2分、1分，但500万元保额与300万元保额对医疗保险保障作用造成的差距远低于30万元保额和10万元保额造成的差距，同时300万元保额和30万元保额这样巨大的波动也无法在得分中体现出。

2. 34条信息赋予了同样的权重

筛选出34条信息后，并未进一步进行区分，对34条信息赋予了相同的权重，没能较好地反映出不同信息对得分影响的差距。例如，在计算得分时，犹豫期的权重与保额、报销比例等比较关键信息的权重设置相同，但实际中，保额、报销比例等更能决定一款一年期医疗保险产品的好坏，有无犹豫期以及犹豫期的长短只是起到"锦上添花"的作用，并不能和保额、报销比例一样，起到"雪中送炭"的作用。

针对不足，后续的改进思路主要为通过根据实际的需求，对同一条信息的排名进行进一步的分档，在不同分档类再进行排名得分的计算。例如，在对保额进行评分时，若五款医疗保险产品的保额分别为：500万元、300万元、30万元、10万元、5万元，可以根据实际医疗费用的需要，对保额进行分档，分为100万元以上及100万元以下两档，再根据分类内部的排序进行打分，如100万元以上，计算得分公式为：5 -（最低排名 - 此数值排名）÷最低排名×2.5；100万元以下，计算得分方式为：5 -（最低排名 - 此数值排名）÷最低排名×5。按此计算方法，上述五款医疗保险产品保额得分分别为：5分、4.5分、3分、2分、1分，一定程度上对得分进行了修正。同时，后续的改进思路主要是对不同信息赋予不同的权重。

附表 传统型人寿保险产品性价比评估发生率

附表1 发生率

年龄	一般死亡率		意外死亡		疾病身故	
	男	女	男	女	男	女
0	0.000867	0.000620	0.0000352	0.0000204	0.0008318	0.0005996
1	0.000615	0.000456	0.0000352	0.0000204	0.0005798	0.0004356
2	0.000445	0.000337	0.0000352	0.0000204	0.0004098	0.0003166
3	0.000339	0.000256	0.0000352	0.0000204	0.0003038	0.0002356
4	0.000280	0.000203	0.0000352	0.0000204	0.0002448	0.0001826
5	0.000251	0.000170	0.0000182	0.0000114	0.0002328	0.0001586
6	0.000237	0.000149	0.0000182	0.0000114	0.0002188	0.0001376
7	0.000233	0.000137	0.0000182	0.0000114	0.0002148	0.0001256
8	0.000238	0.000133	0.0000182	0.0000114	0.0002198	0.0001216
9	0.000250	0.000136	0.0000182	0.0000114	0.0002318	0.0001246
10	0.000269	0.000145	0.0000254	0.0000098	0.0002436	0.0001352
11	0.000293	0.000157	0.0000254	0.0000098	0.0002676	0.0001472
12	0.000319	0.000172	0.0000254	0.0000098	0.0002936	0.0001622
13	0.000347	0.000189	0.0000254	0.0000098	0.0003216	0.0001792
14	0.000375	0.000206	0.0000254	0.0000098	0.0003496	0.0001962
15	0.000402	0.000221	0.000047	0.0000148	0.0003550	0.0002062
16	0.000427	0.000234	0.000047	0.0000148	0.0003800	0.0002192
17	0.000449	0.000245	0.000047	0.0000148	0.0004020	0.0002302
18	0.000469	0.000255	0.000047	0.0000148	0.0004220	0.0002402
19	0.000489	0.000262	0.000047	0.0000148	0.0004420	0.0002472
20	0.000508	0.000269	0.0000558	0.0000184	0.0004522	0.0002506

续表

年龄	一般死亡率		意外死亡		疾病身故	
	男	女	男	女	男	女
21	0.000527	0.000274	0.0000558	0.0000184	0.0004712	0.0002556
22	0.000547	0.000279	0.0000558	0.0000184	0.0004912	0.0002606
23	0.000568	0.000284	0.0000558	0.0000184	0.0005122	0.0002656
24	0.000591	0.000289	0.0000558	0.0000184	0.0005352	0.0002706
25	0.000615	0.000294	0.0000656	0.0000228	0.0005494	0.0002712
26	0.000644	0.000300	0.0000656	0.0000228	0.0005784	0.0002772
27	0.000675	0.000307	0.0000656	0.0000228	0.0006094	0.0002842
28	0.000711	0.000316	0.0000656	0.0000228	0.0006454	0.0002932
29	0.000751	0.000327	0.0000656	0.0000228	0.0006854	0.0003042
30	0.000797	0.000340	0.000072	0.0000268	0.0007250	0.0003132
31	0.000847	0.000356	0.000072	0.0000268	0.0007750	0.0003292
32	0.000903	0.000374	0.000072	0.0000268	0.0008310	0.0003472
33	0.000966	0.000397	0.000072	0.0000268	0.0008940	0.0003702
34	0.001035	0.000423	0.000072	0.0000268	0.0009630	0.0003962
35	0.001111	0.000454	0.000093	0.0000384	0.0010180	0.0004156
36	0.001196	0.000489	0.000093	0.0000384	0.0011030	0.0004506
37	0.001290	0.000530	0.000093	0.0000384	0.0011970	0.0004916
38	0.001395	0.000577	0.000093	0.0000384	0.0013020	0.0005386
39	0.001515	0.000631	0.000093	0.0000384	0.0014220	0.0005926
40	0.001651	0.000692	0.0001168	0.0000506	0.0015342	0.0006414
41	0.001804	0.000762	0.0001168	0.0000506	0.0016872	0.0007114
42	0.001978	0.000841	0.0001168	0.0000506	0.0018612	0.0007904
43	0.002173	0.000929	0.0001168	0.0000506	0.0020562	0.0008784
44	0.002393	0.001028	0.0001168	0.0000506	0.0022762	0.0009774
45	0.002639	0.001137	0.0001386	0.0000640	0.0025004	0.0010730
46	0.002913	0.001259	0.0001386	0.0000640	0.0027744	0.0011950
47	0.003213	0.001392	0.0001386	0.0000640	0.0030744	0.0013280
48	0.003538	0.001537	0.0001386	0.0000640	0.0033994	0.0014730
49	0.003884	0.001692	0.0001386	0.0000640	0.0037454	0.0016280
50	0.004249	0.001859	0.0001412	0.0000662	0.0041078	0.0017928
51	0.004633	0.002037	0.0001412	0.0000662	0.0044918	0.0019708

续表

年龄	一般死亡率		意外死亡		疾病身故	
	男	女	男	女	男	女
52	0.005032	0.002226	0.0001412	0.0000662	0.0048908	0.0021598
53	0.005445	0.002424	0.0001412	0.0000662	0.0053038	0.0023578
54	0.005869	0.002634	0.0001412	0.0000662	0.0057278	0.0025678
55	0.006302	0.002853	0.0001514	0.0000716	0.0061506	0.0027814
56	0.006747	0.003085	0.0001514	0.0000716	0.0065956	0.0030134
57	0.007227	0.003342	0.0001514	0.0000716	0.0070756	0.0032704
58	0.007770	0.003638	0.0001514	0.0000716	0.0076186	0.0035664
59	0.008403	0.003990	0.0001514	0.0000716	0.0082516	0.0039184
60	0.009161	0.004414	0.0001516	0.0000794	0.0090094	0.0043346
61	0.010065	0.004923	0.0001516	0.0000794	0.0099134	0.0048436
62	0.011129	0.005529	0.0001516	0.0000794	0.0109774	0.0054496
63	0.012360	0.006244	0.0001516	0.0000794	0.0122084	0.0061646
64	0.013771	0.007078	0.0001516	0.0000794	0.0136194	0.0069986
65	0.015379	0.008045	0.0001402	0.0000806	0.0152388	0.0079644
66	0.017212	0.009165	0.0001402	0.0000806	0.0170718	0.0090844
67	0.019304	0.010460	0.0001402	0.0000806	0.0191638	0.0103794
68	0.021691	0.011955	0.0001402	0.0000806	0.0215508	0.0118744
69	0.024411	0.013674	0.0001402	0.0000806	0.0242708	0.0135934
70	0.027495	0.015643	0.0001538	0.0000890	0.0273412	0.0155540
71	0.030965	0.017887	0.0001538	0.0000890	0.0308112	0.0177980
72	0.034832	0.020432	0.0001538	0.0000890	0.0346782	0.0203430
73	0.039105	0.023303	0.0001538	0.0000890	0.0389512	0.0232140
74	0.043796	0.026528	0.0001538	0.0000890	0.0436422	0.0264390
75	0.048921	0.030137	0.000189	0.0001280	0.0487320	0.0300090
76	0.054506	0.034165	0.000189	0.0001280	0.0543170	0.0340370
77	0.060586	0.038653	0.000189	0.0001280	0.0603970	0.0385250
78	0.067202	0.043648	0.000189	0.0001280	0.0670130	0.0435200
79	0.074400	0.049205	0.000189	0.0001280	0.0742110	0.0490770
80	0.082220	0.055385	0.0002426	0.0001782	0.0819774	0.0552068
81	0.090700	0.062254	0.0002426	0.0001782	0.0904574	0.0620758
82	0.099868	0.069880	0.0002426	0.0001782	0.0996254	0.0697018

续表

年龄	一般死亡率		意外死亡		疾病身故	
	男	女	男	女	男	女
83	0.109754	0.078320	0.0002426	0.0001782	0.1095114	0.0781418
84	0.120388	0.087611	0.0002426	0.0001782	0.1201454	0.0874328
85	0.131817	0.097754	0.0003778	0.0002840	0.1314392	0.0974700
86	0.144105	0.108704	0.0003778	0.0002840	0.1437272	0.1084200
87	0.157334	0.120371	0.0003778	0.0002840	0.1569562	0.1200870
88	0.171609	0.132638	0.0003778	0.0002840	0.1712312	0.1323540
89	0.187046	0.145395	0.0003778	0.0002840	0.1866682	0.1451110
90	0.203765	0.158572	0.0003912	0.0003866	0.2033738	0.1581854
91	0.221873	0.172172	0.0003912	0.0003866	0.2214818	0.1717854
92	0.241451	0.186294	0.0003912	0.0003866	0.2410598	0.1859074
93	0.262539	0.201129	0.0003912	0.0003866	0.2621478	0.2007424
94	0.285129	0.216940	0.0003912	0.0003866	0.2847378	0.2165534
95	0.309160	0.234026	0.0003912	0.0003866	0.3087688	0.2336394
96	0.334529	0.252673	0.0003912	0.0003866	0.3341378	0.2522864
97	0.361101	0.273112	0.0003912	0.0003866	0.3607098	0.2727254
98	0.388727	0.295478	0.0003912	0.0003866	0.3883358	0.2950914
99	0.417257	0.319794	0.0003912	0.0003866	0.4168658	0.3194074
100	0.446544	0.345975	0.0003912	0.0003866	0.4461528	0.3455884
101	0.476447	0.373856	0.0003912	0.0003866	0.4760558	0.3734694
102	0.506830	0.403221	0.0003912	0.0003866	0.5064388	0.4028344
103	0.537558	0.433833	0.0003912	0.0003866	0.5371668	0.4334464
104	0.568497	0.465447	0.0003912	0.0003866	0.5681058	0.4650604
105	1.000000	1.000000	0.0003912	0.0003866	0.9996088	0.9996134

附表2　《中国人身保险业经验生命表（2010～2013）》CL3、CL4、CL5、CL6

年龄	死亡率	
	男（CL3）	女（CL4）
0	0.0006200	0.0004550
1	0.0004650	0.0003240
2	0.0003530	0.0002360
3	0.0002780	0.0001800

续表

年龄	死亡率	
	男（CL3）	女（CL4）
4	0. 0002290	0. 0001490
5	0. 0002000	0. 0001310
6	0. 0001820	0. 0001190
7	0. 0001720	0. 0001100
8	0. 0001710	0. 0001050
9	0. 0001770	0. 0001030
10	0. 0001870	0. 0001030
11	0. 0002020	0. 0001050
12	0. 0002200	0. 0001090
13	0. 0002400	0. 0001150
14	0. 0002610	0. 0001210
15	0. 0002800	0. 0001280
16	0. 0002980	0. 0001350
17	0. 0003150	0. 0001410
18	0. 0003310	0. 0001490
19	0. 0003460	0. 0001560
20	0. 0003610	0. 0001630
21	0. 0003760	0. 0001700
22	0. 0003920	0. 0001780
23	0. 0004090	0. 0001850
24	0. 0004280	0. 0001920
25	0. 0004480	0. 0002000
26	0. 0004710	0. 0002080
27	0. 0004970	0. 0002160
28	0. 0005260	0. 0002250
29	0. 0005580	0. 0002350
30	0. 0005950	0. 0002470
31	0. 0006350	0. 0002610
32	0. 0006810	0. 0002770
33	0. 0007320	0. 0002970
34	0. 0007880	0. 0003190

续表

年龄	死亡率	
	男（CL3）	女（CL4）
35	0.0008500	0.0003460
36	0.0009190	0.0003760
37	0.0009950	0.0004110
38	0.0010780	0.0004500
39	0.0011700	0.0004940
40	0.0012700	0.0005420
41	0.0013800	0.0005950
42	0.0015000	0.0006530
43	0.0016310	0.0007150
44	0.0017740	0.0007830
45	0.0019290	0.0008570
46	0.0020960	0.0009350
47	0.0022770	0.0010200
48	0.0024720	0.0011120
49	0.0026820	0.0012120
50	0.0029080	0.0013210
51	0.0031500	0.0014390
52	0.0034090	0.0015680
53	0.0036860	0.0017090
54	0.0039820	0.0018610
55	0.0042970	0.0020270
56	0.0046360	0.0022080
57	0.0049990	0.0024030
58	0.0053890	0.0026130
59	0.0058070	0.0028400
60	0.0062580	0.0030880
61	0.0067420	0.0033660
62	0.0072610	0.0036840
63	0.0078150	0.0040550
64	0.0084050	0.0044950
65	0.0090390	0.0050160

年龄	死亡率	
	男（CL3）	女（CL4）
66	0.0097380	0.0056260
67	0.0105380	0.0063260
68	0.0114960	0.0071150
69	0.0126860	0.0080000
70	0.0141920	0.0090070
71	0.0161060	0.0101850
72	0.0185170	0.0116060
73	0.0215100	0.0133530
74	0.0251510	0.0155080
75	0.0294900	0.0181340
76	0.0345450	0.0212680
77	0.0403100	0.0249160
78	0.0467470	0.0290620
79	0.0538010	0.0336740
80	0.0614030	0.0387180
81	0.0694850	0.0441600
82	0.0779870	0.0499770
83	0.0868720	0.0561570
84	0.0961300	0.0626950
85	0.1057860	0.0695960
86	0.1159000	0.0768630
87	0.1265690	0.0845010
88	0.1379170	0.0925040
89	0.1500890	0.1008640
90	0.1632390	0.1095670
91	0.1775190	0.1186050
92	0.1930670	0.1279850
93	0.2099990	0.1377430
94	0.2283940	0.1479620
95	0.2482990	0.1587770
96	0.2697180	0.1703800

续表

年龄	死亡率	
	男（CL3）	女（CL4）
97	0. 2926210	0. 1830200
98	0. 3169510	0. 1969860
99	0. 3426280	0. 2126040
100	0. 3695610	0. 2302150
101	0. 3976520	0. 2501720
102	0. 4268010	0. 2728310
103	0. 4569060	0. 2985510
104	0. 4878670	0. 3276870
105	1. 0000000	1. 0000000

年龄	死亡率	
	男（CL5）	女（CL6）
0	0. 000566	0. 000453
1	0. 000386	0. 000289
2	0. 000268	0. 000184
3	0. 000196	0. 000124
4	0. 000158	0. 000095
5	0. 000141	0. 000084
6	0. 000132	0. 000078
7	0. 000129	0. 000074
8	0. 000131	0. 000072
9	0. 000137	0. 000072
10	0. 000146	0. 000074
11	0. 000157	0. 000077
12	0. 00017	0. 00008
13	0. 000184	0. 000085
14	0. 000197	0. 00009
15	0. 000208	0. 000095
16	0. 000219	0. 0001
17	0. 000227	0. 000105
18	0. 000235	0. 00011
19	0. 000241	0. 000115

续表

年龄	死亡率	
	男（CL5）	女（CL6）
20	0.000248	0.00012
21	0.000256	0.000125
22	0.000264	0.000129
23	0.000273	0.000134
24	0.000284	0.000139
25	0.000297	0.000144
26	0.000314	0.000149
27	0.000333	0.000154
28	0.000354	0.00016
29	0.000379	0.000167
30	0.000407	0.000175
31	0.000438	0.000186
32	0.000472	0.000198
33	0.000509	0.000213
34	0.000549	0.000231
35	0.000592	0.000253
36	0.000639	0.000277
37	0.00069	0.000305
38	0.000746	0.000337
39	0.000808	0.000372
40	0.000878	0.00041
41	0.000955	0.00045
42	0.001041	0.000494
43	0.001138	0.00054
44	0.001245	0.000589
45	0.001364	0.00064
46	0.001496	0.000693
47	0.001641	0.00075
48	0.001798	0.000811
49	0.001967	0.000877
50	0.002148	0.00095

续表

年龄	死亡率	
	男（CL5）	女（CL6）
51	0.00234	0.001031
52	0.002544	0.00112
53	0.002759	0.001219
54	0.002985	0.001329
55	0.003221	0.00145
56	0.003469	0.001585
57	0.003731	0.001736
58	0.004014	0.001905
59	0.004323	0.002097
60	0.00466	0.002315
61	0.005034	0.002561
62	0.005448	0.002836
63	0.005909	0.003137
64	0.006422	0.003468
65	0.006988	0.003835
66	0.00761	0.004254
67	0.008292	0.00474
68	0.009046	0.005302
69	0.009897	0.005943
70	0.010888	0.00666
71	0.01208	0.00746
72	0.01355	0.008369
73	0.015387	0.009436
74	0.017686	0.01073
75	0.020539	0.012332
76	0.024017	0.014315
77	0.028162	0.016734
78	0.032978	0.019619
79	0.038437	0.022971
80	0.044492	0.02677
81	0.051086	0.030989

续表

年龄	死亡率	
	男（CL5）	女（CL6）
82	0. 058173	0. 035598
83	0. 065722	0. 040576
84	0. 073729	0. 045915
85	0. 082223	0. 051616
86	0. 091239	0. 057646
87	0. 1009	0. 064084
88	0. 111321	0. 070942
89	0. 122608	0. 078241
90	0. 13487	0. 086003
91	0. 148212	0. 094249
92	0. 162742	0. 103002
93	0. 178566	0. 112281
94	0. 195793	0. 122109
95	0. 214499	0. 13254
96	0. 23465	0. 143757
97	0. 25618	0. 155979
98	0. 279025	0. 169421
99	0. 30312	0. 184301
100	0. 328401	0. 200836
101	0. 354803	0. 219242
102	0. 382261	0. 239737
103	0. 41071	0. 262537
104	0. 440086	0. 287859
105	1	1

附录 除外责任具体情形

（1）投保人对被保险人的故意杀害、故意伤害；

（2）被保险人故意犯罪或抗拒依法采取的刑事强制措施；

（3）被保险人自本合同成立或复效之日起2年内自杀，但被保险人自杀时为无民事行为能力人的除外；

（4）被保险人主动吸食或注射毒品：

（5）被保险人酒后驾驶、无合法有效驾驶证驾驶或驾驶无有效行驶证的机动车；

（6）战争、军事冲突、暴乱或武装叛乱；

（7）核爆炸、核辐射或核污染；

（8）被保险人故意自伤；

（9）被保险人自杀（但被保险人自杀时为无民事行为能力人的除外）；

（10）按保杀人斗殴、酗酒；

（11）被保险人猝死；

（12）被保险人细菌或病毒感染；

（13）按保险人妊娠（含宫外孕）；

（14）被保险人流产、分娩（含剖宫产）；

（15）被保险人节育；

（16）被保险人药物过敏、医疗事故；

（17）被保险人在本合同最后复效之日起180日内因疾病；

（18）被保险人因整容手术或者其他内、外科手术导致医疗事故；

（19）在诊疗过程中发生的医疗事故；

（20）被保险人因精神疾患导致的意外；

（21）被保险人行为障碍；

（22）被保险人因受国家管制药物的影响而导致的意外伤害；

（23）被保险人违反规定使用麻醉或精神药品；

（24）被保险人未遵医嘱，私自使用药物，但按使用说明的规定使用非处方药不在此限；

（25）被保险人从事潜水、滑水、滑雪、滑冰、滑翔翼、热气球、跳伞、攀岩、探险活动、武术比赛、摔跤比赛、柔道、空手道、跆拳道、拳击、特技表演、蹦极、赛马、赛车、各种车辆表演及车辆竞赛等高风险运动；

（26）被保险人违反交通管理部门规定的行为；

（27）交通工具自始发地出发以后，未到达目的地之前，被保险人在公共汽车和列车的车厢外部、轮船的甲板之外或飞机的舱门之外所遭受的意外伤害；

（28）被保险人以驾驶员身份驾驶或乘客身份乘坐私家车或公务车时，在车厢外部所遭受的意外伤害；

（29）被保险人以驾驶员身份于本合同最后复效之日起 180 日内驾驶私家车或公务车期间遭受意外伤害；

（30）被保险人从事以营利为目的的旅客运输、货运运输的行为，或从事网约车经营活动的行为；

（31）被保险人驾驶超载机动车，因车辆超载引起的意外事故而遭受的伤害；

（32）被保险人违反承运人关于安全乘坐的规定；

（33）被保险人对投保人的故意杀害、故意伤害；

（34）感染艾滋病病毒或患艾滋病；

（35）中暑、高原反应；

（36）被保险人从事高危职业活动而遭受意外伤害的；

（37）被保险人所患遗传性疾病，先天性畸形、变形或染色体异常，以及未书面告知的既往症；

（38）食物中毒导致的伤害；

（39）服用、吸食或注射违禁药品，成瘾性吸入有毒气体；

（40）被保险人醉酒；

（41）登记为非营业性运输（非营运）的乘用车，如从事以牟利为目的的旅客运输、货运运输的行为；

（42）被保险人以驾驶员身份驾驶或乘客身份乘坐登记为预约出租客运的非营运乘用车的行为。

后　记

　　本书初始定位为囊括所有传统型人身保险种类的所有人身保险产品。但在资料整理过程中发现，虽然保险产品的费率为公开资料，但是大多数产品却无法从公开渠道获取，只能通过以保险购买人身份通过代理人、保险中介、第三方服务平台获取。这在很大程度上加大了本书的撰写难度，并限制了本书中产品的丰富度。故此，本书着重建立传统型人身保险产品性价比的评估逻辑和模型，而放宽产品数量的要求。

　　本书的写作得到了中央财经大学中国互联网经济研究院、保险学院、中国精算研究院的支持，在此对中央财经大学中国互联网经济研究院院长孙宝文教授、保险学院院长李晓琳教授、中国精算研究院院长陈建成教授表示衷心感谢。

　　本书得到了北京市哲学社会科学重点项目（15ZDA47）、国家社会科学基金一般项目（16BJY186）、国家社会科学基金青年项目（17CSH018）、高等学校学科创新引智计划（B17050）的联合资助。

　　特别感谢中国精算研究院徐景峰教授、周明研究员、寇业富研究员对本书的指导和帮助。在大量数据的搜集和整理工作中，有许多保险、精算专业的研究生参加了这项工作，他们为本书的完成付出了艰辛繁杂的劳动。他们是付小慧、乔翘楚、司张润、朱一帆、苏晖、米洪刚。在此对他们的付出表示感谢！

　　虽然我们在模型的设立、参数的选取、信息的收集整理等方面付出了很大努力，但是本书中的不足和疏漏之处在所难免，恳请广大读者提出建设性意见，以便进一步修改完善。

　　特别声明：本书人身保险产品竞争力评估是基于我们能够从公开渠道搜集到的保险产品条款和费率表制作，我们力求但不保证涵盖每类保险产品的所有产品。不同时期，每类产品的数量和排名可能发生变化。本书的保险产品排名或者所表达的意见，仅反映我们对保险产品客观且公正的专业评价和认知，但这并不作为购买或者不购买的邀约。读者应考虑本书所提供的产品排名或其他信息是否符合自身特定状况，自主做出购买保险产品的决策并自行承担相应结果。同时，本书的分析结论为作者的个人观点，并不代表中央财经大学以及中央财经大学中国互联网经济研究院、保险学院、中国精算研究院的观点。有关内容的来源、讨论或者争议，请使用电子邮件方式与作者联系。电子邮件：liaopu0327@sina.com。

周县华　廖朴
2018 年 10 月